如何让人投资你

股权激励融资全揭秘

INVEST

张军 著

浙江人民出版社

图书在版编目（CIP）数据

如何让人投资你：股权激励融资全揭秘 / 张军著. 杭州：浙江人民出版社，2024.7. — ISBN 978-7-213-11525-7

Ⅰ．F272.923；F275.1

中国国家版本馆CIP数据核字第2024GH8515号

如何让人投资你：股权激励融资全揭秘
RUHE RANGREN TOUZI NI：GUQUAN JILI RONGZI QUAN JIEMI

张　军　著

出版发行：	浙江人民出版社（杭州市环城北路177号　邮编　310006）
	市场部电话：（0571）85061682　85176516
策划编辑：	李　楠
责任编辑：	潘海林　李　楠
特约编辑：	朱子叶
责任校对：	马　玉　姚建国
责任印务：	幸天骄
封面设计：	异一设计
电脑制版：	北京之江文化传媒有限公司
印　　刷：	杭州丰源印刷有限公司
开　　本：	710毫米×1000毫米　1/16　　印　张：25.5
字　　数：	313千字
版　　次：	2024年7月第1版　　印　次：2024年7月第1次印刷
书　　号：	ISBN 978-7-213-11525-7
定　　价：	88.00元

如发现印装质量问题，影响阅读，请与市场部联系调换。

序 言

创业维艰，九死一生。

即便如此，依然有无数的创业者选择追逐自己的梦想。他们从零起步，想做出一家成功的企业。

如何在逆境中获得那一笔关键的投资？如何在初始团队构建时招募到合适的核心板块负责人？这些摆在许多创业者面前，让他们夜以继日地思考，仍不能很好回答的问题，使得他们在与投资者、技术人才的交锋、交流中常感到力不从心。

创业者是孤独的，也是需要专业知识帮助的。

实际上，资本不是仇人。没有风险投资，就不会有创新创业的繁荣。但投资最大的敌人也是风险，谁都想获得确定性更高的回报。怎么破解矛盾？创业者要从投资人的角度换位思考。《如何让人投资你：股权激励融资全揭秘》这本书最大的价值是让创业者系统理解投资人如何看项目质量、股权设计、回报路径、企业经营、法律风险，从而懂得别人要什么，怎样才能让人投资你。

为什么有些创业者可以轻易获得数百万甚至数亿的融资，而有些则陷于资金短缺的困境？答案很可能隐藏在他们对待融资的策略和态度中。

股权激励不仅仅是一种奖励机制，它更是一种文化和哲学。它代表了公司对员工的承诺和对未来的信心。如何制定一个既公平又有效的股权激励计划，是每一个创业者都需要面对的挑战。

读完本书的创业者会发现，这是一本融资指南，更是一本指导创业者在资本市场竞争中求得生存的策略手册。

要知道很多项目不是输在没有市场，而是输在创业团队没有做好利益分配上，能同甘却不能共苦，让人扼腕。

我作为一个创业者，之前在股权设计上吃过很大的亏，导致很好的合伙人没有走到最后。

相信如果早点看到这本书中深入探讨股权融资、股权激励等设计环节，我可以少走很多弯路。

还有怎样准备你的商业计划书、到如何与投资者谈判，再到如何制定一个合理而又能激励团队的股权激励计划。这些环节在书里都有翔实的案例，能给创业者提供一个实战和理论相结合的参考。

作者为中国执业律师，拥有丰富的股权融资、股权激励实战经验，耗时一年撰写本书，期许通过这本书，帮助准备创业或者已经在创业路上的你能深入了解股权融资和股权激励的每一个环节，从而更加自信地走在创业的道路上。

愿每一个有梦的创业者，都能找到支持自己的伙伴及投资人，与团队一同创造辉煌！

秋叶品牌，秋叶PPT创始人
秋　叶

目录 CONTENTS

前　言　　　　　　　　　　　　　　　　　　　　001

第 1 章　风险投资与拿来主义：第一桶金从哪里来

1.1　风险投资的起源　　　　　　　　　　　　　013

1.2　风险投资如何盈利　　　　　　　　　　　　015

　　1.2.1　什么是风险投资　　　　　　　　　　015

　　1.2.2　风险投资基金的组织形式　　　　　　016

　　1.2.3　风险投资的存续期　　　　　　　　　018

　　1.2.4　风险投资基金的资金来源　　　　　　019

　　1.2.5　风险投资基金的投资流程　　　　　　021

　　1.2.6　风险投资基金的投资回报　　　　　　027

　　1.2.7　有限合伙人要求的最低回报率　　　　030

1.3　风险投资的组织构架　　　　　　　　　　　032

　　1.3.1　为什么采用"合伙人"制　　　　　　032

　　1.3.2　合伙人　　　　　　　　　　　　　　033

　　1.3.3　副总裁或投资总监　　　　　　　　　034

　　1.3.4　投资经理　　　　　　　　　　　　　035

　　1.3.5　分析员或投资助理　　　　　　　　　036

1.4 风险投资选择投资目标的标准 038
　　1.4.1 项目来源的多样性 038
　　1.4.2 投资目标的核心标准 038
　　1.4.3 人的标准 039
　　1.4.4 业务的标准 040
　　1.4.5 投资的标准 042

1.5 风险投资给予创业者的价值 045
　　1.5.1 风险投资提升创业者的战略规划能力 046
　　1.5.2 风险投资帮助创业者招募核心人才 049
　　1.5.3 风险投资帮助创业者拓展市场 050
　　1.5.4 风险投资提升创业者的运营能力 051
　　1.5.5 风险投资是创业者的品牌背书 052

1.6 匹配风险投资的几个关键点 054
　　1.6.1 风险投资要求的回报 055
　　1.6.2 股权与控制权 056
　　1.6.3 融资的时机 057
　　1.6.4 风险投资退出的时机 059
　　1.6.5 业绩对赌 060

1.7 向风险投资融资的常规步骤 065
　　1.7.1 第一步，确定目标风险投资公司 065
　　1.7.2 第二步，准备融资文件 067
　　1.7.3 第三步，与风险投资公司联系 068
　　1.7.4 向风险投资公司做融资演示 070
　　1.7.5 后续会谈及尽职调查 072
　　1.7.6 向合伙人演示及出具 Term Sheet 073
　　1.7.7 Term Sheet 谈判 075
　　1.7.8 签署法律文件 077
　　1.7.9 到资 078

第 2 章　商业计划书，融资的敲门砖

2.1　商业计划书的构成　083
2.1.1　公司的简介和远景目标　084
2.1.2　管理团队的详细介绍　085
2.1.3　产品和服务的描述　086
2.1.4　商业模式与收入来源　088
2.1.5　市场推广与营销策略　089
2.1.6　市场和竞争态势分析　090
2.1.7　公司成长与发展计划　092
2.1.8　当前和预期的财务状况　093
2.1.9　融资需求及资金的具体用途　095

2.2　风险投资关注的焦点　097
2.2.1　你创业做的是什么事　098
2.2.2　你为什么值得投资　099
2.2.3　为什么我要投资　100

2.3　商业计划书的坑　102
2.3.1　过于强调技术、产品，忽略客户需求痛点　102
2.3.2　对竞争对手分析得不够深　103
2.3.3　财务预测分析不会做　104
2.3.4　融资多少不清楚　106
2.3.5　过度包装创始人及团队　107
2.3.6　自认为没有缺陷的商业计划书　108

第 3 章　创业第一铁律：创始人须牢把控股权

3.1　创业之初无核心，企业易陷入管理僵局　113
3.1.1　案例："真功夫"股权均分构架致创始人纷争不断　113

3.1.2 案例：罗振宇从"独立新媒"出走到创办
"思维造物" 117

3.2 确立领头人，定好顶级股权构架，避免争斗与散伙 126

3.2.1 案例：海底捞张勇的股权从50%到68%的
背后故事 126

3.2.2 案例：阿里巴巴的股权演化 129

3.3 创业团队需要大一号的"火鸡"，灵魂人物是
"定海神针" 138

3.3.1 "火鸡理论" 138

3.3.2 创业过程中首席创始人合理的股权比例 139

第4章 公司估值与财务预测

4.1 公司估值的常见方法 143
　　4.1.1 可比公司法 143
　　4.1.2 可比交易法 146
　　4.1.3 现金流折现法 147
　　4.1.4 资产法 149

4.2 创业企业财务预测 151
　　4.2.1 定好财务预测的时间序列 151
　　4.2.2 收入预测 152
　　4.2.3 成本预测 154
　　4.2.4 费用预测 155
　　4.2.5 人员规模及人员费用预测 156
　　4.2.6 固定资产投资预测 157
　　4.2.7 税赋预测 159
　　4.2.8 预测损益表 160
　　4.2.9 预测损益表评估 161

目录

4.3 风险投资在估值谈判中的逻辑 　　　　　　　　　163
　　4.3.1 风险投资最常修正创业者的估值误解
　　　　　——企业价值≠权益加总　　　　　　　　163
　　4.3.2 风险投资估值的最基本前提
　　　　　——投资回报倍数　　　　　　　　　　　165
　　4.3.3 风险投资在估值时常给创业者挖的陷阱
　　　　　——期权设置　　　　　　　　　　　　　168
　　4.3.4 估值分歧的解决——对赌条款　　　　　　　170

第 5 章 投资条款如何谈判

5.1 清算优先权　　　　　　　　　　　　　　　　　　175
　　5.1.1 什么是清算优先权　　　　　　　　　　　　175
　　5.1.2 清算优先权激活：清算事件　　　　　　　　179
　　5.1.3 清算优先权背后的逻辑　　　　　　　　　　180
　　5.1.4 创业者如何全面理解清算优先权　　　　　　182
　　5.1.5 后续融资的清算优先权　　　　　　　　　　183
　　5.1.6 谈判后可能产生的清算优先权条款　　　　　184
5.2 防稀释条款　　　　　　　　　　　　　　　　　　187
　　5.2.1 结构性防稀释条款　　　　　　　　　　　　187
　　5.2.2 降价融资的防稀释保护权　　　　　　　　　190
　　5.2.3 防稀释条款的谈判要点　　　　　　　　　　194
5.3 董事会　　　　　　　　　　　　　　　　　　　　201
　　5.3.1 董事会席位　　　　　　　　　　　　　　　201
　　5.3.2 公司股权结构对董事会的影响　　　　　　　203
　　5.3.3 设立 CEO 席位　　　　　　　　　　　　　　204
　　5.3.4 设立独立董事席位　　　　　　　　　　　　205
　　5.3.5 A 轮、B 轮、C 轮投资后的董事会结构　　　206

5.4 保护性条款 208
5.4.1 风险投资为什么需要保护性条款 208
5.4.2 风险投资保护性条款的具体形式 209
5.4.3 典型的优先股保护性条款 210
5.4.4 保护性条款的谈判要点及谈判空间 212

5.5 股份兑现 214
5.5.1 股份兑现条款的具体形式与内容 214
5.5.2 股份兑现条款谈判要点及谈判空间 216

5.6 股份回购 219
5.6.1 股份回购条款的具体形式与内容 219
5.6.2 股份回购条款的谈判要点与谈判空间 220

5.7 领售权 223
5.7.1 领售权条款的具体形式与内容 223
5.7.2 领售权条款谈判要点与谈判空间 224

5.8 竞业禁止协议 228
5.8.1 竞业禁止协议的内容 228
5.8.2 竞业禁止协议的谈判要点与谈判空间 229

5.9 股 利 233
5.9.1 股利条款的内容 233
5.9.2 股利条款的谈判要点与谈判空间 234

5.10 融资额 238
5.10.1 融资额的定义与重要性 238
5.10.2 如何确定融资额 239
5.10.3 融资额与公司估值的关系 241
5.10.4 融资额谈判的要点 242
5.10.5 常见的陷阱与如何避免 244

第 6 章　合伙人时代，入伙就是用"人"投资你

6.1　公司中坚力量的"O 位高管"是构架创业团队的核心　249

6.2　"O 位"人选的标准　251

6.3　阿里巴巴选择合伙人标准与办法　254

6.4　各种股权、股份比例迷人眼，详解 1%—67% 的背后意义　256

  6.4.1　有限公司的股权比例意义　257

  6.4.2　上市公司股份比例意义　258

6.5　分股不分权，善用持股平台，实现强力掌控　263

  6.5.1　多层控股公司构架　263

  6.5.2　有限合伙构架　265

  6.5.3　多层控股公司构架与有限合伙构架的比较　266

  6.5.4　其他控制公司的方式　269

6.6　股权激励不是白送，激励须有门槛　277

  6.6.1　如何确定激励模式　278

  6.6.2　如何设置股权激励附加条件　284

第 7 章　沪深上市

7.1　科创板　289

  7.1.1　科创板的定位与意义　289

  7.1.2　科创板的上市标准　290

  7.1.3　科创板的上市流程　293

  7.1.4　科创板上市后的机会与挑战　294

  7.1.5　创新企业如何选择科创板　295

7.2 创业板 297
　　7.2.1 创业板的定位与特色 297
　　7.2.2 上市的标准与流程 299
　　7.2.3 创业板的机会与挑战 300
7.3 沪深主板 302
　　7.3.1 沪深主板的定位与特色 302
　　7.3.2 上市标准与流程 303
　　7.3.3 沪深主板的机会与挑战 304
7.4 红筹构架的定义及起源 307
7.5 VIE 结构的运作机制 309
7.6 红筹构架的优势与劣势 311
7.7 法律与监管的挑战 313
7.8 融资与投资者的视角 315
7.9 红筹构架的未来展望 317
7.10 红筹构架的案例分析 319

第 8 章　全面合伙的连锁加盟模式，掌控万家门店之秘

8.1 解锁连锁门店的股权激励之秘，白手起家不是梦 323
8.2 案例：海底捞自营上市之秘 327
8.3 案例：疫情时期，华莱士门店破两万家之秘 333
　　8.3.1 华莱士合伙模式五大特点 334
　　8.3.2 适应性的股权分配机制 335
　　8.3.3 合伙制的微妙平衡与长远眼光 336

8.3.4 多元合伙，深度分工与共同责任   337
8.3.5 合伙制的多维价值与局限   339

8.4 华为独此一家的全员持股激励模式   341
8.4.1 华为的发展历程   341
8.4.2 华为员工的薪酬激励模式   342
8.4.3 华为股权结构的演变   344
8.4.4 华为股权激励的迭代   347
8.4.5 华为股权激励的内核   351
8.4.6 任正非的"人才观"   354

8.5 小米高科技行业股权激励的典范   359
8.5.1 小米发展历程   359
8.5.2 小米的股权结构   360
8.5.3 小米股权激励的内核   362
8.5.4 小米股权激励的具体操作   365

附 录   368
附录 A   368
附录 B   372
附录 C   373
附录 D   374
附录 E   375
附录 F   376

前　言
具备何种特质的你，更易让人投资你

有人说创业者的特质是天生的，也有人说创业者的特质是他在成长过程中逐渐形成的。但无论这种特质是天生的还是后天形成的，在创业之初，投资人以及合伙人，最为关注的甚至决定能为其做出投资决策的特质又有哪些呢？下面，请跟着我一起看看几位知名投资人如何说。

红杉资本沈南鹏选择投资创业者的标准

沈南鹏是红杉资本中国基金（简称红杉中国）的创始人及董事长，且身兼多个国内外知名企业的董事职务。他于2005年创立红杉中国后，十几年来成功投资了数百家企业。沈南鹏的投资案例非常丰富，阿里巴巴、京东、滴滴出行、美团点评、拼多多、如家酒店、优必选等都曾接受过他的投资。这些企业在各自领域取得了显著的成功和影响力。

关于沈南鹏选择投资创业者的标准，我们可以从以下几个公开场合中了解到：

1. 2017年9月9日，沈南鹏在北京举行的2017红杉资本创新论坛上发表演讲。在演讲中他表示，一个优秀的创业者需要具备坚定的信念、远

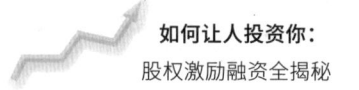

见的卓识、艰苦奋斗的精神和高度的执行力。

2. 2018年11月28日，沈南鹏在红杉资本全球投资者大会上分享了他选择投资创业者的三项标准：一是拥有长远的愿景和坚定的信念；二是具备优秀的团队领导力和执行力；三是能够抓住市场机会并不断创新。

3. 2019年10月17日，沈南鹏在接受某媒体采访时表示，他更看重创业者的人格魅力、诚信和价值观，这些因素决定了创业者能否在关键时刻做出正确的决策。

结合沈南鹏的公司背景和个人特质，我们看看这些观点的来由：

1. 信念和愿景：沈南鹏非常重视创业者的信念和愿景，这源于他对企业未来发展的高度敏感性。他认为，只有具备坚定信念和远见的创业者才能够在市场变化中保持清晰的战略方向，引领企业在正确的道路上稳步前进。

2. 团队领导力和执行力：沈南鹏强调创业者的团队领导力和执行力，这与他自身的成功经历密切相关。在红杉中国成立之初，沈南鹏便凭借自己强大的领导力和执行力，快速将公司发展成中国顶级的风险投资机构。他深知团队领导力和执行力对一个创业公司的重要性。因为这决定了企业能否在竞争激烈的市场中快速拓展业务、解决问题并持续成长。

3. 抓住市场机会和创新能力：沈南鹏非常看重创业者的市场洞察力和创新能力。这是因为他作为一个成功的投资人，在投资案例中展现了对市场趋势的敏锐洞察。他认为，具备市场洞察力的创业者必须能够抓住有价值的商业机会，继而通过不断创新来保持企业在市场竞争中的领先地位。

4. 人格魅力、诚信和价值观：沈南鹏特别强调创业者的人格魅力、诚信和价值观。他认为，这些品质能够在关键时刻为创业者和企业带来稳定的支持。一个具备高度人格魅力、诚信和价值观的创业者会赢得投资人、合作伙伴和员工的信任，从而更容易形成强大的合作关系和团队凝聚力。

综上所述，沈南鹏在选择投资创业者时，最看重的是创业者信念和愿景、团队领导力和执行力、市场洞察力和创新能力以及人格魅力、诚信和价值观等。这些关键特质是沈南鹏在多次公开场合分享的投资心得，也是他在红杉中国取得巨大成功的秘诀之一。因此，对于那些希望获得投资的创业者来说，了解并努力培养这些特质是非常有价值的。

软银赛富阎炎选择投资创业者的标准

阎炎——软银中国赛富资本（SoftBank China Venture Capital，简称SBC风险投资）创始合伙人，是一个具有丰富的投资经验和深厚的行业洞察能力的人。他曾成功投资多个知名企业，如阿里巴巴、京东、滴滴出行、美团点评等，堪称中国投资界的传奇人物。

在选择投资创业者方面，阎炎认为应该被关注的创业者的关键的特质包括：

1. 有坚定的信念和远大的愿景。阎炎非常看重创业者的信念和愿景。他认为，一个创业者必须具备坚定的信念和远大的愿景，能够在面临困难和挑战时保持冷静、稳定心态，并始终坚定地朝着目标前进。这种品质在企业发展过程中至关重要，因为创业道路充满波折，只有具备这种品质的创业者才能够在逆境中坚持下去。

2. 有高度的执行力和领导力。阎炎强调创业者要有高度的执行力和领导力。在投资案例中，他成功识别出了具备高度执行力和领导力的创业者，如阿里巴巴的马云、京东的刘强东等。阎炎认为，这些创业者之所以能够取得成功，很大程度上是因为他们具备高度的执行力和领导

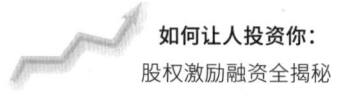

力，能够带领团队迅速采取行动，并在关键时刻作出正确的决策。

3. 有敏锐的市场洞察力和创新能力。阎焱非常看重创业者的市场洞察力和创新能力。他认为，具备这两种能力的创业者能够敏锐地捕捉市场机会，并通过创新产品和服务来满足消费者的需求。在阎焱的投资案例中，许多成功的创业者都具备这些特质，如滴滴出行的程维、美团点评的王兴等。他们通过不断创新和优化，使得企业在激烈的市场竞争中保持领先地位。

4. 拥有诚信、人格魅力和正确价值观。阎焱特别强调创业者的诚信、人格魅力和价值观。他认为，这些品质对于企业的长期成功至关重要。一个诚信、具有人格魅力和正确价值观的创业者，能够更好地赢得投资人、员工和合作伙伴的信任和支持，从而为企业创造更持久的竞争优势。阎焱曾多次在公开场合强调这一点，比如2018年在《中国企业家》杂志举办的"中国企业家年会"上，他分享了自己在投资中关注创业者诚信、人格魅力和价值观的观点。阎焱认为，这些品质能够帮助企业在市场竞争中立于不败之地。

为什么阎焱会选择这四点作为投资创业者的先决条件呢？下面我们就结合阎焱的背景和个人特质，来看看这些观点的来由：

首先，阎焱本身拥有强烈的创业精神和冒险家气质。20世纪90年代初，他放弃了在美国硅谷的美国研究院高薪职位，毅然选择回到中国投身中国的创业投资领域。正是这种勇于冒险的精神，使得阎焱对创业者具有更深刻的理解和敬意。因此，当他评估创业者时，他更关注那些具备坚定信念、远大愿景以及敢于追求创新的创业者。

其次，阎焱曾在多个行业取得成功，如互联网、消费品和金融等，这使得他具备非常广泛的知识和经验。因此，他在选择投资创业者时，能够更准确地识别出具备敏锐市场洞察力和创新能力的创业者。

最后，阎炎非常注重个人品质和道德修养。此前，他曾在多个场合表示，自己非常珍视家庭、友情和信任。这使得阎炎在评估创业者时，特别看重创业者的诚信、人格魅力和价值观。他认为，只有具备这些品质的创业者，才能在艰难的创业道路上不断成长和壮大。

综上所述，阎炎在选择投资创业者时，所关注的关键特质是他在多年投资实践中总结出来的，而且早已通过了市场的检验，对于评估创业者的潜力和成功概率具有较高的参考价值。通过分析阎炎在投资过程中关注的创业者特质，我们可以得出一个结论，即在投资领域，寻找具备坚定信念和远大愿景、高度执行力和领导力、敏锐的市场洞察力和创新能力以及诚信、人格魅力和正确价值观的创业者，是一个提高投资成功率的相对可靠的方法。

当然，阎炎的投资标准也为创业者提供了一定的启示。那些希望获得投资人青睐的创业者，应该努力培养这些关键特质，以提高自己的吸引力和成功概率。具体来说，创业者需要具备坚定的信念和远大的愿景，以便在创业过程中始终保持动力和决心；要有高度的执行力和领导力，带领团队迅速采取行动并作出关键决策；要具备敏锐的市场洞察力和创新能力，持续关注市场动态和消费者需求，不断创新和优化产品和服务；创业者还需要具备诚信、人格魅力和正确的价值观，以赢得投资人、员工和合作伙伴的信任和支持。

IDG熊晓鸽选择投资创业者的标准

熊晓鸽，IDG资本创始合伙人，中国著名投资人。熊晓鸽曾参与投资的企业包括腾讯、大众点评、小米、滴滴出行、博纳影业等众多知名企业，他的投资业绩令人瞩目。

熊晓鸽在多个公开场合分享过他选择投资创业者的标准和观点。在

2017年的一次创业者大会上，熊晓鸽明确提到，他认为一个优秀的创业者需要具备五项关键特质：一是要有梦想和愿景；二是要有行动力；三是要有团队协作能力；四是要有适应能力；五是要有良好的品德。

第一，拥有梦想和愿景是创业者的基础。熊晓鸽认为一个优秀的创业者必须有一个宏大的愿景，即知道自己要为世界带来什么改变。这种愿景不仅能激发创业者的激情，还能吸引更多优秀的人才加入团队，共同实现这个目标。

第二，行动力对于创业者来说至关重要。熊晓鸽指出，即便想法再好，如果不能付诸实践，也只能是空想。一个优秀的创业者就应该具备把想法转化为现实的能力。只有迅速行动，才能抓住机遇。

第三，团队协作能力是一个企业成功的关键因素。熊晓鸽强调，一个人的力量是有限的，只有团队协作才能发挥出更大能量。创业者需要懂得如何组建和管理一个高效的团队，以实现企业的目标。

第四，适应能力对于创业者来说非常重要。熊晓鸽认为，市场环境和竞争态势总是在不断变化，一个优秀的创业者只有具备较强的适应能力，才能在复杂多变的市场环境中立于不败之地。

第五，品德是一个创业者的核心素质。熊晓鸽认为，一个创业者的品行和道德水平会影响整个企业的文化和氛围。只有具备良好品德的创业者才能吸引更多的优秀人才，让企业长久发展。

结合熊晓鸽的背景，我们可以看出他非常重视创业者的内在品质。作为一个在创投领域取得辉煌成绩的投资人，熊晓鸽在选择投资项目时，深知一个有梦想、执行力、团队协作能力、适应力和良好品德的创业者对企业发展的重要性。因此，熊晓鸽在投资前，总是以一种深入的洞察能力和敏锐的市场嗅觉去评估创业者的品质。

熊晓鸽对创业者的要求与他自身的价值观和人生经历息息相关。熊晓鸽拥有丰富的创业经历，对于企业从无到有的过程有着深刻的理解。他了解创业者在创业过程中所面临的困难和挑战，也明白只有具备这些关键特质的创业者才能够克服重重困难，实现企业的成功。

此外，熊晓鸽还具备敏锐的市场洞察能力和卓越的判断力。这使得他在评估创业者时能够快速发现其潜力和不足，为投资决策提供有力支持。

综上所述，熊晓鸽选择投资创业者的标准主要体现在五个关键特质上：梦想与愿景、行动力、团队协作能力、适应能力和品德。这些特质源于熊晓鸽的个人价值观和人生经历，也正是他在投资领域取得成功的关键所在。对于创业者而言，具备这些关键特质将有助于获得像熊晓鸽这样成功投资人的青睐和支持，从而助力企业发展。

今日资本徐新选择投资创业者的标准

徐新，是今日资本创始合伙人，也是一位在投资领域具有丰富经验和卓越业绩的投资人。她的投资案例包括网易、喜马拉雅、饿了么、VIPKID等成功企业。这些投资案例充分展示了徐新在投资领域的眼光和能力。

在公开场合，徐新曾多次表达出她认为的投资创业者的标准。特别是在2018年举办的"创新创业领袖峰会"上，徐新更是阐述了她对创业者的关键特质的看法。结合徐新的背景和个人特质，我们可以归纳出她选择投资创业者的标准主要包括以下几点：

1. 执行力：徐新非常看重创业者的执行力，因为一个好的创意并不一定能够成功，关键在于如何将创意付诸实践。她认为，一个具备强大执行力的创业者能够迅速将想法变为现实，推动企业不断向前发展。

2. 创新能力：徐新认为，一个成功的创业者需要具备创新能力，能够不断挖掘市场需求，开发新产品，以满足不断变化的市场环境。她认为，只有不断创新的企业才能在激烈的市场竞争中立足。

3. 感知市场趋势的能力：徐新强调，一个优秀的创业者需要具备敏锐的市场洞察力，以便在市场变化中抓住机遇。她认为，一个能够准确把握市场趋势的创业者，很可能领导企业走向成功。

4. 团队建设与管理能力：徐新认为，一个优秀的创业者需要具备出色的团队建设与管理能力。她认为，一个强大的团队是企业成功的关键。一个能够激发团队潜力，协调团队内部关系，有效沟通的创业者，将有更大的可能带领企业走向成功。

5. 良好的品质与价值观：徐新十分注重创业者的品质和价值观。她认为，一个具备诚信、坚韧和责任感的创业者，更容易赢得投资人和合作伙伴的信任，从而为企业发展创造更多机会。

综合徐新的背景和个人特质，我们可以看出她在选择投资创业者时非常注重实际执行力、创新能力、市场洞察能力、团队建设与管理能力以及良好的品质和价值观。这些关键特质是她在多年投资经验中逐渐总结出来的，也是她认为决定企业成功的重要因素。

徐新曾表示，一个成功的创业者不仅要有激情和远见，还需要具备实际操作能力，这样才能将梦想变成现实。因此，在评估创业者时，她会仔细观察创业者在过去的经历中是否表现出这些关键特质。此外，徐新还强调了与创业者在价值观上的契合，这是她在投资过程中非常看重的一点。

从徐新的投资案例来看，她成功地投资了一系列具有颠覆性创新技术和市场领导地位的企业，这些企业的创始人往往具备上述关键特质。例如，网易的丁磊以出色的创新能力和市场洞察力将企业发展成为中国互联网行业的领军企业；喜马拉雅的俞挺则以扎实的执行力和团队建设能力，将喜马拉雅打造成中国最大的知识付费平台。

通过对徐新的深入分析，我们可以得出一个结论：一个成功的创业者需要具备强大的执行力、创新能力、市场洞察力、团队建设与管理能力以及良好的品质和价值观。这些特质将有助于企业在激烈的市场竞争中脱颖而出，实现可持续发展。

创业的你应打造哪些特质吸引投资人与合伙人

我们结合以上对沈南鹏、阎炎、熊晓鸽、徐新的分析，总结出创业者至少应打造以下九大关键特质以吸引投资人与合伙人：

1. 清晰的商业模式和战略思维：投资人关注项目的盈利能力与持续发展。创业者需具备清晰的商业模式和战略思维，能在竞争激烈的市场中洞察机遇，制定合理的商业策略，并进行灵活调整。

2. 优秀的沟通与协作能力：一个成功的企业需要集结一批优秀的人才，形成高效的团队。具备优秀沟通与协作能力的创业者，能有效调动团队积极性，与投资人、合伙人保持良好沟通，共同推动企业发展。

3. 创新意识与学习能力：面对不断变化的市场环境，创业者需具备创新意识，持续学习新知识，以适应行业发展趋势。这种特质有助于创业者及时调整企业战略，抓住市场机遇。

4. 高度的执行力：一个有想法的创业者并不稀缺，但只有付诸行动的创业者才能取得最终的成功。高度的执行力使创业者能将计划付诸实践，确保企业目标的实现。

5. 领导力与激励能力：创业者需要具备领导力，引领团队追求共同目标。同时，创业者的激励能力能够有效激发团队成员的积极性，提高工作效率，实现团队协同作战。优秀的领导力和激励能力使创业者能够吸引优秀人才加入团队，并在困难时期鼓舞士气，保持团队凝聚力。

6. 抗压能力和强大心理素质：创业过程充满挑战，创业者只有具备了抗压能力和强大心理素质，才能应对各种困难。投资人和合伙人更愿意与具备这种特质的创业者合作，因为他们在面对困境时不会轻易放弃，更有可能引领企业走出困境。

7. 诚信和正直：诚信和正直是企业家立足的基石，只有拥有这些品质才能赢得投资人和合伙人的信任。创业者需遵循道德规范和商业道德，始终坚守诚信原则，这将有助于建立良好的商业信誉，为企业的持续发展奠定基础。

8. 国际视野和跨文化沟通能力：随着全球化的推进，企业往往需要在国际市场上竞争。具备国际视野和跨文化沟通能力的创业者，能更好地拓展海外市场，与国际投资人和合伙人保持良好的沟通，推动企业实现全球化战略。

9. 扎实的法律意识和合规素养：在现代商业环境中，企业需遵循严格的法律法规。一个具备扎实法律意识和合规素养的创业者，能在法律的指导下遵循法规办事，防范法律风险，更容易获得投资人与合伙人的信任。

综上所述，创业者应着力打造清晰的商业模式和战略思维、沟通与协作能力、社会责任、创新意识、执行力、领导力、抗压能力、诚信正直、国际视野、法律意识等关键特质。只有拥有了这些特质，才能令创业者更容易吸引投资人和合伙人的关注和支持，从而提高创业成功的可能性。

第 1 章

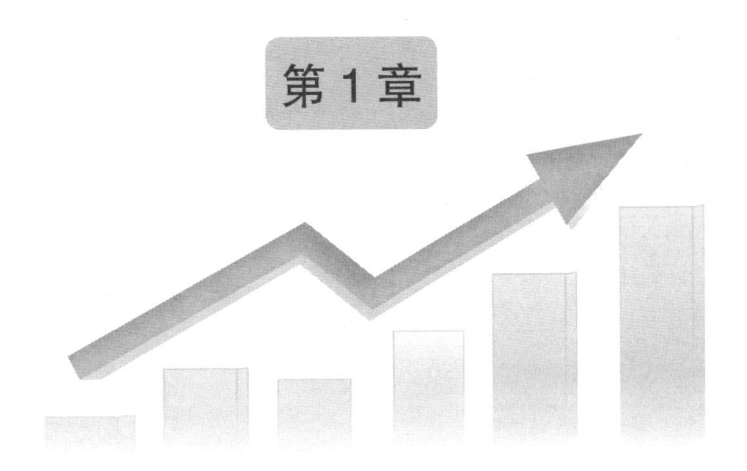

风险投资与拿来主义：
第一桶金从哪里来

对于绝大多数创业者而言，风险投资（Venture Capital，简称风投）绝对是一个笼罩在神秘光环中的词汇。它像是一座远在天边且高不可攀的城堡，其大门紧闭，内部的运作对外界来说如同黑盒，让人充满好奇又略感不安。这种神秘性不仅来自风险投资的高门槛和严格的选拔机制，还源于普遍存在的一种误解：很多人认为，只有拥有特定背景或资源的创业者才有机会得到风险投资的青睐。

其实，风险投资并非一种遥不可及的梦想，更不是仅限于某些"特权阶层"才能接触的资源。实际上，风险投资是创业生态系统中的一部分，它旨在发掘和扶持那些具有创新思维和高增长潜力的新兴企业。只要你有一个好的点子和可行的商业模型，风险投资就可能成为你实现梦想的重要前提。

这一章将努力揭开风险投资的神秘面纱，让你更全面、更深入地了解这个被普遍误解和神秘化的领域。下面，请跟着我从风险投资的起源开始，追寻它在创业生态系统中扮演的角色，解析风险投资公司（Venture Capital Firms）是如何运作的，以及它们是如何评估、选择并投资于有潜力的创业项目的。

我希望这一章能够解答创业者心中关于风险投资的各种疑问，让你能以更加明确和自信的态度来面对这个充满机遇与挑战的领域。

第 1 章
风险投资与拿来主义：第一桶金从哪里来

1.1 风险投资的起源

一般而言，风险投资作为一种制度化的投资形式，在20世纪50年代的美国开始逐渐崭露头角。然而，如果我们将目光投向更早的时期，就会发现风险投资——投资于高风险、高回报的创新项目——实际上可以追溯到更早的时期。

虽然现代风险投资的结构和运作方式有其特定的历史背景，但投资于未来和鼓励创新的概念并非新生事物。在文艺复兴时代，贵族和富商们就已经在对海内外贸易、艺术作品，甚至科学研究进行投资或赞助。这些都可以看作是风险投资的早期形态，虽然当时还没有专门的组织或法律规定。

风险投资在美国的崛起通常被归功于1946年创建的美国研究与发展公司（American Research and Development Corporation，简称ARDC）。这个由乔治·多里奥（George Doriot）领导的公司是第一个专门投资于高科技创业公司的机构。最著名的投资案例当数1957年对数字设备公司（Digital Equipment Corporation，简称DEC）的投资。当时，美国研究与发展公司仅以70万美元的价格便购得了数字设备公司的股份，而这些股份后来价值达到数亿美元。

从20世纪50年代到今天，风险投资已经从相对小众的投资领域发展成全球主要的资本运作方式。尤其是在硅谷，风险投资几乎成了创业文化的代名词。它不仅局限于技术领域，还扩展到了生物科技、清洁能源、医疗保健等多个行业。

与此同时，风险投资也已经不再是美国独有的现象。欧洲、亚洲，甚至非洲和拉丁美洲也出现了活跃的风险投资市场。各地的政府和私营机构也纷纷推出了各种政策和措施，以促进风险投资的发展。

综上所述，风险投资并不是一个突然出现的新概念，而是一个经过数百年演变和发展的投资模式。从早期对于海外探险和艺术创作的投资，到现代针对高科技创业项目的专门投资机构，风险投资一直都在推动着人类社会和经济的发展。掌握了风险投资的历史和发展趋势，我们将更容易理解它在当前经济环境中的作用和意义。知道了风险投资从何而来，也许你会更加自信地走进这个充满未知和可能性的世界。毕竟，每一个伟大的创意，都需要一次勇敢的风险投资来让它成为现实。

1.2 风险投资如何盈利

在了解了风险投资的历史和起源后，让我们把目光投向这一商业模式的核心——如何盈利。其实，风险投资实质上并不神秘，它不过是一种商业模式。简单地讲，风险投资就是由专门的投资公司寻找有潜力的企业，然后向这些企业投资并换取其股份。最终，这些投资公司在恰当的时机将这些股份增值后套现退出，实现盈利。

现代风险投资基本的商业逻辑——寻找潜力、投资、增值、退出（Exit）——从古至今始终未变。那么，在这一节中，让我们进一步深化对风险投资这一商业模式的理解，以便更好地揭开其所谓"神秘面纱"。实际上，一旦我们了解了它的运作逻辑，就会发现，风险投资并不是一个遥不可及或难以理解的领域。它其实更像是一种精密而有序的商业运作，只不过，在这个过程中所承担的风险和可能获得的回报都非常大。

1.2.1 什么是风险投资

一般来说，风险投资是私募股权投资的一种类型，通常投资给早期、具有潜力和成长性的公司，以期最终通过首次公开募股（IPO）或公司出售的方式获得投资回报。那么什么是私募股权呢？其实，它是一个广义上的概念，包括以权益方式投资在非公开交易市场上的资产。这类投资还包括杠杆收购、夹层投资、成长投资、天使投资等。

美国全美风险投资协会（National Venture Capital Association，简称NVCA）定义风险投资，其实是由职业投资家和其管理经验一起，投入新兴、迅速发展、具有巨大经济发展潜力的企业中的一种权益资本。

从上面的解释我们可以抽取风险投资的几个核心"基因"：

- 资本：风险投资是由专门的投资人或机构提供资本的。
- 权益投资：这是一种股权投资，通常不以贷款或其他债务形式出现。
- 职业管理：投资活动通常由专业的风险投资家管理。
- 目标企业：被投资的企业通常是年轻的、发展迅速的，具有巨大的市场潜力。

现在当我们说到"风险投资"，这个词不仅仅用于描述这种商业模式，它也可以作为"风险投资公司""风险投资人"或"风险投资行业"的简称。

那么，风险投资是如何运作以实现盈利的呢？事实上，这一模式与传统的生产企业有些相似。

首先，风险投资公司经理会先从一些有潜力的创业者手里低价买入"原料"——这些创业企业的股份。

然后，他们会对这些"原料"进行加工。即提供增值服务，或者简单地等待创业者自己的努力，使得这些股份从"原材料"变成更具价值的"产品"。

最终，风险投资公司会找到适当的时机，将这些已经增值的股份卖给大型企业或者让企业上市。在上市后，风险投资公司可以通过证券市场将手中的股份高价卖给战略投资者或公众。这样，他们就完成了一个投资周期，并实现了投资回报。

1.2.2　风险投资基金的组织形式

风险投资不仅是一种金融工具，它也是一种高度专业化的商业模式。"风险投资"的组织形式又是什么样的呢？

1. 基础组织形式

风险投资基金通常采用有限合伙或有限责任公司的形式，以便集合第三方出资人的资金，并投资到选定的高成长潜力企业。风险投资基金的管理由风险投资公司（简称"风投公司"或"风险投资"）负责。这些公司的专业团队负责寻找、筛选、评估投资目标，并为这些公司提供管理经验、技术支持、外部资源以及资金。

2. 有限合伙与有限责任公司

两种主流的风险投资基金组织形式是有限责任公司和有限合伙。在国内，一些有一定历史和基础的创投公司基本上采用有限责任公司的形式。然而，主流的风险投资基金，特别是在美国和一些中国新兴的本土风险投资公司，更倾向于使用有限合伙的组织形式。

在有限合伙形式中，基金的出资人被称为有限合伙人（Limited Partners，简称LP），而负责管理基金的风险投资公司则作为普通合伙人（General Partners，简称GP）。普通合伙人负责基金的日常运作和决策，而有限合伙人一般不参与日常管理，但享有投资收益。

3. 融资和规模

与创业企业需要融资以拓展业务一样，风险投资公司也需要向潜在投资者（通常是机构投资者和高净值个人）融资来成立风险投资基金。一旦募集到足够的资金，风险投资基金就可以开始其投资活动。基金通常设有最低投资额度，以限制参与的投资者种类。

4. 独立监管和决策机构

为了确保投资决策的独立性和透明性，大多数风险投资基金会聘请独立的财务审计和法律顾问，并可能设立董事会或顾问委员会。这些机构虽然参与投资决策的讨论，但最终的决策权在有限合伙人手中。

5. 天使投资和天使投资小组

天使投资与风险投资相似,但其更侧重于较早期的创业公司。天使投资人通常是成功的企业家或其他高净值个人,他们在投资过程中可能更注重个人经验和直觉。在美国,天使投资人经常组成小组,共同评估和投资项目;而在国内,天使投资人往往独立行动。

6. 避税策略

一些国际型风险投资基金选择在开曼群岛或巴哈马等避税天堂注册,以实现更为灵活的税收筹划。

1.2.3 风险投资的存续期

从本质上说,风险投资基金风险投资不是一个永恒存在的实体。它们一般有一个明确的存续期限,在这一时间框架内,风险投资基金需要完成募资、投资、管理和最终的退出。这一节将专门探讨风险投资基金的存续期以及它如何影响基金的运营和盈利。

1. 存续期的定义

存续期是风险投资基金从募资成功并开始运营到终止并完成所有投资退出的整个时间跨度。一般来说,存续期大约为10—12年,这个时间可能会根据特定情况而有所延长或缩短。

2. 存续期的不同阶段

风险投资基金的存续期通常可以分为三个主要阶段:投资期、管理和增值期、退出期。

投资期:在存续期的前几年(通常是3—5年),风险投资基金处于投资期。在这一阶段,风险投资基金将主要资金投入被选定的创业公司中。

管理和增值期:这是紧接着投资期之后的阶段,风险投资基金会持续监控和管理其投资组合，并寻找适当的方式增加投资价值。

退出期：在存续期的最后几年，风险投资基金将寻求通过出售股权、并购（M&A）或上市等方式，从投资项目中退出，以实现资本增值并返回给投资者。

3. 存续期与盈利

存续期的长度和阶段划分有助于风险投资基金更有效地管理资金和实现盈利。一方面，一个相对长的存续期可以给风险投资基金更多的时间来增加投资价值；另一方面，过长的存续期可能会导致资金的时间价值下降，从而降低投资回报。

4. 退出策略

退出是风险投资基金盈利的关键环节，通常会在存续期快结束时进行。有效的退出不仅可以极大地增加投资回报，而且还能在基金结束时将资本及其回报迅速返回给投资者。

5. 存续期的延长和终止

在某些特殊情况下，如市场不景气或投资组合表现不佳，风险投资基金的存续期可能会延长。这通常需要得到大多数投资者的同意。

6. 与投资者的沟通

存续期不仅是风险投资基金自身运营的一个重要参数，也是与投资者沟通的关键因素。通常在基金设置阶段，存续期和可能的延长选项都会清晰地列在募资说明书中。

通过了解风险投资基金的存续期，投资者和创业者都能更全面地理解风险投资的运作机制和盈利模式。

1.2.4　风险投资基金的资金来源

了解了风险投资的基本组织形式和存续期之后，一个问题自然而然就出来了：这些风险投资基金的资金到底从哪里来？这一部分将专注于解析风险投资基金的主要资金来源，这对于理解整个风险投资生态系统尤为关键。

1. 有限合伙人

最主要的资金来源便是有限合伙人。这些通常是大型的机构投资者，如养老基金、大学捐赠基金、保险公司以及主权财富基金等。他们通常不参与基金的日常管理和投资决策，但是是资金的主要提供者。

2. 高净值个人

除了机构投资者，高净值个人也经常作为LPs出现在风险投资基金中。这些通常是非常富有的个体，如企业家、专业人士或其他有大量可投资资产的人。

3. 普通合伙人

也可以说就是风险投资公司自身，他们通常也会投入一部分资金。这样做的目的是与有限合伙人的利益保持一致。普通合伙人的资金通常占基金总规模的1%—5%。

4. 基金中基金（Fund of Funds）

这是一种专门投资于其他投资基金的基金，也可能成为风险投资基金的资金来源之一。通过基金中基金，小额资金可以聚合成大额资金，这样才能获得更多投资机会。

5. 公司投资

一些大型企业也通过其企业投资部门成为风险投资基金的投资者，旨在获取创新技术或市场优势。

6. 政府和非营利组织

在某些情况下，政府和非营利组织也可能提供资金，尤其是当风险投资基金聚焦于社会影响或创新科技领域时。

7. 其他

还有一些其他较小但日益增多的资金来源，如通过众筹网络平台募集的资金。

8. 资金来源与基金策略的关联

风险投资基金的资金来源往往会影响其投资策略。例如，如果主要资金来源是养老基金或大学捐赠基金，那么基金可能更倾向于相对稳健的长期投资。

通过以上几个方面，我们可以清晰地看到，风险投资基金的资金来源是多元化的。这不仅为风险投资基金提供了足够的资本以进行多样化投资，也为各种类型的投资者提供了参与创新和获取高收益的机会。

1.2.5 风险投资基金的投资流程

风险投资基金的投资流程通常是一道复杂而严谨的工程，涵盖了从项目筛选到最终退出的全过程。一个成功的投资流程能够最大限度地发掘高潜力投资目标，为投资者带来显著的回报。接下来，我们将详细探讨风险投资基金的投资流程。

1. 项目筛选（Deal Sourcing）

包括搜集信息与初步筛选。

搜集信息：投资经理风险投资通常会通过行业会议、网络、推荐以及与其他投资者和创业者的联系来搜索投资机会。

初步筛选：收到的项目提案将会经过初步审查，以评估其是否符合基金的投资标准和策略。

2. 初步评估（Preliminary Assessment）

包括尽职调查（Due Diligence）与项目评估。

尽职调查：对于通过初筛的项目，风险投资经理会进行更深入的尽职调查，包括财务、市场、团队等方面。

项目评估：评估项目的商业模式、成长潜力和市场竞争力。

3. 投资决策（Investment Decision）

包括内部讨论与投资委员会审批。

内部讨论：投资团队会进行内部讨论，对项目进行全面评价。

投资委员会审批：在大多数情况下，项目需要得到投资委员会的批准。

4. 投资执行（Investment Execution）

包括协商条款（Term Sheet Negotiation）与正式合同签署。

协商条款：一旦决定投资，双方会签署一份条款清单，这是一份非法律约束的协议，概述了投资的基本条款和条件。

正式合同签署：在进一步的尽职调查和协商后，双方将签署正式的投资合同。

5. 投后管理（Post-investment Management）

包括持续监督与增值服务。

持续监督：风险投资基金通常会派人进入被投资公司的董事会，以持续监督公司运营。

增值服务：除资金外，风险投资基金风险投资还会通过提供管理咨询、拓展商业网络等方式为被投资公司提供增值服务。

6. 退出（Exit）

包括上市、并购、二级市场交易或买回。

上市（IPO）：最理想的退出方式通常是被投资公司上市。

并购：除了上市，另一个常见的退出方式是被其他公司收购。

二级市场交易或买回：在某些情况下，风险投资基金风险投资可能会选择通过二级市场出售其股份，或允许企业买回股份。

第1章
风险投资与拿来主义：第一桶金从哪里来

整个投资流程可能历时数月甚至数年，涉及大量的人力和资源投入。然而，正是这种严谨和专业化，使得风险投资能够在高风险的创业环境中找到并培养出具有巨大潜力和价值的企业。

案例：红杉中国投资美团

红杉中国，作为全球著名的风险投资公司红杉投资（Sequoia Capital）在中国的分支，自2005年进入中国以来，通过不断的努力和发展，在中国市场上赢得了良好声誉和业绩。红杉投资是全球领先的风险投资公司之一，成立于1972年，总部位于美国硅谷。它在风险投资领域取得了傲人成绩，早期的投资项目如苹果、谷歌、雅虎等成了全球知名的科技巨头。近年来，红杉投资逐步拓展中国市场，投资了众多当地知名的互联网企业，如阿里巴巴、小米、京东、滴滴出行等，这些成功的案例为红杉投资在中国市场上赢得了良好的声誉和业绩。

红杉投资之所以能够在众多风险投资公司中脱颖而出，得益于其在几个方面的优势：真正的风险投资人精神，深刻的行业洞察力，以及值得信任的品牌形象。红杉投资在公司成立之初的宗旨就是帮助创意激发想象力，将传统产业拓宽到全新领域。为了实现这个目标，红杉投资不停地寻找有前途的初创公司和有思想领导力的管理层，从而在数十年的时间中成功进行了众多高风险投资。

美团成立于2010年，是一家综合性的生活服务平台，提供了餐饮、出行、旅游、购物等多个方面的服务。其创始人王兴，是著名的互联网创业者，他在创建美团之前曾是中国的社交网站校内网（后改名人人网）的创始人之一。美团最初是一个团购网站，随着时间的推移，逐步发展成了一家综合性的生活服务平台。目前，美团已经成了中国最大的生活服务电商平台，覆盖了中国超过2800个市（今县级市、市辖区），为数亿消费者提供了方便、快捷、优质的生活服务。

2011年，美团进入了中国的团购市场，当时的市场竞争异常激烈，有超过5000家团购网站在中国市场上争夺市场份额。在这种情况下，美团依然能够脱颖而出，赢得消费者的青睐，这主要得益于美团的创新服务和用户体验。例如，美团早在2011年便推出了"闪团"服务，让消费者可以在手机上随时随地购买团购产品，这在当时的团购市场上是相当创新的。而这种对用户体验的重视，也让美团在2011年获得了红杉中国的青睐。

红杉资本与美团的故事是一个关于信任、眼光与长期合作的典范。王兴与红杉资本的关系可追溯到2005年。当时，他的创业项目校内网仅上线10天便引起了红杉团队陆勤超的注意，陆勤超迅速对其电话邀约。几年后，王兴创办的饭否引起了红杉团队周逵的兴趣。然而，真正让两者关系密切到共同走向成功的是2010年美团的诞生。

当美团网在2010年上线的当周，王兴便收到了红杉团队计越的短信。不久之后，他与红杉资本的孙谦见了面，并迅速达成了投资协议。红杉中国创始人沈南鹏后来评价说："客观地说，美团当时有很多选择，但是王兴坚定地选择了我们。"

红杉资本在投资决策中，遵循一套核心价值观和投资原则。

团队和产品：红杉资本非常注重团队的组成和产品的质量。在决定投资美团之前，他们曾深入了解了王兴和他的核心团队，同时仔细评估了美团的市场潜力。

市场和竞争：红杉资本在投资前进行了全面而深入的市场分析，以评估市场规模、潜在增长以及与其他竞争对手的相对优势。

商业模式和收入模式：红杉资本也对美团的商业模式和收入模式进行了严格的筛选。他们通常更偏好那些有着成熟商业模式和可观收入潜力的公司。

红杉资本的这些核心投资原则，与王兴及其团队的价值观高度契合。双方不仅在商业层面上达成了一致，更在文化和价值观上找到了共鸣，这也是王兴坚定选择红杉资本作为长期合作伙伴的重要原因。

因此，当我们深入了解红杉资本与美团的合作历程，不难发现，投资不仅仅是金钱和数据的交换，更是一场涉及信任、战略和价值观的深度合作。这也正是红杉资本能够在风险投资领域持续成功的关键所在。

红杉资本与美团：一段持久而深入的投资关系

风险投资的真正价值往往体现在其长期而持续的支持，特别是当投资公司面临重大挑战时。红杉资本对美团的投资就是多轮次持续跟进投资的典型案例。根据投中集团CVSource的数据，美团自2010年成立以来，已先后完成了七轮融资。其中2017年10月更是以300亿美元的投后估值完成了约40亿美元的融资。

不过，美团的发展之路并非一帆风顺。尤其是在B轮融资时，公司曾遇到重大困难：领投基金在签完投资意向书后突然放弃投资。在这一关键时刻，红杉资本坚定地加大了投资，最终完成了美团B轮的领投。

沈南鹏，红杉中国的创始人，曾如此评价他们对美团的投资策略："在红杉的价值观里，作为投资机构，最可贵的就是雪中送炭，在困难时刻给予支持。"沈南鹏持续投资美团，不仅因为看好美团的商业模式，更因为对美团创始人王兴有着深厚的信任："王兴是少有的对野蛮生长的中国互联网格局有着清晰认知的思考者，这或许也是美团能够不断越过挑战，获得更大成功的原因。"

王兴也回应称，红杉资本是美团和大众点评合并过程中最重要的投资人，非常坚定地支持公司。值得注意的是，在2015年10月美团和大众点评合并时，两家公司选择了非常少见的Co-CEO架构，这也体现了红杉资本在战略决策层面的影响力。

红杉资本不仅在美团和大众点评的合并中发挥了重要作用，还在美团后续对摩拜单车的收购中持续提供支持。红杉在2016年投了摩拜的C轮融资，并参与了摩拜的后续多轮融资。

在对美团的投资和管理过程中，红杉资本采取了如下措施：

1. 加强股权投资和战略支持

红杉资本最早于2010年投资美团，成为其A轮唯一的投资人，且投资额达到了1200万美元。而这种早期投资并不仅仅是金钱上的支持，更是战略方向和信任的明确体现。红杉资本认为美团具备巨大的潜力和增长空间，在后续的多轮融资中也多次选择跟投，表明了其对美团方向和管理团队的坚定信任。

2. 加强对管理层的支持

除了财务支持，红杉资本也提供了无可估量的行业洞见和经验。他们不仅协助美团进行市场调研，还提供了丰富的行业网络资源。通过与红杉资本的深度合作，美团能够更准确地判断市场趋势，也获得了在技术、人力和资源整合方面的宝贵建议，从而更快地实现了业务增长。

3. 建立和完善管理体系

美团从一个团购网站逐渐发展成涵盖多个领域的生活服务平台，这样的快速扩张必然伴随着管理难题。红杉资本在这方面的支持也是显而易见的。他们运用多年积累的经验，帮助美团建立了一套更高效、科学的组织架构和管理体系，包括但不限于财务管理、运营优化、团队构建等方面。

总体而言，在红杉资本的支持下，美团不仅完成了多轮融资，还在关键时刻获得了稳固的战略方向和资金支持，从而不断完善其服务和资本体系。红杉资本的投资战略不仅仅局限于单次投资,而是一种多维度、多层次、多轮次的持续跟进,这也是其成功的关键所在。

1.2.6 风险投资基金的投资回报

投资是为了获得回报,这一点在风险投资这个特殊的投资领域也是一样的。但与传统的股票、债券或者房地产投资不同,风险投资通常涉及更高的风险和更复杂的回报机制。

第一,了解风险投资基金资金的来源和去向是重要的。风险投资基金通常由一群有限合伙人募集资金,并由一家或多家风险投资公司进行管理和投资。这些资金是"承诺资金"(Committed Capital),意味着有限合伙人在基金的存续期内会逐步分期注入资金。

第二,由于风险投资基金风险投资通常需要一个相对较长的周期,通常是3—5年的投资期和额外的2—5年的退出期,因此这些承诺资金不是一开始就全部用于投资,而是根据需要逐步调用。通常,在一个被风险投资基金风险投资的公司实现退出(通过公开募股或出售)后,投资收益才会产生并开始逐步分配给有限合伙人。

第三,对于有限合伙人和风险投资公司而言,评估投资回报的几个关键指标包括:每笔投资的回报倍数、整个基金的内部回报率(IRR)和投资后的资产净值(NAV)。不难听到某风险投资基金风险投资在某项目上实现了10倍或者100倍的回报,但这并不代表整个基金的年化回报率(Annualized Returns)也会如此惊人。这是因为基金通常会分散投资在多个项目上,而不是所有项目都能实现如此高的回报。

第四,对于有限合伙人而言,除了关注单一项目的回报情况,更重要的是关注整个基金的综合表现。这不仅能反映风险投资公司的投资能力,还直接关系到有限合伙人是否会在未来继续与该风险投资公司合作。年化回报率通常是有限合伙人最关心的一个指标,因为这影响到他们是否能实现预期的投资收益。

第五,对于风险投资公司来说,高回报不仅能吸引更多的资金,还能够塑造品牌,提高在行业内的口碑和影响力。一个具有高回报历史的风险投资公司通常会更容易募集到新的基金,进而得以持续进行更多的投资。

总体而言,风险投资基金的投资回报是一个多维度、多层次的问题,它涉及资金的募集、投资、管理和退出等多个环节。通过对这些环节的细致了解,投资者可以更全面地把握风险投资的风险和回报,从而做出更加明智的投资决策。

风险投资的管理费及收益分成。

在深入讨论风险投资的盈利模式和投资回报前,我们首先需要了解两个关键的术语:净回报和毛回报。有限合伙人通常关心的是从投资中获得的"净回报",这也是评价其投资绩效的关键指标。而风险投资基金风险投资主要关注的则是其投资能力带来的"毛回报"。

在这里,我们还要注意以下两点:

1. 管理费:支撑基金运营的关键

净回报和毛回报之间的差异最初产生于风险投资基金的管理费。这笔费用用于支撑风险投资公司的日常运营和人员薪酬。它通常是基金总额的一个固定比例。大型基金通常收取约1.5%的管理费,而中小型基金则高达2.5%。特别值得注意的是,管理费通常在基金的存续期内每年收取一次,并且在基金成立5年后,这个比例可能会逐渐减少。原因是,大部分投资活动通常在基金成立后的前几年内完成。

由于管理费从基金总额中扣除,因此风险投资基金风险投资用于实际投资的资金总额会小于基金规模。简单来说，更多的管理费意味着用于投资的资金减少，这可能会影响到基金的总体回报。

2. 收益分成：额外的激励

除了管理费外，当投资获利后，风险投资基金风险投资还会从这些利润中获取一部分作为"收益分成"。这通常占总投资收益的20%至30%。虽然一些人可能会认为更优秀的风险投资基金会要求更高的分成比例，但实际情况并不总是如此。重要的是，收益分成只有在基金实现净利润后才会生效。也就是说，只有当风险投资给有限合伙人返回的资金超过了其初始投资后，剩余的投资收益（或称之为利润）才会被分成。

假设有一个规模为1亿元、期限为10年的风险投资基金。基于每年2%的管理费和20%的收益分成，10年内总的管理费将为2000万元人民币。这意味着风险投资基金风险投资实际可用于投资的资金为8000万元人民币。

如果该基金最终实现的投资收益（退出价值）为2.25亿元，则：

风险投资基金风险投资的毛回报为2.81倍（2.25亿元 / 0.8亿元）

有限合伙人的净回报为2.05倍［（2.25亿元 – 0.2亿元）/ 1亿元］

从这个例子中，我们可以明确看到，管理费和收益分成如何影响到风险投资基金和有限合伙人的最终回报。尽管风险投资基金风险投资可能获取了相当高的毛回报，但在扣除管理费和收益分成后，有限合伙人的净回报往往会较低。

有限合伙人在投资风险投资基金前，了解管理费和收益分成的结构是至关重要的。这不仅影响着投资的净回报，还是评估基金表现和透明度的关键因素。

1.2.7 有限合伙人要求的最低回报率

在前述内容中，我们解释了风险投资基金风险投资如何通过管理费和收益分成来获得回报。然而，在实践中，有限合伙人通常会对风险投资基金设置一个最低的预期回报率。这是因为有限合伙人在投资风险投资基金之前通常会进行风险评估，以确定是否值得承担这种投资形式的高风险。

首先是最低回报率。

最低回报率实质上是有限合伙人在分配剩余收益之前需要实现的最低投资收益。比如，如果有限合伙人要求一个20%的最低回报率，那么风险投资基金风险投资需要首先确保这一回报率达标后，才能进行收益分成。

以前面的1亿元规模、10年期限的风险投资基金为例。假设有限合伙人要求的最低回报率是20%，那么他们期望最低回报应为1亿美元的120%即1.2亿元。这意味着，在有限合伙人收回1.2亿元后，剩余的收益（即超过1.2亿元的部分）才开始与风险投资基金风险投资进行分配。

在这种情况下，虽然最低回报率不会直接影响风险投资基金风险投资的毛回报，但它会提升有限合伙人的净回报。这是因为最低回报率实质上为有限合伙人提供了一层额外的收益保障。

其次是税务与现金流。

需要注意的是，前面的所有计算都是基于现金流进行的，没有考虑到税务问题。税务影响因个体情况而异，可能会进一步影响有限合伙人和风险投资基金风险投资的实际净回报。

最后是股票的处置问题。

通常，风险投资基金风险投资会在被投资公司上市或被收购后的某一时间点（通常是禁售期结束后）卖掉其持有的所有股票，并将收入分给有限合伙人。然而，这一策略在风险投资基金风险投资持有较大股权的情况下可能不适用。如果风险投资基金风险投资一次性卖出大量股票，可能会引发市场恐慌，导致股价暴跌。在这种情况下，风险投资基金风险投资可能会选择将股票直接分给有限合伙人，让他们自己决定何时出售。

对于尚未出售的股票，在计算其收益时，通常是按照公开募股发行价来进行估值。这也是一种行业惯例，虽然这样的估值可能会因市场波动而有所变动。

了解有限合伙人要求的最低回报率对于评估风险投资基金的整体回报潜力至关重要。这一额外的收益保障层不仅提升了有限合伙人的回报，也为风险投资基金设定了更高的投资标准。然而，除了最低回报率之外，还需要考虑诸如税务、现金流和股票处置等其他复杂因素，以获得一个全面的投资回报画像。

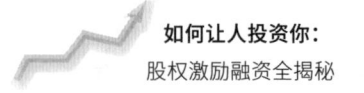

1.3　风险投资的组织构架

风险投资基金的一般合伙人，负责管理和操作基金的日常活动。虽然它们经常管理着数亿甚至数十亿美元的资金，但你可能会惊讶地发现，这些组织其实都是"小公司"。大多数风险投资基金风险投资在法律上是有限合伙企业，并且通常只有一个小型的团队。比如，中国国内的大型风险投资基金风险投资如红杉中国、联想投资、深创投和IDG，尽管名声在外，但他们的员工规模也不过几十人。

1.3.1　为什么采用"合伙人"制

风险投资公司普遍采用"合伙人"制度，这主要基于三个原因：

- 高度个人能力和经验的需求：风险投资是一个非常依赖于个人能力和经验的行业。每个成功的风险投资公司都需要有一群高度成熟的合伙人，这些合伙人通常会负责特定的投资项目。
- 经济激励：合伙人制度提供了强烈的经济激励，确保合伙人在投资过程中更加科学和合理地做出决策。
- 税务优势：在有限合伙企业这种组织结构下，公司本身不需要缴税，合伙人按个人所得缴税，从而减少了税务负担。

这也解释了为什么你很少会在风险投资公司中看到像"CEO"或"总经理"这样的职位名称。而合伙人不仅在风险投资行业内有着崇高的地位，还经常在整个科技界有广泛的影响力。

一家典型的风险投资公司通常会有多个层级和多种职位，这也是为了确保公司能高效地运行。一家典型的风险投资公司可能包括以下几种职位：合伙人、副总裁、投资总监、投资经理、分析员、投资助理。

1.3.2 合伙人

在风险投资公司风险投资中，合伙人通常是最高级别的决策者，他们不仅对投资项目拥有决定权，还负责公司的战略方向和基金管理。根据他们不同的职能和专长，合伙人通常分为以下三类：

1. 主管合伙人

主管合伙人是风险投资公司的核心领导，他们主要负责基金的募集、投资项目的管理以及退出策略。除此之外，他们还负责基金内部的其他重大决策，如对投资策略的调整、团队结构的优化等。在大多数情况下，主管合伙人在公司内有最终决策权，并在公司外部代表风险投资公司进行高层次的战略合作和谈判。

2. 合伙人

这一层级的合伙人是具体投资项目的主要负责人。他们负责寻找并评估潜在的投资目标，进行详细的尽职调查，并最终决定是否进行投资。除了投资决策，这些合伙人通常还会在被投资公司的董事会中担任董事，以便更直接地参与被投资公司的日常管理和战略规划。

3. 创业合伙人（或入驻创业者）

创业合伙人通常是成功的创业者或行业专家，他们加入风险投资公司主要是为了用自己的经验和专长帮助风险投资公司评估和指导投资项目。创业合伙人对风险投资公司具有特殊的价值：他们不仅能提供项目评估的独特视角，还能为被投资公司提供实质性的帮助。例如，他们可能会以CEO或其他高级管理角色加入被投资公司，或者作为顾问提供战略建议。因为他们通常有丰富的行业和创业经验，所以他们的参与通常

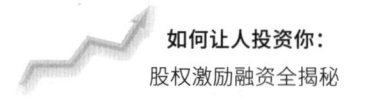

会提高风险投资公司在项目筛选和后续管理中的效率和准确性。

每一种合伙人都有其独特的价值和作用，他们共同确保了风险投资公司能够有效地运作和管理其投资基金。

1.3.3 副总裁或投资总监

在风险投资公司的组织结构中，副总裁或投资总监通常是位居合伙人之下的高级职位。这些角色可以视不同风险投资公司和基金的具体需求而有所不同。有些公司设置副总裁职位，而其他公司则可能设置投资总监职位。

以下我们说说副总裁或投资总监：

1. 职责和作用

副总裁或投资总监通常负责寻找并初步筛选潜在的投资项目。他们会频繁地与创业者会面，深入了解各种创业项目和商业模型。除此之外，他们也会参加各种行业峰会、研讨会或者其他与投资相关的活动，以拓展人脉、收集信息并识别具有潜力的投资目标。

2. 身份和影响力

当副总裁或投资总监与外界（例如创业者或政府部门）交流时，他们的职位头衔通常会给他们带来一定程度的身份优势。这不仅能增加他们的影响力，还能在与潜在投资对象或合作伙伴进行谈判时提供额外的杠杆。

3. 在组织中的位置

在某些风险投资公司中，特别是那些较小或更扁平化的组织里，副总裁或投资总监可能就是唯一负责投资管理的高级职位，相当于其他公司中的"投资经理"。这样的情况下，他们的职责范围会更广泛，涵盖从项目筛选到投资决策，甚至到项目后期管理的各个环节。

4.多样性的现象

经历过多轮融资的创业者可能会注意到，他们手头收到的风险投资公司名片中，"副总裁"或"投资总监"这样的头衔可能是最常见的。这反映了副总裁和投资总监在风险投资活动中的活跃性和重要性。

总体而言，副总裁或投资总监是风险投资公司中不可或缺的角色，他们是合伙人在执行投资策略和管理基金方面的重要支持。

1.3.4 投资经理

在风险投资公司的组织结构中，投资经理通常是一个相当实用且务实的角色。他们处在合伙人和副总裁或投资总监之下，主要负责执行由高层确定的投资决策和策略。尽管他们可能没有决策权，但投资经理在投资流程的各个阶段起到至关重要的作用。

首先，我们来说说其主要职责。其主要职责有两项，即项目寻源和项目执行。

其中项目寻源是指投资经理需要积极寻找潜在的投资项目。这通常包括与创业者会面、参加行业活动、研究市场趋势和筛选可能的投资机会。

项目执行则是当合伙人或高层管理确定某个投资项目后，投资经理则负责该项目的具体执行。这包括进行尽职调查、准备投资文件、协调审计和法律事务，以及与被投资公司的团队进行沟通。

其次，他们在项目执行时的细节包括尽职调查、文件准备和协调、进度控制。

在尽职调查阶段，投资经理会详细地研究被投资公司的财务状况、市场前景、管理团队等多个方面。

而到了文件准备和协调时，投资经理需要准备所有必要的投资文件,并协调审计事务所、律师事务所以及被投资公司的团队,以确保投资过程的顺利进行。

在进度控制时,从项目确定到资金注入,投资经理要严格监控项目进度,并及时向高层报告。

最后,就是投资后管理。

投资经理也需要负责被投资项目的日常管理工作。这些工作通常包括监控投资公司的运营状况、财务报表以及任何与投资相关的重要事项,并根据需要提供相应的支持或指导。

投资经理是风险投资公司内部一个关键的执行角色。他们在寻找新的投资机会和确保已有投资的成功实施中起着至关重要的作用。尽管他们可能不拥有决策权,但无疑是实现公司投资目标的重要推动力。

1.3.5 分析员或投资助理

在风险投资公司的组织结构中,分析员或投资助理通常被视为公司的基础层级,但他们的作用绝不可忽视。这些职位通常是那些刚大学毕业并想进入风险投资行业的年轻人的起点。虽然他们可能没有直接的决策权,但他们的工作是至关重要的,因为他们负责进行深入的行业和财务分析,为公司的投资决策提供关键的数据和见解。

首先,他们的主要职责包括行业研究与分析以及项目具体分析。

其中,行业研究与分析是指分析员或投资助理需要对风险投资基金风险投资可能投资的各个行业进行详尽的研究和分析。这些研究为基金的未来投资决策提供了重要的参考依据。

而项目具体分析则是指当公司考虑某个特定的投资项目时,这些初级职位的工作人员也需要进行具体的行业和财务分析。这通常是尽职调查的一部分。

其次，分析员或投资助理在投资前与投资后的角色是不一样的。

在投资决策作出前，分析员或投资助理参与尽职调查的各个环节，包括但不限于市场规模估算、竞争分析、财务模型建立等。

而到了投资完成后，他们也会参与被投资项目的日常管理工作，如跟踪公司绩效、更新财务模型以及准备内部报告等。

最后，他们是否有快速晋升的可能呢？当然有。

由于这些职位通常是风险投资行业的入门级别，表现出色的分析员或投资助理有机会迅速晋升，成为投资经理、投资总监，甚至合伙人。

分析员或投资助理在风险投资公司中可能是基层职位，但他们的工作对于公司的成功至关重要。他们不仅为公司提供关键的数据和分析，而且经常是具有最新行业知识和见解的人。他们的工作成果直接影响到公司的投资决策和最终的投资回报。

1.4 风险投资选择投资目标的标准

在风险投资这个复杂而又具有挑战性的行业里,做出明智的投资决策是至关重要的。然而,随着每年数以千计的项目和初创公司呈现在风险投资的视野中,如何精确地选择值得投资的目标呢?这一节将深入探讨风险投资在评估和选择投资目标时所遵循的主要标准。

1.4.1 项目来源的多样性

理解风险投资项目的来源非常重要。这些来源包括但不限于:主动寻找、朋友或业内人士的推荐、专业中介机构的介绍、创业者直接发邮件进行项目推介、会议和行业论坛上的交流。

一家活跃的风险投资公司每年可能要接触超过1000个项目。然而,在这1000个项目中,通常只有约10%(即100个)能通过初步筛选,进而有机会与风险投资经理进行面对面的详细交流。而在这100个通过初筛的项目中,大约只有10%(即10个)最终会收到风险投资的投资意向书并接受尽职调查。最终,只有3—5家公司能够通过投资委员会的审议,并获得资金支持。

1.4.2 投资目标的核心标准

风险投资公司在选择投资目标时主要考虑以下三个核心标准:

1. 人的标准:风险投资公司重视创业团队的组成,特别是创始人和核心管理团队。他们要具有相关的专业背景、业界经验,以及对所处行业有深刻的理解。

2. 业务的标准：包括市场需求、产品或服务的独特性、商业模式的可行性等。风险投资公司通常会进行详尽的市场研究和竞争分析，以验证业务的长期可持续性。

3. 投资的标准：除了考虑投资额和股权比例，风险投资公司还会对项目的风险和回报进行综合评估。这包括行业风险、市场风险和具体到公司的运营风险。

风险投资公司不是随意或仓促地做出投资决策的。每一个被选择的投资目标都是经过多轮的筛选、评估和谈判，最终都是基于对人、业务和投资质量的全面考量。这种严谨的态度和方法论不仅减少了风险，也增加了投资成功的可能性。

1.4.3 人的标准

关于风险投资公司选择创始人的特质在本书第一章中已经详细论述了，在此处我们谈到的"人的标准"主要讨论团队的选择标准。

雷军曾说："一个人可能走得更快，但一群人走，才能走得更远。"这句话准确地捕捉到了风险投资界的共识：人的因素是选择投资目标最重要的考核指标，占据了评估体系的最顶层，而团队是"人的标准"中的"创始人""团队"两极中的一极。

那么，团队为什么如此重要？

在早期企业中，这一点尤其显著。早期企业通常没有成熟到可以交给职业经理人来运营。创始人和核心团队的决策、行为和能力将直接影响企业的走向。一个优秀的团队可能会将一个平庸的业务机会转变为出色的业绩，而一个普通的团队可能会浪费一个非常好的机会，使其一文不值。

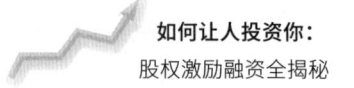

那么，团队的评估标准又是什么样的呢？

第一，经验背景：风险投资公司通常偏好有创业经验的创业者，特别是那些曾经成功创业，甚至为风险投资公司赚取过高回报的创业者。失败的创业经历并不一定是坏事；事实上，从失败中吸取的教训可能是极具价值的。

第二，工作履历：拥有知名公司高级管理经验的创业者往往会更受风险投资公司的青睐。比如，在华为、腾讯、阿里巴巴、百度等大公司有过工作经验的创业者通常会更容易获得投资。

第三，团队组成与协作：一个高效协作的创业团队远比单打独斗的创业者更有吸引力。特别是那些具有以下特点的团队：长期合作和稳定的关系，而不是临时拼凑的；在相关行业有丰富经验和长时间的从业经历；在战略、管理、市场、研发等方面有互补性的能力；团队成员有共同的价值观，相互信任，拥有相同的创业热情。

当然，还有一些警示，我觉得也要提前说一下。

据统计，大约有50%—60%非常有可能被投资的项目最终没有获得投资。在许多情况下，往往是创业团队本身的问题。无论是技能不足、团队冲突，还是缺乏明确的愿景和战略，这些都可能是项目未能获得投资的致命伤。

团队不仅是评估一个创业项目可投资性的首要标准，更是项目能否最终成功的决定性因素。所有商业计划在实施过程中都可能改变，所有企业都会面临各种各样的危机和挑战，但一个出色的团队能帮助企业稳稳地渡过这些难关，达到成功的彼岸。

1.4.4 业务的标准

在对人的标准进行了深入讨论之后，我们不能忽略另一个同样重要的方面：企业本身和其所处市场的业务标准。就像考察创始人及创业团队的专业背景和特质一样，风险投资也会根据企业的业务状况和市场机会进行评估。

1. 公司及业务状况

投资定位：在中国，风险投资的典型投资定位大致包括：基本不会投资于研发新科学现象、验证科学原理；越来越多投资于开发实用新技术、运用技术开发产品；偶尔投资于改进和完善产品、服务；常常投资于市场推广、商业模式复制。

核心指标：对于早期和成长期的企业：独特的商业模式、用户规模、技术优势、成本控制、成长性等；对于成熟企业：企业规模、研发力量、市场占有率、历史收入规模和利润水平等。

竞争优势：企业是否拥有持久和可持续的竞争优势？这些优势是否能使企业在市场中保持领先地位？

2. 市场机会

行业熟悉度：风险投资公司不会投资于他们不熟悉的行业。

市场容量和成长性：风险投资公司期望看到的是一个具有巨大市场潜力或快速增长的市场。市场必须已经足够大，或者有能力在未来的3—4年内变得足够大。

细分市场和进入门槛：考察企业所处的细分市场容量，以及该行业的进入门槛。如果进入门槛高，那么现有企业有可能保持其竞争优势。反之，如果进入门槛低，风险投资将会更加谨慎。

风险投资在评估一个潜在投资项目时，除了高度重视创始人及团队因素外，会重点且仔细考量企业和市场的多个方面。这包括企业的成熟度，业务模型的可行性，市场的容量和增长潜力，以及企业是否具有可持续的竞争优势等。

1.4.5 投资的标准

1. 投资额度

（1）上下限制：每个风险投资公司都管理着一个或多个规模不等的基金，每只基金都有其单笔投资的上限和下限。

（2）上限目的：为了保证投资组合的多样性并分散风险，也就是所谓"不把所有鸡蛋放在一个篮子里"。

（3）下限目的：防止投资过多的项目，导致管理困难，即"要看好放鸡蛋的篮子"。

（4）计算方法：通常，风险投资的最小单笔投资额度可以通过一个简单的公式来计算。

最小单笔投资额度=基金资金总额/（风险投资合伙人数量×每个合伙人能管理的公司数量）

在中国，很多风险投资基金的募资额度逐渐增大，超过10亿美元的基金越来越多。这意味着需要融资额在100万美元左右的早期项目很可能不会吸引到这些大基金。

对于融资额大于5000万美元的成熟项目，小型人民币基金通常会选择与其他风险投资基金风险投资进行联合投资。

理解投资额度的上下限及其计算方法能帮助创业者更准确地定位可能感兴趣的风险投资基金。这也有助于风险投资基金更有效地分配其资源和注意力。

2. 估值及投资协议

"估值及投资协议"，也是投资决策中一个至关重要的因素。

（1）估值

目标回报与估值：风险投资基金风险投资的最终目标是实现资本的

高回报,因此在投资时,他们通常会寻求压低初始估值,以便实现更高的回报倍数。

估值方法:目前,PE倍数估值(Price-to-Earnings Ratio,P/E Ratio)是一种在风险投资界相当流行的估值方式。根据不同行业和项目的特点,PE倍数可以从二三倍到十多倍不等。

谈判与放弃:如果风险投资基金风险投资和创业者在估值上有分歧,通常会通过谈判来达成一致。如果双方的差异过大而无法达成一致,风险投资基金风险投资通常会选择放弃投资。

(2)投资协议

股权比例:在第一轮投资中,风险投资基金风险投资通常会要求获得企业10%—20%的股权。这样,即便企业在后续的融资或上市中股权被稀释,风险投资基金风险投资仍然能保持有影响力的股份。

法律与结构:风险投资基金风险投资非常关注企业的股权结构和法律架构。如有国资背景、股权过于分散的公司通常会让风险投资基金风险投资感到难以操作。外资风险投资基金风险投资还需要考虑到红筹模式投资的相关障碍。

合约条款:为了规避风险,风险投资基金通常会在投资协议中要求一系列的权利,如董事会席位、优先清算权和防稀释条款等。这些都是有谈判空间的,但风险投资基金风险投资也有自己的底线。

在与风险投资基金风险投资进行融资谈判时,创业者需要清楚地了解到:估值不仅影响当前的融资成本,还可能影响未来的融资轮和公司发展。同时,投资协议的各种条款也将在未来对公司的运营和决策产生长远影响。因此,理解和谨慎对待这两个方面是至关重要的。

3.退出

对风险投资而言,兴趣的中心是投资回报,而投资回报的体现就在于有效的退出渠道。

（1）退出渠道

并购：如果一家企业无法或不打算上市，被并购是另一个可行的退出选项。例如，即使某些视频网站在可预见的未来可能无法上市或盈利，它们也可能因为自身的用户基础或其他资产而成为并购的重要目标。

上市：这通常是最理想的退出方式，因为它可以最大程度增加投资的价值。一般来说，风险投资机构期望在投资后的3到5年内，目标公司能有上市的机会。

（2）对创业者和企业的要求

上市准备：企业需要达到一定的规模和财务健康状况以满足上市的要求。如果预测未来无法达到这些要求，大多数风险投资基金风险投资可能会失去兴趣。

并购潜力：除了上市，企业也需要评估自己是否具有被并购的吸引力。这可能是特定技术、用户基础或其他有价值的资产。

高额回报的机会：最终，无论其他条件如何，风险投资基金风险投资只有在看到有高额回报的机会时才会决定投资。因此，创业者需要仔细评估和分析他们是否能提供这样的机会给风险投资基金风险投资。

退出不仅仅是投资的终点，它在整个投资决策过程中起到至关重要的作用。它像是一座"收益之桥"，连接着风险投资和创业企业，也是风险投资是否能实现其资本回报目标的关键。

1.5 风险投资给予创业者的价值

在我们深入了解风险投资的内在机制和标准之后，接下来的问题就是如何找到与您的企业最匹配的风险投资机构。就像一段成功的恋情需要双方相互吸引，并拥有相同价值观才行，一段成功的投资关系也需要创业者和风险投资者之间有共同的目标、理念和互信。

实际上，风险投资并不是所有企业的最佳融资途径。对于某些企业来说，也许银行贷款、天使投资或者政府补贴可能更加适合。但是对于那些寻求快速扩张、具有高增长潜力和能带来巨大回报的创业企业来说，风险投资无疑是最有力的推动器。

匹配最适合创业者的风险投资不仅仅是为了找到愿意投资的人，更是为了找到能够理解创业者的愿景、支持创业者的战略并与创业者共同成长的合作伙伴。只是与这个合作伙伴之间也存在残酷的博弈。

在创业中，资金一定是最直观，也最紧迫的需求，但获得风险投资的支持远不止于此。事实上，优秀的风险投资可以为创业者带来比资金更多的价值。他们不仅能加速业务扩张，还能在战略规划、经营管理、平台运营、财务规划与控制、人才招聘、商业拓展和企业文化等多个方面提供不可估量的支持。

风险投资通常具备丰富的行业经验、广泛的人脉资源以及对市场动态的深刻理解。他们能够成为您在复杂商业环境中的导航员，帮助您规避风险、捕捉机会，并指导您做出更明智的决策。

不过，与风险投资者建立成功的合作关系并不总是一帆风顺的，尤

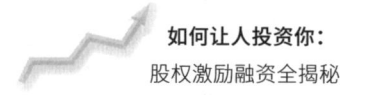

其是当双方对企业发展的期望和目标存在分歧时。因此，了解风险投资可以给您带来哪些具体价值，以及如何与他们建立有效的沟通和合作机制，是每位创业者都需要掌握的关键知识。

1.5.1　风险投资提升创业者的战略规划能力

当创业者走上寻求资金的道路时，往往会将重心放在短期的执行和运营上，而忽视了长期的战略规划。这是可以理解的，毕竟创业初期面临的压力和挑战多如牛毛，难以有余力去做远期规划。因此，与风险投资公司建立合作关系就成了必不可少的一环。因为，与风险投资公司建立关系可以获得以下四点好处。

第一个好处是，理解市场和竞争环境。

风险投资者通常拥有丰富的市场经验和分析能力，他们能帮助创业者更深入地理解市场趋势、竞争对手以及潜在的商业机会和风险。这些信息对于创业者来说是无价之宝，因为它们直接影响到企业未来的定位和战略。

第二个好处是，制定可行的商业模型。

在风险投资公司的指导下，创业者能更清晰地了解如何构建一个可持续、可扩展的商业模型。这包括确定核心竞争力、收入流、成本结构和市场定位等，确保企业在不断发展的同时也能保持健康的财务状况。

第三个好处是，明确长期目标与里程碑。

与风险投资公司合作通常意味着需要制定更清晰、更具挑战性的长期目标和关键的执行里程碑。因为风险投资者都希望能看到他们的投资在未来能够带来丰厚的回报，这种期望反过来也促使创业者更加专注于长期的企业价值创造。

第四个好处是，获得更全面的视野。

风险投资者常常拥有多元化的投资组合，他们对不同行业、不同市场都有一定的了解和认识。这样的背景让他们能给创业者带来更宽广的视野，不仅能看到自己行业内的机会，也能从跨行业的角度找到可能的合作和突破口。

风险投资不仅仅是一个资金提供方，更是一个能够帮助创业者提升战略规划能力的重要合作伙伴。通过与风险投资公司的深度合作，创业者可以更有效地应对复杂多变的市场环境，更有信心和能力去实现自己的商业目标。

案例：Airbnb 与 Sequoia Capital

Airbnb是一个典型的例子，它的案例展示了风险投资如何在战略规划方面给予创业者巨大的帮助。2009年，Airbnb的创始人Brian Chesky和Joe Gebbia接触到了著名的风险投资公司Sequoia Capital。当时，Airbnb只是一个小型的在线短租平台，还在为生存而奋斗。

Sequoia首先帮助Airbnb的团队进行了全面而深入的市场分析，识别了目标用户群、竞争对手和潜在的增长机会。这让Airbnb能够更精准地定位自己，也让团队明白在全球范围内有多大的市场空间。

在Sequoia的引导下，Airbnb不仅优化了他们的商业模型，而且还增加了多个新的收入流，例如"体验"和"冒险"等附加服务。Sequoia还提供了有用的财务建议，以保证公司能在快速增长的同时维持运营效率。

Sequoia帮助Airbnb设定了明确的长期战略目标，包括国际化、多样化产品和服务，以及最终的上市计划。与此同时，他们还设定了一系列关键的执行里程碑来跟踪和评估进度。

作为一个有多元化投资组合的风险投资公司，Sequoia还将Airbnb与其他有潜力的创业公司或者可能的商业伙伴联系起来，拓宽了其业务视野，增加合作机会。

通过与Sequoia Capital的合作，Airbnb得以迅速从一个小型创业公司发展成为全球最大的共享住宿平台，并在2018年成功上市。这个案例生动地展示了风险投资在战略规划方面能为创业者带来哪些实质性的价值。

这一切都证明了，风险投资不仅仅是金钱的提供者，更是战略层面上不可或缺的合作伙伴。正确的风险投资合作关系可以极大地提升一个公司的战略规划能力，从而让其在竞争激烈的市场环境中脱颖而出。

案例：美团与腾讯

美团，这个成立于2010年的中国科技公司，最初是一个团购网站，但现在已经成长为一个综合性的生活服务平台，提供从餐饮、酒店预订到电影票等多种服务。2011年，腾讯成为美团的投资者，这一合作关系为美团带来了巨大的变革，并在战略规划方面提供了重要的支持。

在腾讯的建议和资源支持下，美团从一个单一的团购网站发展成了一个多元化的服务平台。腾讯帮助美团识别了O2O（线上到线下）服务作为一个长期可持续发展的方向，并给予了资金和技术支持。

得益于腾讯强大的用户基础和市场渗透力，美团迅速地从北京、上海等大城市拓展到了全国范围。腾讯还通过自己的社交平台，如微信，为美团带来了巨大的流量和用户。

作为一家有着丰富投资经验和广泛人脉的公司，腾讯为美团在融资和战略合作方面提供了有力的支持。腾讯将自己紧密地融入美团的管理层，助力美团完成战略实现和业务拓展。在这个过程中，业务领域内的协同工作尤为卓越。腾讯帮助美团达成了关键的并购，比如团购平台的收购和摩拜单车的收购等。与此同时，腾讯的技术，特别是在较小的城市和农村地区把握消费者行业构成的方面，也为美团带来了巨大的协作和支持。

除了提供即时的市场和资本支持外，腾讯还在美团未来的战略规划，包括产品线扩展和国际化等方面，给予了有力的指导和建议。

通过与腾讯的紧密合作，美团不仅实现了从一个团购网站到综合性生活服务平台的华丽转身，而且在战略规划能力方面也得到了显著提升。这一案例生动地展示了正确的风险投资关系如何能够对创业公司产生深远的影响，从而帮助它们更好地应对各种市场挑战并实现可持续发展。

这个例子也充分证明，风险投资不仅仅是资金的注入，更是一种多维度、全方位的支持。腾讯不仅为美团提供了资金，更通过其丰富的行业经验和全球视野，极大地提升了美团的战略规划能力。

1.5.2 风险投资帮助创业者招募核心人才

在创业的早期，企业经常面临诸多挑战，其中最重要的一个便是找到合适的核心人才来推动企业的快速发展。在这方面，风险投资的作用不仅仅限于金融支持；他们还可以通过多种方式来协助创业者在人才招募方面取得突破。那么，突破都包括哪些层面呢？

1. 拓展人脉网络

风险投资者通常具有广泛而深入的行业人脉，这对于创业公司来说是无价之宝。通过风险投资者的介绍和推荐，创业者可以更容易地接触到优秀的专业人才，并可能获得更有利的合作机会。

2. 提供招聘咨询

风险投资者经常会参与招聘流程，提供诸如职位描述、薪酬结构和

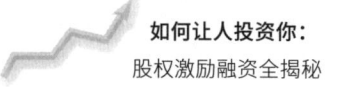

面试技巧等方面的专业建议。他们也会分享过去成功或失败的招聘经验，以帮助创业者避免常见的陷阱。

3. 培育内部人才

除了协助招聘外，风险投资者也常常关注公司内部人才的培养和发展。通过提供各种培训、导师计划或者与其他成功企业的交流机会，风险投资公司可以帮助创业者提升团队的整体素质。

4. 解决合作与股权问题

风险投资者通常具备丰富的经验来协助解决团队合作中可能出现的问题，包括但不限于股权分配、合同谈判以及团队激励机制等。

5. 人力资源战略规划

有时，风险投资者甚至会协助创业公司进行更为长期的人力资源战略规划，包括未来几年的招聘计划、人才结构优化以及人力成本控制等。

在招聘核心人才这个看似简单却至关重要的问题上，风险投资者能提供的不仅仅是资金，更多的是一系列全方位、有针对性的人力资源解决方案。

1.5.3　风险投资帮助创业者拓展市场

其实，很多初创公司在初期阶段可能已经拥有出色的产品或服务，但由于缺乏市场经验、资源或者人脉，进一步的市场拓展变得非常困难。这正是风险投资可以发挥巨大作用的地方。

一方面，风险投资公司通常拥有广泛的行业联系，这些联系可以帮助创业公司快速接触到潜在的客户、合作伙伴，甚至是未来的收购者。风险投资公司也可能会组织各种创业活动、路演或专家论坛，通过这些平台，创业者能够有更多机会展示自己，同时也能学习到行业内的最新动态和趋势。

另一方面，风险投资公司通常也拥有丰富的市场推广经验。他们可以协助创业者在市场定位、品牌建设、推广策略等方面制定更为科学和有效的方案。更进一步，风险投资公司也可能会直接参与公司的日常运营，提供各种人力或物力资源，以确保市场拓展计划能够顺利执行。

特别是对于有志于走国际化道路的创业公司来说，风险投资的支持尤为重要。通过风险投资公司的国际网络，创业公司能够更加容易地进入其他国家和地区，同时也能更快地获得当地市场的信息和资源。

风险投资在市场拓展方面的支持，可以从战略层面到执行层面提供全方位的帮助，大大加快了创业公司的成长速度，也增加了其最终成功的可能性。

1.5.4　风险投资提升创业者的运营能力

风险投资对于创业者另一项重要的价值表现在提升公司的运营能力上。运营能力是一家公司是否能够高效、持续、安全地进行商业活动的关键，涵盖行政管理、会计、法务和技术等多个方面。

1. 在行政管理方面

风险投资通常有着丰富的管理经验和行业人脉。他们可以为创业者提供行政管理上的建议，如公司结构优化、决策机制改进等，甚至在必要时介绍合适的管理人才，以提高公司内部的管理效率。

2. 在会计方面

在财务方面，风险投资可以协助创业企业建立健全的财务制度，包括合规的会计报表、财务规划和内控体系等。这不仅有助于企业更有效地控制成本和提高盈利能力，而且在未来可能的融资或上市过程中，也会更容易赢得其他投资者的信任。

3. 在法务方面

风险投资经常具备丰富的法务资源，能够为创业者在合同签订、知识产权保护、税务规划等方面提供专业的法律支持，从而降低企业运营的法律风险。

4. 在技术水平方面

对于技术驱动的创业公司，风险投资通常会有专门的技术顾问团队，他们可以帮助创业者对现有技术进行评估，提供最新的技术趋势信息，以及建议如何提升公司的技术水平和竞争力。

综合以上几点，风险投资对于创业者在运营能力上的提升是全方位的，不仅限于提供资金支持，更重要的是能够在多个关键方面提供战略性的引导和支持。因此，与合适的风险投资建立良好的合作关系，对于创业者来说具有不可估量的价值。

1.5.5 风险投资是创业者的品牌背书

在一个竞争激烈的市场环境中，品牌背书具有无法替代的重要性。对于创业企业来说，尤其是那些刚刚起步或正处于快速成长阶段的企业，获得知名风险投资的支持和背书可以说是一种"立竿见影"的品牌加持。

一家知名的风险投资机构选择投资某个创业企业，这本身就是对企业以及其业务模式的一种高度认可。这种认可不仅能增加企业在潜在客户、合作伙伴乃至整个市场中的可信度，还有可能吸引更多的媒体关注和公众讨论，进一步提升品牌知名度。

与知名风险投资建立合作关系的企业，通常会更容易得到其他投资者和合作伙伴的青睐。因为人们普遍认为，如果这家企业能得到某个知名风险投资机构的支持，那么它肯定具备一定的市场潜力或核心竞争力。

风险投资的品牌背书效应也可能直接影响到创业企业的市场竞争地位。在某些情况下，一家由顶级风险投资投资的企业可能会更容易获得关键的市场份额，或者更快地完成产品或服务的推广。

不可否认，对于求职者来说，进入一家有着优秀风险投资背书的创业公司，通常更具吸引力。这样的公司被认为更有可能成功，也更有可能为员工提供更好的职业发展机会。

风险投资不仅仅是资金提供者，更是一种强有力的品牌背书。这种背书能在多个层面加强创业企业的市场表现和竞争力，对于创业者来说具有非凡的价值。因此，创业者在选择风险投资合作伙伴时，除了考虑资金、资源和经验等因素外，还需要充分考虑其对企业品牌和整体形象可能产生的影响。

1.6 匹配风险投资的几个关键点

匹配风险投资是一个复杂且至关重要的过程，它不仅关乎资金的流动，而且涉及公司战略、企业文化、团队构成等多个方面。对于创业者来说，成功地匹配到一个合适的风险投资伙伴，可以极大地加速企业的成长和拓展。然而，这一过程也充满了挑战和陷阱。

为了帮助创业者更准确地理解如何与风险投资匹配，以下我们将深入讨论几个关键点，包括：

- 风险投资要求的回报：风险投资不是慈善事业，它们追求的是高回报。了解风险投资对回报的期望有助于创业者在谈判桌上更好地定位自己。
- 股权与控制权：融资意味着要与外部投资者共享公司的所有权和控制权。这一点将如何影响创业者和创业团队，以及如何在保持控制和获得资金之间找到平衡是至关重要的。
- 融资的时机："时机"在融资中起着决定性的作用。过早或过晚的融资都可能对企业产生不利影响。
- 风险投资退出的时机：风险投资的最终目标是退出，以实现投资回报。了解什么时候、如何以及在何种条件下风险投资可能选择退出是至关重要的。
- 业绩对赌：为确保双方利益和目标的一致性，业绩对赌机制经常被用作激励和约束手段。

通过对以上几个关键点的深入了解和分析，创业者将能更全面、更准确地评估与某个风险投资机构合作的利与弊,以及如何在这一过程中最大化自己的利益。让我们接下来逐一探讨这些重要主题。

1.6.1 风险投资要求的回报

风险投资是一种高风险、高回报的投资形式。这意味着风险投资机构在投资初创公司时,通常期望获得超过市场平均水平的回报。而作为创业者,理解风险投资对投资回报的期望不仅能帮助你更准确地评估自己的项目,还能为未来的融资谈判提供有力的依据。

为什么风险投资喜欢追求风险投资高回报?

首先,我们要明白为什么风险投资机构会对投资回报有如此高的期望。答案在于风险和收益之间的基本关系:高风险通常对应高收益。由于初创公司通常处于不确定性较高、失败率较高的发展阶段,因此,风险投资需要通过其他成功投资获得足够高的回报,以补偿其整体投资组合中可能出现的失败。

1. 回报的计算与度量

通常,风险投资机构会用几种不同的方式来计算和度量投资回报,包括:

内部收益率(IRR):这是衡量投资效益最常用的指标之一,通常表达为年化百分比。

倍数回报(Multiple Returns):即投资的最终价值与最初投资金额的比率。

净现值(NPV):这是考虑时间价值后的投资回报。

2. 与其他投资方式的对比

相较于其他投资方式,比如公开市场的股票或债券,风险投资通常期望获得更高的回报。这是因为风险投资的不确定性和风险通常更大,因此需要更高的潜在收益来吸引投资。

创业者应该如何应对？

了解风险投资对回报的期望之后，创业者应当合理地定位自己的企业价值，以及可能在未来几年内为投资者带来的潜在回报。这不仅可以在与风险投资进行谈判时提供有力的依据，还可以作为企业内部战略规划的重要参考。

在与风险投资机构进行谈判时，创业者也需要清楚地了解自己愿意接受的最低投资条件，包括股权比例、对赌条款等，以确保在追求高回报的同时，不会过多地削弱自身和团队的控制权和利益。

通过深入理解风险投资对回报的期望和计算方法，创业者不仅可以更好地准备自己的融资计划，还可以更精准地识别与自己目标匹配的风险投资机构，从而更有效地推动企业的快速发展。

1.6.2　股权与控制权

对于许多创业者来说，风险投资不仅是一笔资金注入，更是一段复杂伙伴关系的开始。在这一关系中，一个经常被提及但又常常引发争议的话题便是"股权与控制权"。股权的分配不仅直接影响创始团队和投资人的收益分配，也涉及公司未来发展方向和战略决策的掌控权。

创业者需要清楚地了解，在追求资本支持的同时，也可能意味着部分放弃控制权。为了避免未来可能出现的矛盾和冲突，创业者和风险投资方应在初期就对股权与控制权达成明确的共识。要达成共识必须注意以下六点：

第一，决策权。控制权往往意味着决策权。持有更多股权的一方，通常在战略决策、招聘高级管理人员、并购等方面有更多的话语权。

第二，稳定发展。明确的股权与控制权结构可以避免未来公司在关键问题上出现僵局，保证公司能够稳定而高效地发展。

第三，退出策略。控制权结构还将影响到投资方的退出策略。不同的股权结构可能会导致不同的上市、并购或分拆等退出途径。

第四，透明沟通。双方需要在投资前就各自的期望、计划和底线进行充分的沟通。

第五，合同约定。通过明确的法律文件，如股东协议，来明确各方在股权与控制权方面的权益和义务。

第六，灵活调整。随着公司发展，股权与控制权的结构可能需要进行相应的调整。这就需要双方能够在新的发展阶段重新坐下来沟通和调整。

股权与控制权是创业者与风险投资方关系中至关重要的一个环节。双方需要在初期就达成明确共识，并可能需要在不同发展阶段进行相应的调整，以确保长期合作的稳健和高效。

1.6.3　融资的时机

融资的时机是创业成功与否的关键因素。它涉及资金的需求，市场的准备程度，以及最关键的——与风险投资方的战略匹配。一般来说，融资的时机在很大程度上决定了公司未来的发展道路和战略空间。

首先，我们来说说风投与创业者的残酷博弈。它分为三种情况：

1. 赶在"窗口期"前：很多创业者面临一个问题，那就是何时开始融资。太早可能意味着牺牲更多的股权和控制权，而太晚则可能错过市场的"窗口期"。

2. 估值与现实的冲突：在早期阶段，创业者往往会对其企业的潜在价值有过高的估计，而风险投资方则更加注重短期内能带来的收益。

3. 资金烧尽与融资周期：创业者需要估算好下一轮融资前公司能够

存活的时间，这通常是与风险投资方最为残酷的博弈之一。

其次，我们再来说说如何选择恰当的时机。

市场准备好了吗？ 如果市场还没有准备好接受你的产品或服务，即使你成功融资，也很可能会因为无法实现承诺的增长而面临问题。

资金状况如何？ 确保在资金即将烧尽之前完成新一轮的融资是至关重要的。

团队准备好了吗？ 一个成熟的团队会大大提高你在与风投的博弈中的议价能力。

案例：京东与红杉资本

京东在2007年得到了红杉资本的投资，当时中国的电商市场尚处于非常早期的阶段。京东选择在这个时候接受风险投资，一方面是看到了市场的巨大潜力，另一方面也是因为自身资金链相对紧张。红杉资本准确地把握了时机，与京东达成了合作，不仅注入了资金，还给予了在供应链、物流等方面的支持。这次融资极大地加速了京东的发展，使其能在后来的几年里迅速崭露头角，最终在2014年成功上市。

这个案例显示，选择正确的融资时机和合适的投资伙伴，能极大地影响一个创业公司的命运。

选择正确的融资时机需要创业者具有高度的战略眼光和敏锐的市场触觉。而与风险投资方的残酷博弈，往往也会在这个过程中展现无遗。恰当地选择融资时机，与合适的投资方建立战略伙伴关系，将是创业成功的关键一步。

1.6.4 风险投资退出的时机

风险投资退出的时机是一个相当微妙和复杂的议题。它不仅影响到投资方的收益，也对创业公司的未来发展有深远的影响。一个不当的退出决策可能会让双方付出巨大的代价。实际上，这就是风投与创业者的残酷博弈。

其中，风险投资方通常希望在一定的时间内实现投资回报。而这一时间点是否与创业者的业务发展和市场状况相匹配，则是双方博弈的一个重要环节。

而在某些情况下，尤其是公司估值飙升的情况下，风投可能会面临提前退出的诱惑。然而，过早的退出可能会牺牲长期利益。

投资协议通常会包含一定的锁定期，在这一期间内，风投不能出售其持有的股份。这是一种保护措施，但也可能在某些情况下限制双方的灵活性。

案例：富达投资与小米

在2015年，全球知名投资机构富达投资（Fidelity Investments）对中国的智能手机制造商小米进行了投资。当时，小米的估值已经高达450亿美元，成为全球最有价值的初创企业之一。然而，在随后的几年里，小米面临了激烈的市场竞争和增长放缓的问题。

不久之后，富达在2016年决定对其在小米的投资进行减持，这表明了他们对小米未来增长的悲观看法。

小米最终在2018年上市，富达由于过早减持了部分小米的股权，从而损失了部分潜在的高回报投资机会。

选择合适的退出时机对于风险投资机构至关重要。过早或不当的退出不仅会影响投资回报，还可能失去潜在的增长机会。富达与小米的案例就是一个在不利条件下提前退出投资，从而未能实现高回报的实例。这一案例也再次强调了风险投资机构在退出决策时需要进行全面而谨慎的考虑。

选择合适的风险投资退出时机是一个涉及多方面因素考量的决策过程。这不仅需要风险投资方与创业者深度的沟通和合作，还需要双方对市场状况、公司发展以及长短期目标有全面而准确的理解。在这一过程中，风险投资方与创业者的博弈是不可避免的，但通过明智而审慎的决策，双方都有可能实现共赢。

1.6.5 业绩对赌

业绩对赌是风险投资与创业公司关系中一种尤为敏感而复杂的问题。在多数情况下，这是一种激励和保证机制，旨在保障风险投资方的利益，同时也鼓励创业者朝着既定目标前进。然而，它也往往是风投与创业者之间博弈最为激烈的环节。

首先，是内容与表现形式。业绩对赌通常出现在投资协议中，具体涉及公司的财务表现、市场拓展、产品开发等多个方面。一般情况下，如果创业公司未能按照预定的时间和标准实现约定的目标，风投方将会得到更多的股份或是某种形式的补偿。反之，如果公司成功达到或超越既定目标，创业者则有可能获得更多的自由度或是对公司的更大控制权。

其次，我们来说说结果影响。业绩对赌对于双方来说都有着重要的影响。一方面，创业者因为业绩对赌的压力可能会更加努力地去工作，但同时也可能因为目标设置不合理或是外部因素的影响而难以实现目标，从而陷入困境。风投方则可能因为业绩对赌而获得更大的控制权，但这样的控制权如果并没有带来更好的经营效果，反而可能会导致投资失败。

由此可见，这一切都是一场残酷的博弈。在业绩对赌的背后，是风投与创业者之间复杂、多变且常常充满紧张氛围的关系。创业者常常要在压力之下去完成业绩目标，而风投则要时刻注意自己的投资是否能够得到合理的回报。这种关系的复杂性在业绩未能达标时尤为明显，不仅可能导致创业者与风投关系的破裂，甚至可能导致创业公司的失败。

案例：锤子科技与其风险投资方

曾经备受瞩目的锤子科技，在与风险投资方签订业绩对赌协议后，由于各种因素未能完成既定目标。这导致其风险投资方要求增加股权比例，进一步压缩了创始人罗永浩的控制权，最终导致公司陷入更大的困境。这一事件反映了业绩对赌可能带来的严重后果，即使是最有潜力和创新性的创业项目也可能因此而走向失败。

业绩对赌是一把双刃剑，既可能带来激励也可能造成伤害。对于创业者和风投来说，这不仅是一场对于公司未来和投资回报的博弈，更是一场对于责任、能力和未来的深度拷问。在这一过程中，双方需要有明确的沟通，合理的目标设定，以及足够的准备和对策，才能确保业绩对赌不仅是一份合同上的条款，而是真正能够推动公司走向成功的重要机制。

以下，我再来给大家说说几种常见的对赌形式：

1. 财务业绩对赌

净利润对赌：创业公司承诺在规定期限内实现一定的净利润。

营收增长对赌：公司必须在某一时间段内达到一定的营收增长率。

现金流对赌：公司承诺在特定时期实现正现金流。

2. 用户增长与市场拓展对赌

用户数对赌：公司承诺在规定时间内将用户数增加到一定数量。

市场份额对赌：公司承诺在某一时间点达到或超过特定市场份额。

3. 产品与技术里程碑对赌

新产品发布对赌：公司承诺在某一日期前推出新产品或服务。

技术突破对赌：公司必须在规定时间内完成某项关键技术的研发。

4. 团队与治理对赌

高管招聘对赌：公司承诺在特定时间内招聘到某个关键职位的人选。

公司治理对赌：比如完善财务审计、实施合规计划等。

5. 上市或并购退出对赌

上市对赌：公司承诺在某一时间点前完成上市。

并购对赌：公司承诺在某一时间点前找到合适的并购目标或被并购。

6. 融资对赌

下一轮融资对赌：公司承诺在某个期限内完成下一轮融资，并达到某一金额或估值。

7. 混合型对赌

通常结合上述多种因素，形成多层次、多角度的对赌方案。

这些对赌形式在实际操作中常常会结合具体情况进行调整或者量身定制，所以需要在法律顾问的指导下仔细审阅和制定条款。

如果对赌失败，创业者可能面临的结果：

1. 财务业绩对赌失败

股权稀释：一旦未能达到承诺的财务业绩，创业者的股份可能会被稀释。

信誉损失：未达到预定目标可能导致对于其他潜在投资者的信誉受损。

2. 用户增长与市场拓展对赌失败

筹资困难：未达到用户或市场增长目标会使得下一轮融资变得更为困难。

品牌影响：失败的扩张或者用户获取可能对品牌形象造成负面影响。

3. 产品与技术里程碑对赌失败

研发资金缺口：如果未能按期完成产品或技术开发，风险投资方可能会停止进一步的资金支持。

团队士气：未能达成关键技术突破可能会导致团队士气低落。

4. 团队与治理对赌失败

管理干预：投资人可能会要求进行管理层的重组或直接介入公司运营。

合规风险：若未能在规定时间内达到合规要求，可能面临法律问题甚至罚款。

5. 上市或并购退出对赌失败

退出难题：投资人可能会急于寻找其他退出机会，这可能不利于公司长远发展。

资本压力：若未能在预定时间内上市或完成并购，可能会增加公司的资本压力。

6.融资对赌失败

资金链断裂：失败可能意味着难以完成下一轮融资，导致资金链断裂。

7.混合型对赌失败

多重打击：由于多方面的对赌失败，创业者可能会同时面临上述多种不利后果。

总体风险：控制权丧失与公司解散。

在极端情况下，对赌失败可能导致创业者失去对公司的控制权，甚至面临公司解散的风险。

由于对赌条款的复杂性和多样性，创业者需要在与法律和财务顾问充分沟通后，谨慎制定和接受对赌条款。同时，务必准确评估自身和公司的能力，以避免因对赌失败而面临严重后果。

1.7 向风险投资融资的常规步骤

在创业的浪潮中,融资常常是创业者们话题的焦点。然而,风险投资融资并不是一件简单的事情,它不仅仅是一次金钱的交换,更是一次长期合作关系的开始。因此,理解向风险投资融资的各个环节、步骤及其背后的逻辑至关重要。

以下,我将详细解析从决定寻求风险投资到最终完成融资的各个步骤,包括但不限于:寻找和选择合适的风险投资公司风险投资、准备商业计划和投资提案、参与各轮融资谈判,以及最终的资金到账和后续管理。这一过程中涉及多个环节,每个环节都有其独特的复杂性和挑战。

特别需要注意的是,这一过程不是单方面的金融操作,而是涉及多方的互动与合作,包括创业者与风险投资公司、创业公司与已有或潜在的合作伙伴,以及公司内部团队成员之间的相互配合。因此,本节还将从多个角度出发,探讨如何在这一过程中达到最佳的匹配和协同。

只有掌握了这一系列步骤和它们背后的原则,创业者才能更好地利用风险投资基金风险投资的力量,推动自己的创业项目取得成功。希望本节的内容能为创业者们提供一个清晰、全面的向导,帮助你们在与风险投资公司的合作中实现双赢。

1.7.1 第一步,确定目标风险投资公司

创业者一般都很关心如何获取资金,但在急于融资之前,更重要的是确定合适的风险投资合作方。毕竟,与风险投资公司的合作是一种长

期关系，而不仅仅是金钱的交换。找到一个与您的业务理念、发展阶段和行业背景相匹配的风险投资公司风险投资，能极大地推动您的创业项目成功。

第一，考虑风险投资公司的投资专长是否与您的行业或技术相匹配。有些风险投资公司专注于特定行业，如科技、生物医疗或消费品等，而有些则更偏向于不同发展阶段的投资，比如种子轮、A轮，或者更高的轮次。

第二，您需要了解风险投资公司的资金规模和投资周期。有些风险投资公司管理着庞大的资金，但也可能因此而追求更大规模的投资和更高的回报，这可能并不适合初创公司或小型企业。

第三，风险投资公司的企业文化和价值观也是需要考量的重要因素。一家风险投资公司的管理风格，比如它是更倾向于积极参与还是愿意给创业者更多的自主权，都可能对您的业务有长远的影响。

第四，通过研究风险投资公司过去的投资案例，您可以更全面地了解其投资风格和成功率。此外，与该风险投资公司合作过的创业者和合作伙伴的评价，也能为您提供宝贵的第一手信息。

第五，同样重要的是，一个好的风险投资公司通常具有强大的行业人脉和资源。这不仅能在融资阶段提供帮助，还可能在后续的业务拓展、人才招聘和市场推广等方面发挥重要作用。

确定目标风险投资公司是整个融资过程的第一步，也是至关重要的一步。选择一个与您的需求和目标紧密相连的风险投资公司，可以使后续的融资过程更加顺利，也更有可能推动您的创业项目走向成功。

在确定目标风险投资公司之后，下一步便是准备详细且吸引人的商业计划书和投资提案，以赢得风险投资公司的信任和投资。但这一切的基础，都是找到一个合适的投资合作伙伴。因此，花时间和精力在这一步上，将会为您的创业之路铺平道路。

1.7.2 第二步，准备融资文件

在这个互联网时代，时间就是金钱，特别是对于风险投资公司和初创公司。因此，当你准备向风险投资公司进行融资的时候，如何呈现你的商业想法就显得尤为关键。

很多人会建议你准备一份详尽的商业计划书，但笔者要强调，不要轻易地把这份文件就这样送给风险投资公司，至少不要在初次接触的时候这么做。有几个原因：

如风险投资公司通常不会看冗长、无聊的商业计划书。因为他们每天都会收到大量的商业计划，很难有时间去细读每一个。

再如商业计划书无法取得良好的沟通效果，你就要在刚开始的接触中，快速、精练地传达你的核心价值观。

又如商业计划书通常过于泛泛而谈，你就必须在初次接触时，有针对性地了解风险投资公司的兴趣和专长，并据此准备材料。

下面我们再来说说不同阶段的融资文件。

初次面谈之前，必须有执行摘要（或"鱼饵"文件）。

这应是一份一两页的简短文件，重点概述公司的商业模式、目标市场和独特价值提议。这份文件的目的是吸引风险投资公司的注意，引发他们的兴趣。

在面谈过程中要有融资演示，即PPT演示文件。

在与风险投资公司面对面的演示中，这份PPT将是你的主要工具。它应该更详细地描述公司的战略、市场分析、竞争优势等。

然后便是尽职调查，即获取详细资料。

如果风险投资公司对你的初步材料感兴趣，他们可能会进一步进行

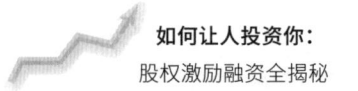

尽职调查。这时，你需要准备更为详细的财务报告、市场分析、产品规划等。

当然，还必须有法律文件，即公司的文件和合同。

包括公司章程、销售合同、以前的投资协议等。这些都应事先准备好，并根据内容进行合理分类。

在整个融资过程中，文件的提交应当是有序的，以便按照风险投资公司的需要逐步提供。这不仅能满足风险投资公司的信息需求，也有助于保护你的商业机密。

综上所述，你的"执行摘要"和PPT演示文件是最为关键的，它们将决定你和风险投资是只有"一面之缘"，还是能进一步"深入交往"。

这一步虽然看似烦琐，但它在整个融资过程中占据着不可或缺的地位。正确地准备融资文件，不仅能大幅提升你成功获得投资的概率，还能在与风险投资建立初步关系的时候，给对方留下专业、用心的印象。

1.7.3 第三步，与风险投资公司联系

在前面的两个步骤中，我们了解了如何确定目标风险投资公司和准备融资文件。下一步就是与风险投资公司建立联系，这一环节是至关重要的。下面，我们将详细解析与风险投资公司联系的三个关键方面：与谁联系、怎样联系，以及何时联系。

1. 与谁联系

首先，您需要明确是与哪个合伙人或投资经理进行接触。通常，风险投资公司是合伙制的，由多个合伙人构成，并且他们各自专注于不同的行业或领域。因此，找到与您项目最相关的合伙人是至关重要的。

以一家有三个合伙人的风险投资公司为例：其中一个合伙人负责新

第 1 章
风险投资与拿来主义：第一桶金从哪里来

能源板块，一个负责军工材料板块，一个负责智能材料板块。如果您是新能源行业的创业者，那么目标应该是负责新能源的那个合伙人。一旦说服了他，他将成为你在风险投资公司内的"拥护者"，负责推进你的项目，并试图说服其他合伙人。需要注意的是，多数风险投资公司实行"一票否决"的规则，即任何一个合伙人反对都可能导致投资机会的流产。

2. 怎样联系

一旦找到了目标合伙人或投资经理，下一步是如何与他们取得联系。最佳的方式通常是通过推荐。查看您的社交圈，看是否有人能为您做推荐。如果您已经雇用了融资顾问，这一步会容易得多。

除了推荐外，您还可以通过参加风险投资相关的会议和论坛来增加与风险投资公司接触的机会。

3. 何时联系

在与风险投资公司联系之前，建议您先找两到三家没有投资意向（或者资金有限）的风险投资公司进行一次"演练"。这将帮助您了解您的演示文件和演讲水平是否达标，以及风险投资公司通常会提出哪些问题。

在进行了这些"演练"并据此优化您的融资文件后，您就可以开始联系有投资意向的风险投资公司进行风险投资了。建议您在尽可能短的时间内集中联系10—20家目标风险投资公司，而不是零散地分散在长时间内。这样做的好处是您能快速收集到多家风险投资公司的投资意向书，从而比较各家的条款和报价，甚至在他们之间制造出竞争。

但是，过度集中联系也有其风险。如果您一下子与太多风险投资公司沟通，但最终都未能引起他们的兴趣，这可能会影响您在风险投资圈内的声誉。

综上，与风险投资公司联系是一个需要精心策划和执行的过程，涉及多个因素和细节。只有把这一步做对，您才有机会顺利进入后续的融资阶段。

1.7.4 向风险投资公司做融资演示

如果您成功地通过了前三个步骤，那么您很可能已经吸引了一些风险投资公司的关注。下一步便是进行融资演示，这通常是您与风险投资公司建立真正关系的关键环节。在这个阶段，您不仅要传达公司的价值和潜力，还需要展示团队的实力和愿景。以下几个方面值得您特别注意。

1. 准备工作

在正式的融资演示之前，确保您熟悉自己的PPT演示文件，并做好充分的准备。通常，一个有效的风险投资演示应包括以下几个方面：

（1）公司简介：包括成立时间、团队成员和成就等。

（2）市场分析：目标市场的大小、增长趋势和竞争态势。

（3）产品或服务介绍：核心功能、优势和市场接受度。

（4）商业模式和盈利计划：如何赚钱、收入和利润预测。

（5）融资需求和用途：需要多少资金以及如何使用这些资金。

（6）里程碑和KPI：明确的短期和长期目标，以及关键绩效指标。

（7）风险和应对策略：识别潜在风险和应对计划。

2. 演示风格

除了内容，演示的风格也非常重要。你需要展现出自信、专业且富有激情的态度，确保信息传达清晰、简洁。掌握好时间，通常风险投资公司喜欢的演示不应超过20—30分钟，以留出充分的时间进入问答环节。

3. 适应听众

每个风险投资公司都有自己的投资偏好和关注点，因此，在演示过程中，应灵活地根据风险投资公司的反应调整你的内容和重点。例如，如果某个风险投资公司特别关心盈利模式，你就应当在这一部分花更多时间。

4. 处理问题

准备好应对各种问题，包括但不限于产品、市场、团队和财务。通常，问题环节是评估一个创业者是否具备深刻行业见解和快速思考能力的好时机。

5. 背后的逻辑和信任建设

你的任务是让风险投资公司相信，与其他所有项目相比，你的项目是最值得投资的。这需要两方面的努力：

建立信任：演示是建立信任的过程，而不仅仅是提供信息。信任来自透明、准确的数据，以及逻辑严密的推理。

客观证据：除了说服力强的故事和承诺，你还需要提供一些客观证据来证明你的观点，这可以是用户数据、盈利模型或者市场反应。

最后，请记住，即使你的PPT包括了所有这些要素，但没有合适的执行团队和一个合理的、基于数据的故事，那么你很难获得风险投资公司的投资。风险投资公司不是不愿承担风险，而是他们更愿意投资于那些他们认为最有可能成功的项目。

通过这样全面、深入而又精准的演示，你不仅能够赢得风险投资公司的心，还能从中更好地了解自己的项目和团队，为未来的成功做好更充分的准备。

演示结束后，确保与参与的风险投资公司保持良好的沟通，并根据他们的反馈进行适当的调整。如果风险投资公司对进一步探讨感兴趣，

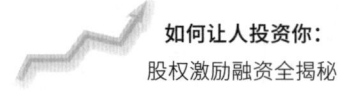

会有后续的会谈及尽职调查。

1.7.5 后续会谈及尽职调查

演示结束后，如果一切顺利，下一步通常是更深入的会谈和尽职调查阶段。在这一阶段，风险资本家会更深入地研究你的企业，以便做出最终的投资决定。以下是一些关键点和推荐步骤。

1. 后续会谈

主题和内容：在后续的会谈中，你应当准备好回答风险投资可能提出的更为具体和深入的问题。这些问题通常涉及产品细节、市场营销策略、财务预测等。

参与人员：确保你的核心团队成员参与这些会谈，特别是那些负责技术、营销或财务的团队成员。

2. 尽职调查的准备

资料准备：准备一份详细的资料包，包括公司章程、财务报表、合同、知识产权证明等。

第三方验证：如果可能，提供由第三方（例如市场研究公司、客户、合作伙伴等）出具的支持材料。

3. 尽职调查过程

财务审查：风险投资公司将对你的财务数据进行详细审查，包括现金流、收入模型等。

法律审查：确保所有合同和法律文件都是完整和准确的。

技术和产品审查：这通常涉及源代码的审查、技术架构的评估等。

4. 如何合作

透明和开放：在整个尽职调查过程中，最好是透明和开放的。不要试图隐藏问题，而是提前指出并解释你打算如何解决它们。

及时性：尽职调查是一个时间敏感的过程。提供所需的所有资料，并在有问题或需要澄清的情况下迅速回应。

5. 结果和下一步

投资建议书：如果尽职调查结果满意，风险投资公司通常会提供一份投资建议书，其中详细列出了投资条款和条件。

最终决策：记住，即使通过了尽职调查，投资仍然需要得到公司内部合伙人的最终批准。

一旦进入尽职调查阶段，说明风险投资公司对你的公司有很高的兴趣。但是，这并不意味着投资是肯定的。确保你在整个过程中都表现得专业、透明，以最大限度地提高获得投资的机会。

通过明确的计划和准备，以及与风险投资公司建立良好关系，你将大大提高获得成功融资的可能性，从而为公司的长期成功奠定坚实的基础。

1.7.6　向合伙人演示及出具Term Sheet

经过了前面几轮的初步接触和深入探讨，现在你终于来到了一个关键的里程碑——向风险投资公司的合伙人演示。如果说之前的步骤是对项目及团队进行"预热"，那么这一步则相当于正式走上"战场"。它可能决定了你是否能成功获得资金支持。

1. 准备工作：重视每一个细节。

合适的时间和地点：通常，这类会议在风险投资公司的办公室进行，以便合伙人们能全程参与。确保你提前了解具体的日程，并为此做好全面准备。

材料准备：回顾并更新你的商业计划书和投资者演示文稿，确保它们能精准地反映你公司最新、最有力的信息。

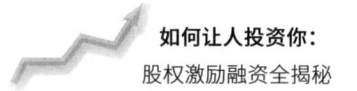

团队准备：一般来说，至少公司的CEO和CFO需要参与这一重要会议。此外，如果可能，其他核心团队成员也应当参与。

2.演示内容：清晰、准确、有深度。

项目概览：简要回顾项目背景，突出市场需求。

商业模式与盈利计划：清晰地描述你的商业模式，以及如何实现盈利。

技术或产品优势：强调技术或产品的独特之处，展示已有的市场验证或客户反馈。

财务数据和预测：提供翔实的财务报告和合理的预测，以证明项目的可持续性和盈利潜力。

团队介绍：再次强调团队的能力和经验，尤其是在该行业内的成功案例。

3.表达方式：自信而不过度。

清晰与简洁：用最简单的语言来描述复杂的概念或数据。

逻辑严密：确保你的论点具备逻辑性和说服力。

问题解答：准备好回答各种可能出现的问题，包括但不限于财务、战略、市场和团队等。

4.注意事项：知己知彼。

观察反应：密切注意合伙人的反应和问题，这些都是他们真正关心的点。

灵活调整：根据会议的氛围和合伙人的反应，适当调整你的演示内容或风格。

礼貌与职业性：保持礼貌和职业性是基础，这不仅展现你的素养，还能增加他们对你的信任。

向合伙人演示是一个全面展示你的项目和团队实力的好机会。成功的演示应当能解答合伙人心中的疑问，也能增加他们对你和你的团队的信心。这一步虽然困难，但只要准备充分，便大有希望赢得他们的支持和投资。

5. Term Sheet 的出具。

什么是Term Sheet：Term Sheet是一份非正式的文件，大致列出了投资的主要条件和条款。它并不具有法律约束力，但通常被视为双方意愿的明确表示。

主要条款：Term Sheet通常包括估值、股权结构、投资金额、管理权等关键信息。

条款谈判：一旦收到Term Sheet，与风险投资之间的谈判即刻展开。这一阶段可能需要律师的参与，以确保你的权益得到最大限度的保护。

注意事项包括以下两点：

专业性和透明度：在与合伙人团队的互动中，表现出专业性和透明度至关重要。这会增加他们对你和你的企业的信心。

谨慎对待Term Sheet：Term Sheet虽然非正式，但对整个交易过程有重要指导作用。因此，需要非常谨慎地对待每一条款。

1.7.7 Term Sheet谈判

成功完成向合伙人的演示后，下一步是进入Term Sheet（条款单）的谈判阶段。在这个阶段，你将与投资方就投资的各个方面进行详细的讨论和约定，从股权结构、估值，到运营要求和退出机制等。以下是你在这个步骤中需要注意的几个重要方面。

1. 理解 Term Sheet 的重要性

Term Sheet虽然是一个非约束性文件，但它会成为后续正式合同谈

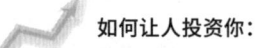

判的基础。因此，你需要非常仔细地阅读和理解其中的每一个条款。

2. 专家咨询

在Term Sheet谈判前，建议你找专业的律师进行咨询。选择对风险投资和创业融资有深入了解的律师会更有帮助。

3. 主要谈判点

估值与股权比例：这是最直接关系到你和你的团队未来收益的部分。与投资方就公司的估值和将要割让的股权比例进行谈判。

退出机制：了解投资方在何种条件下能退出，这对你来说也是非常重要的。

管理权与信息披露：一般来说，风险投资方会要求一定程度的管理参与和信息披露。清楚这些要求，并确保它们不会对你的运营造成不利影响。

里程碑与资金使用计划：明确资金将如何分阶段到账以及需要达成哪些目标。

4. 谈判技巧

准备充分：在谈判前做足功课，了解市场上类似交易的一般条款。

透明但谨慎：在提供信息或作出承诺时要保持透明，但也需谨慎，以免给未来运营或谈判带来麻烦。

灵活但坚持底线：在谈判过程中要展现出一定的灵活性，但对于一些关键条款，如估值、股权比例等，要有明确的底线。

5. 审阅并确定

一旦Term Sheet的主要条款达成一致，双方律师将开始起草正式的投资协议。在签署正式协议之前，再次审阅Term Sheet，确保没有遗漏或误解的点。

谈判Term Sheet是一个复杂但至关重要的步骤。它不仅会影响到你获得的投资金额和条件，还可能影响到公司未来的发展方向和战略选择。因此，这一步需要你投入极大的注意力和精力，做到既能妥协也能坚持，既能听取也能表达，从而达成一份能让双方都能接受的协议。

1.7.8 签署法律文件

Term Sheet谈判成功后，紧接着是法律文件的准备和签署。这是一个非常重要的环节，因为正是这些法律文件会详细规定投资者与公司之间的权利和义务。以下是关于这个步骤的详细指导。

1. 选择专业团队

这一阶段需要律师、会计师和其他专业人士的密切合作。选择具有丰富经验和良好口碑的专业团队是至关重要的。

2. 主要法律文件

投资协议（Investment Agreement）：这份协议会详细列出投资金额、估值、股权结构、付款时间表等。

公司章程（Articles of Incorporation 或 Memorandum and Articles of Association）：这些文件可能需要根据新的股权结构进行修改。

权益证明（Stock Certificates）：用以证明投资方所持有的股份。

股东协议（Shareholders' Agreement）：这份协议会详细描述股东的权利和义务，包括投票权、信息权和优先购买权等。

劳动合同（Employment Agreements）：如果投资方要求更改现有的劳动合同或新增条款，也应在此阶段完成。

3. 文档审查

一定要细致地审查每一个文档，确保它们与之前签署的Term Sheet完全一致，并且没有任何模糊或可争议的条款。

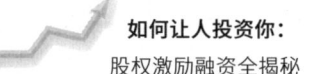

4. 会签与存档

所有的文件都准备好并通过双方审查后，应安排一个正式的签字仪式。一方面，这是一个庄重的场合，标志着一个新的合作关系的开始；另一方面，也确保所有文件都得到妥善的会签和存档。

5. 公证与注册

某些文件可能需要进行公证和（或）注册。务必遵循所有相关法律和规定，以确保文件的合法性和有效性。

6. 后续监督和更新

签署法律文件并不意味着整个过程结束。双方应定期回顾和更新这些文档，特别是在公司战略、股权结构或法律环境发生重大变化时。

对于涉及国内和外资风险投资的融资，法律问题可能会更加复杂。例如，"红筹架构"与"合资公司"选择、投资货币（人民币或美元）等。

完成法律文件的准备和签署是一个烦琐但至关重要的过程。任何疏忽都可能导致未来的法律纠纷或商业问题。因此，务必在专业人士的指导下仔细执行每一个步骤，以确保你与投资方之间建立起一个坚实、透明和持久的合作关系。

1.7.9 到资

恭喜你，如果你已经走到这一步，说明你成功地通过了前面所有艰难的阶段，包括与风险投资的初次接触、精心准备的演示、尽职调查，以及一系列烦琐但必不可少的法律手续。现在，就差最后一步：资金到账。

1. 资金转账

在所有的法律文件和协议都得到双方签署，且完成所有必要的政府申报后，风险投资会按照约定将资金转到你的公司账户。这通常通过电汇的方式进行，需要确保所有银行信息的准确性以避免任何延误。

2. **资金使用计划**

到账的资金按照之前与风险投资约定的用途进行使用。大多数风险投资会希望资金主要用于公司的扩张、产品开发和市场推广等核心业务。此外，一些风险投资可能还会要求定期的财务报告，以监控资金的使用情况。

3. **股权变更与公司治理**

资金到账后，公司的股权结构会相应地发生变化。此时，通常会更新公司的股东名册、增加新的董事会成员或进行其他公司治理相关的调整。

4. **与风险投资的持续关系**

到账之后，并不意味着与风险投资的关系就此结束。相反，这是一个长期合作关系的开始。多数风险投资会希望参与公司的战略规划和决策过程，以保护和增加其投资价值。

5. **后续轮次的融资**

通常，一轮融资是不够的。随着公司的成长，你可能需要进行更多轮次的融资。每一次新的融资都可能需要你回到第一步，重新进行市场分析、商业计划更新，以及与新的或现有的风险投资进行谈判。

资金到账标志着融资过程的暂时结束，但这只是你和风险投资合作关系长篇故事的开始。如何有效地使用这笔资金，如何维持与风险投资的良好关系，以及如何为未来的发展做好准备，都是你接下来需要面对的问题。

第 2 章

商业计划书,融资的敲门砖

在这个竞争激烈的商业世界中，每一个企业家或团队，无论是初创还是处于扩张阶段，都渴望引入资本来支持和加速其商业愿景。但在大多数情况下，资金并不会因为你有一个绝佳的点子或梦想就轻易流入。要打开资本的大门，你需要一块敲门砖——商业计划书。

商业计划书不仅仅是一份文件或一份提纲，它是你公司的故事、愿景、策略和数字的结合。它能够详细描述你的业务是如何运作的，你打算如何增长，以及为什么你认为你的策略会成功。更重要的是，一个出色的商业计划书可以帮助你吸引那些愿意投资于你的梦想的投资者。

然而，创作一份有效的商业计划书并不容易。它需要深入的研究、明确的策略和对未来的清晰规划。这一切都要基于真实的市场数据和深思熟虑的假设。

第 2 章
商业计划书，融资的敲门砖

2.1 商业计划书的构成

融资的第一步就是编写一个吸引人的商业计划书。商业计划书不仅是创业者为了融资而准备的，更重要的是，它应该是创业者真实、客观、并充满激情地向外界展示公司的一面镜子，涵盖公司的业务、财务、市场前景和管理团队等各个方面。

开始编写商业计划书，标志着融资进程的正式启动。对于投资者而言，商业计划书往往是他们对一个公司进行初步了解的重要途径。一份高质量的商业计划书不仅能够为创业者清晰地规划自己的道路，更能在投资者面前展现公司的潜力和价值，从而获得投资机会。

商业计划书的基本框架是相对固定的，从许多公开资源中都能轻易获得。但真正的"标准"并不在于模板的形式，而在于其内容的真实性、逻辑性和说服力。一份好的商业计划书首先应该帮助创业者理清思路、鼓舞团队，然后再将这份激情和信念传达给风险投资，让他们看到一个不错的投资机会。

通常而言，一个完整的商业计划书应该涵盖以下九大部分：

- 公司的简介与远景目标
- 管理团队的详细介绍
- 产品或服务的描述
- 商业模式与收入来源
- 市场推广及营销策略
- 市场和竞争态势分析

- 公司的成长与发展计划
- 当前和预期的财务状况
- 融资需求及资金的具体用途

2.1.1 公司的简介和远景目标

每一个企业启动的背后，都有一个故事等待被讲述，每一个故事的核心则是公司的使命与愿景。这部分不仅仅是介绍你的公司，更重要的是，它为整个商业计划书设定了基调，让读者快速了解你的企业和你的目标。

第一个，公司简介。即简要地描述公司的基本信息：

成立时间与地点：这为读者提供了一个时间和地理的参考，有助于他们理解你的背景和起源。

主要产品或服务：简要描述你提供的核心产品或服务是什么。

创始团队成员：简要介绍核心创始团队的成员，并提供他们的背景和经验。

例如，"XYZ公司于2019年在北京成立，专注于为中小企业提供高效的供应链解决方案。由三位拥有10年供应链管理经验的创始人共同创建"。

第二个，公司的使命。使命声明应该简洁、明确，突出公司的核心价值和宗旨。它回答了"我们为什么存在"的问题。例如，"我们的使命是通过技术革新简化供应链流程，帮助中小企业实现更高的运营效率"。

第三个，远景目标。远景则是展望公司的未来，描述公司希望达到的长远目标或愿景。与使命不同，远景是更具战略性和前瞻性的，它回答了"我们想成为什么样的公司"的问题。

例如，"我们的愿景是成为亚洲领先的供应链解决方案提供商，为超过一万家中小企业创造价值"。

公司的简介与远景目标为整个商业计划书打下了坚实的基础。记住，投资者不仅仅是投资一个产品或一个市场，他们更是投资于一个团队和一个愿景。确保你清晰、诚实并充满热情地展现你的企业，这是吸引投资者的第一步。

2.1.2 管理团队的详细介绍

一家企业的成功很大程度上取决于其背后的团队。对于投资者来说，一个优秀的团队常常被视为投资成功的关键要素，甚至超过了产品或市场机会。这一部分的目标是展示你的团队有什么独特之处，以及为什么他们是实现业务目标的正确人选。

首先，我们要确定核心团队成员。

而对于每位核心团队成员，应提供以下信息：

- 姓名与职务：首先介绍团队成员的姓名和他们在公司中的职务。
- 教育背景：突出他们的学术成就，特别是与业务相关的部分。
- 工作经验：概述他们的职业生涯，特别强调与当前业务相关的经验和成功案例。
- 主要职责：描述他们在公司中的主要职责和角色。
- 荣誉与成就：如果有任何奖励、荣誉或其他公认的成就，这也是一个很好的展示点。

例如，一个普通的介绍可能如下：CEO李××具有12年的技术与管理经验，毕业于美国麻省理工学院，计算机博士，他是公司核心团队的领导人物，负责公司的整体战略规划与执行。

改进版：李××，首席执行官。李××本科毕业于清华大学，研究生硕士与博士就读于麻省理工学院，取得计算机博士学位，曾在亚马逊担任供应链管理的高级主管超过五年，成功帮助公司节省上亿的成本。曾在××科技公司担任首席运营官（COO）四年，帮助××科技公司在纳斯达克上市。现在本公司，他主要负责公司的整体战略规划和执行。

其次，确定团队的独特优势。

除了对个人的详细介绍，还需要突出整个团队的独特优势。这可能包括：

- 团队成员间的长期合作关系。
- 团队的补充技能，如技术、销售和运营的完美结合。
- 曾经的共同成功或挑战经验，这证明了团队的协同作战能力。

最后，确定顾问与合作伙伴。

如果你的公司有一些重要的顾问或业务合作伙伴，也值得在这里提及。他们可能是行业内的权威，或者是能为公司带来关键资源的伙伴。

记住，投资者是投资于团队，而不仅仅是一个商业计划。他们想知道团队背后的人是谁，以及这些人为什么是实现这一计划的最佳人选。确保详细、真实地介绍每一位关键成员，展示他们的专业知识、经验和热情，使投资者对你们的团队充满信心。

2.1.3　产品和服务的描述

对于任何初创公司或企业，其产品或服务往往是其存在的核心和最大的价值创造点。无论是一款革命性的技术产品，还是一个独特的服务模式，清晰、准确地描述它的功能、特点和市场地位，对于吸引投资者至关重要。

1. 定义产品与服务

首先，简洁地定义你的产品或服务是什么，它解决了什么问题，以及它为客户或用户带来了哪些具体的价值。例如，"我们的产品是一款基于AI的健康监测应用，可以帮助用户在早期发现并预防慢性疾病"。

2. 产品与服务的特点与优势

列出产品或服务的主要特点，并强调其独特性和与竞争对手的差异化优势。这部分应该详细说明产品的技术细节、用户界面、操作简易性等。例如，"我们的应用采用了先进的深度学习算法，可以分析用户的生物标志物数据，并根据其医疗记录预测健康风险"。

3. 发展历程与技术基础

提供产品或服务的发展背景，包括研发过程、技术基础和已经获得的关键里程碑。这有助于展示公司的技术能力和市场认可度。例如，"自从2019年我们的研发团队开始开发这款应用以来，已经为超过100,000名用户提供了健康建议，并得到了95%的正面反馈"。

4. 目标市场与应用场景

描述产品或服务的目标市场、潜在客户和主要应用场景，这有助于投资者评估市场的规模和增长潜力。例如，"我们的产品主要针对35—60岁的中高收入人群，尤其是那些关心自己健康的用户。在家庭、医疗机构和企业福利计划中，都有广泛的应用潜力"。

5. 反馈与验证

如果可能的话，提供客户反馈、产品测试结果或市场验证的数据，这将为你的产品或服务增加更多的可信度。例如，"根据我们的最新调查，90%的用户表示他们会推荐我们的应用给家人和朋友"。

一个出色的产品或服务描述不仅要明确说明其功能和价值，还要显示其在市场中的独特地位和竞争优势。确保你为投资者提供了足够的信

息，让他们对产品的潜在市场和增长前景有充分的信心。

2.1.4 商业模式与收入来源

在商业计划书中，清晰地描绘公司的商业模式及其收入来源对于吸引潜在投资者至关重要。这不仅展示了公司如何赚钱，也揭示了公司对市场机会的洞察力、创新性和持续增长的潜力。

1. 商业模式的描述

商业模式是公司创造、交付和捕获价值的策略和方法。首先，你需要描述产品或服务是如何交付给客户的，以及公司是如何通过这个过程创造价值的。例如，"我们通过订阅制服务为用户提供每月定制的健康建议和监测"。

2. 主要收入来源

明确列出公司的所有收入来源，并为每一个来源提供预期的收入比例。例如，"80%的收入来源于用户的月度订阅费，10%来自广告合作，另外10%来自合作伙伴和第三方服务提供商的佣金"。

3. 定价策略

解释公司的定价策略及其背后的逻辑。这应该包括如何设定价格，以及价格如何反映产品的价值和市场竞争状况。例如，"我们的定价策略基于成本加成和竞争对手分析，目标是在提供高价值服务的同时保持竞争力"。

4. 销售与分销

描述公司的销售渠道、分销策略以及与合作伙伴的关系。这有助于展示公司如何将产品推向市场，并最大化收入。例如，"我们通过自己的在线平台直接销售给最终用户，并与几家大型健康网站建立了合作伙伴关系，以扩大我们的市场覆盖面"。

5. 可持续性与增长策略

阐述公司如何确保其商业模式在长期内都是可行的，并描述预期的增长策略。例如，"随着用户基数的增长，我们计划引入更多的增值服务和第三方合作，以进一步多元化收入来源和增强用户黏性"。

一个有效的商业模式是公司成功的关键，而清晰、有逻辑的描述是赢得投资者信心的基石。确保你的商业模式与收入来源部分既具体又有深度，这样投资者就可以明白你的公司是如何运作的，以及未来的增长前景如何。

2.1.5　市场推广与营销策略

在商业计划书中，揭示公司的市场推广和营销策略不仅表明了你对目标市场的了解，还表现出公司是如何吸引、维持并增长客户基础的。在此部分，你将为投资者展示如何突破市场噪音，获得潜在客户的关注，并将他们转化为忠实用户。

1. 市场定位与目标市场

首先，明确描述公司在市场中的定位以及主要的目标市场。例如，"我们的健康建议平台定位于20—40岁的都市白领，他们对健康有深度的关注，并愿意为专业建议支付费用"。

2. 市场推广渠道

列出并描述你打算使用的所有主要市场推广渠道。这可以包括但不限于社交媒体、传统广告、合作伙伴关系、内容营销等。例如，"我们主要通过抖音和小红书、博客内容营销以及与健康食品品牌的合作活动来吸引新用户"。

3. 客户获取策略

详细描述如何吸引新客户的策略。这应包括预期的客户获取成本、预期转化率等关键指标。例如，"我们的平均客户获取成本为30元，通过持续的A/B测试和广告优化，我们预计在接下来的六个月将其降低到20元"。

4. 客户保留与增长

阐明策略来保持现有客户，并鼓励他们消费更多或推荐新客户。例如，"通过每月定制的健康报告、优惠券和推荐奖励计划，我们计划将客户留存率提高到90%"。

5. 预期 ROI 与 KPI

为投资者提供预期的投资回报率（ROI）和关键绩效指标（KPI）。这将使他们了解你的营销策略的效果以及如何衡量成功。例如，"我们预计每投入1元的广告费用，可以获得3元的收入。我们主要的KPI包括点击转化率、客户留存率和平均订单价值"。

投资者希望看到的不仅仅是一套理念，而是结合市场调研、数据分析和实际操作经验的综合策略。确保你的市场推广与营销策略部分具有深入的见解和明确的执行计划，这将极大增强投资者的信心，并提高获得融资的机会。

2.1.6 市场和竞争态势分析

在商业计划书中，对市场和竞争态势的细致分析不仅显示了你对所处行业的深入理解，而且也展现了你对竞争对手的认知和预备策略。这部分可以被视为商业计划书的核心，因为投资者希望确保你的企业有一个明确且可行的市场定位。

1. 市场规模与增长

开始时描述市场的总规模和预期的增长率。例如，"目前，全球健康咨询市场规模为500亿美元，并预计在接下来的5年里，年复合增长率为10%"。

2. 市场趋势

概述目前在市场上的主要趋势和转变。例如,"越来越多的消费者正在转向在线咨询服务,并且愿意为定制化的健康建议支付额外费用"。

3. 竞争对手分析

列出主要的竞争对手,并简要描述它们的业务模型、优点和劣势。例如,"健康咨询公司A是目前的市场领导者,具有强大的品牌知名度和广泛的客户基础,但其价格相对较高,而且缺乏个性化服务"。

4. 竞争优势

描述你的公司与竞争对手相比的优势。这可能包括技术、知识产权、合作伙伴关系、团队经验等。例如,"我们的平台采用先进的算法为每位用户提供定制化的健康建议,而且我们与多家知名健康食品公司建立了合作关系"。

5. 市场份额与定位

基于上述分析,描述你的公司在市场中的定位,以及短期和长期的市场份额目标。例如,"我们的目标是在第一年达到1%的市场份额,并在五年内增长到5%"。

6. 潜在风险与对策

识别可能影响市场和竞争局势的潜在风险,并提供相应的对策。例如,"如果竞争对手降低价格,我们计划进一步提高服务的个性化程度,并通过合作伙伴关系开拓新的客户来源"。

对市场和竞争态势进行全面分析,将帮助投资者了解你所处的商业环境和挑战。通过展示你对这些挑战的认识以及准备如何应对它们,你将增强投资者的信心,使他们更愿意支持你的商业计划。

2.1.7 公司成长与发展计划

每位投资者都希望能看到一个企业的长远规划和发展潜力。成长与发展计划部分不仅展示了公司的远景，还展示了团队对未来的策略思考。这一部分要明确、务实并能给投资者留下深刻的印象。

1. 短期计划（1—2 年）

在这里，详细描述公司接下来一到两年的主要目标和策略。例如，"在未来的18个月内，我们计划将用户基数扩大到10万，并扩展至亚洲三大市场"。

2. 中期计划（3—5 年）

展望未来三到五年，公司希望达到哪些里程碑。例如，"在未来五年内，我们的目标是成为亚洲最大的健康咨询平台，并与至少五家顶级医疗机构建立合作关系"。

3. 长期计划（5 年以上）

描述公司的远期愿景和目标。例如，"我们希望在十年后，不仅在亚洲，更是在全球范围内成为首选的健康咨询服务平台，服务超过1000万用户"。

4. 扩张与多元化策略

这里需要描述公司如何利用现有的资源和优势进入新的市场或产品线。例如，"在稳定亚洲市场的基础上，我们计划推出家庭医生服务，进一步深化与用户的联结"。

5. 技术与创新计划

描述公司如何继续保持技术领先地位和创新能力。例如，"我们将持续投资于技术研发，特别是在AI健康建议算法和用户体验方面"。

6. 人才发展与团队扩充

描述公司如何吸引和保留顶尖人才，以及团队扩充的计划。例如，"我们计划在未来两年内，扩大研发团队的规模，并引入全球范围内的顶尖健康专家"。

公司的成长与发展计划展示了企业对未来的愿景和策略。确保这一部分既具有雄心壮志，又切实可行，这样能够在投资者心中建立信心，让他们相信在你的领导下，公司能够实现这些目标。

2.1.8 当前和预期的财务状况

财务是投资者最关心的部分之一，它为他们提供了一个公司经济健康、持续性和盈利能力的透明视图。确保此部分清晰、详细且没有隐藏的陷阱是至关重要的。

1. 财务摘要

给出一个总体概览，包括但不限于：

- 当前资产、负债和所有者权益的状况。
- 过去几年的销售和利润增长。
- 重要的财务指标，如流动比率、毛利率等。

2. 收入报表

详细列出过去几年以及预期的：

- 销售额。
- 费用明细，如销售与营销、研发、行政等费用。
- 净利润。

EBITDA（息税前利润及折旧与摊销前利润）。

3. 资产负债表

为投资者展示公司的总体财务结构，包括：

- 资产：流动资产、固定资产、无形资产等。
- 负债：短期债务、长期债务等。
- 所有者权益：已投资的资本、保留的盈余等。

4. 现金流量表

展示公司的现金流入和流出，包括：

- 经营活动产生的现金流。
- 投资活动产生的现金流。
- 筹资活动产生的现金流。

5. 财务预测

这是向投资者展示公司未来收入、利润和现金流的预期情况。通常涵盖接下来的3—5年，包括：

- 预期的销售增长率。
- 预期的费用增长率。
- 预期的投资需求。
- 预期的盈利和现金流。

6. 财务假设和风险

描述制定财务预测时所做的主要假设，如预期的市场增长率、原材料价格的变动等。同时，指出可能影响财务状况的风险因素。

提供清晰、完整的财务信息是吸引投资者的关键。通过与投资者分享你的财务状况，不仅可以展示公司的经济健康和盈利能力，还可以证明你的管理团队具有对公司财务的深入了解和高度的透明度。确保这一部分的数据准确无误，并与前面的市场、策略和团队部分相协调，这样你的商业计划书才会给投资者留下深刻的印象。

2.1.9 融资需求及资金的具体用途

在寻求外部融资的过程中,清晰明确地阐述融资需求及资金的具体用途是至关重要的。这不仅能帮助潜在投资者了解你的资金需求,还能展示你对公司未来发展有深入的思考和计划。

1. 融资需求的概述

- 融资金额:明确指出你希望获得的融资总额。
- 融资方式:是首轮融资还是续投?是债务融资还是权益融资?

2. 资金的具体用途

- 研发:详述资金将如何被用于产品开发、技术改进或其他研究方面。
- 生产和供应链:如果你的公司是制造业或有实物产品,描述资金如何用于生产规模的扩大、购买原材料或改善供应链管理。
- 市场营销与销售:阐明如何扩大市场推广、增加销售团队或进入新市场。
- 固定资产投资:如购买新的办公场地、仓库或设备。
- 人力资源:描述如何用于招聘新员工、培训和团队建设。
- 偿还债务:如果部分资金将被用于偿还早期的高利息债务,务必明确说明。

3. 融资的时间表

给出你预期的融资时间表,包括:

- 首次资金到位的日期。
- 如果融资是多期的,列出每期的预期金额和日期。

4. 未来的融资计划

如果你预计在未来还需要其他轮次的融资,这里应提前让投资者了解：

- 预计的下一轮融资时间。
- 预期的金额。
- 预测的公司估值。

5. 对投资者的回报

描述投资者可以预期的回报，这可能包括：

- 股息支付。
- 资本增值。
- 预计的退出策略，例如上市或被收购。

明确、具体地描述融资需求和资金的用途对于获得投资者的信任是至关重要的。它不仅可以展现你对公司未来有深入的思考和计划，而且能使投资者确信他们的资金将被用于明确、有价值的用途，从而为他们带来预期的回报。在这个部分，真实性和透明度是关键，做到既不低估也不高估资金需求，给出准确的数字和具体的计划，将使你的商业计划书更具说服力。

第 2 章
商业计划书，融资的敲门砖

2.2 风险投资关注的焦点

在激烈的创业大潮中，许多初创公司都希望从风险投资家（风险投资）那里获得资金支持。但是，你是否真正理解风险投资家在看待一个创业项目时关注的焦点是什么？每当风险投资家翻开一份商业计划书，他们的大脑里实际上有三个核心问题，几乎构成了他们评估投资价值的黄金三问：

1. 你创业做的是什么事？

这看似是一个简单的问题，但它涉及的不仅仅是你的产品或服务。它包括你的市场定位、目标客户、你的解决方案如何满足市场需求，以及与其他竞争对手相比，你的独特之处在哪里。

2. 你为什么值得投资？

风险投资家不是慈善家。他们投资的背后有明确的回报预期。所以，当他们询问你值不值得投资时，他们实际上想知道的是，你的公司未来的增长前景如何？你的商业模式是否经得起考验？你的团队是否具备将概念转化为成功商业的能力？

3. 为什么我要投资？

这一问题则转向了投资者本身。这是他们在进行投资决策时，不仅要考虑项目的潜力，还要结合自己的投资策略、风险承受能力，以及如何使资金得到最大的回报。

每一位创业者，在走进风险投资的办公室之前，都应该对上述这三个问题有深入的思考并做好准备。你的商业计划书、产品演示或是现场

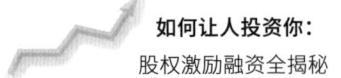

路演，其实都是在为这三个问题提供答案。理解风险投资家的关注点并为之做好准备，将极大增加你获得投资的机会。在本节中，我们将深入探讨风险投资的这三个关注的焦点，并提供一些建议和策略，帮助你更好地为投资洽谈做好准备。

2.2.1 你创业做的是什么事

每一个创业者在谈及自己的创业项目时，都会充满激情和信心。但对于风险投资家而言，了解你做的事情的本质与深度，远比单纯听到充满激情的描述更为重要。他们关心的，是你能为市场和用户解决什么具体问题、如何解决，以及你的解决方案在市场中的独特性。

1. 明确的市场问题描述

开始时，描述那些现实中存在，但尚未被满足或被有效解决的市场问题。风险投资家更喜欢那些能够精确地描述和量化问题的企业家，因为这显示了深入的市场研究和洞察。

2. 解决方案与技术

一旦明确了问题，你需要描述你的产品或服务是如何解决这些问题的。这里，除了技术的描述，更关键的是技术如何带来实际的价值，如何从用户的角度满足其需求。

3. 市场定位

在一个充满竞争的市场中，为何你的产品或服务会受到欢迎？这需要你深入分析市场，确定你的目标客户，并阐述你的解决方案与其他竞品的差异化优势。

4. 市场规模与增长潜力

为风险投资家描绘一个潜在的、巨大的市场是至关重要的。投资者通常寻找那些有巨大增长潜力的市场，因为只有在这样的市场中，才能带来高额的投资回报。

5. 盈利模式与持续性

虽然创业初期可能不会立即盈利，但是你的盈利模型和收入计划对风险投资而言至关重要。这不仅仅是为了看到回报，更重要的是，它显示了你的商业逻辑是否健全和可持续。

"你创业做的是什么事？"并不是一个简单回答"我在卖X产品"或"提供Y服务"的问题。它包含了深入的市场研究、用户理解、产品定位以及商业逻辑。对于风险投资家来说，他们希望看到的是一个完整的、有前瞻性的，并且有市场竞争力的商业计划。因此，为了回答这个看似简单的问题，创业者们需要做大量的功课和准备，确保每一个细节都为你的企业和创意说话。

2.2.2 你为什么值得投资

当风险投资家评估一个潜在的投资项目时，他们不仅仅关心你做什么，更关键的是，为什么你和你的公司是值得投资的目标。这部分的回答涉及你的竞争力、团队实力，以及市场机会的把握能力。

1. 独特的价值主张

在一个充满同质化竞争的市场，你的产品或服务需要有明确的、独特的价值主张，这能确保你在市场中脱颖而出。是什么使你的解决方案与众不同？你如何满足市场上其他竞争对手所忽略的需求？

2. 卓越的团队背景

创业并非一个人的战斗。你的团队是如何组建的？他们在相关领域的经验和专长是什么？一个经验丰富、技能互补的团队，往往是风险投资家最看重的资产之一。

3. 可扩展性与增长战略

风险投资家寻求的是高速增长的机会。因此，他们关心你如何扩大你的业务，进入新的市场，或者通过新的合作伙伴关系扩展业务。

4. 良好的市场口碑与客户反馈

如果你的产品或服务已经在市场上有所展示，那么真实的用户反馈和市场口碑将是你的强有力证明。正面的反馈和成功的案例可以使投资者对你的项目更加有信心。

5. 长期的愿景与承诺

风险投资家不仅仅关心当前的收入和利润，他们更看重你的长期愿景和对项目的承诺。他们希望你对项目有持久的热情，能够在未来的几年中持续推动公司的发展。

"你为什么值得投资？"是一个需要深度思考的问题。它考验你如何展现自己和团队的竞争力，如何准确把握市场机会，以及如何制定和实施有效的增长策略。回答这个问题需要充分的准备和深入的分析，以确保你为风险投资家提供了一个吸引他们的、令他们信服的投资机会。

2.2.3 为什么我要投资

投资，尤其是对初创企业的投资，绝不仅仅是一种金钱上的交易。它更多的是一种对未来的信心，对团队的信任，以及对潜在回报的期待。当风险投资面对一个充满潜力的项目时，他们不是问"这个项目值得投资吗？"，而是问"为什么我要投资这个项目？"。这里所涉及的"我"，代表的是投资者的经验、资源、连接和策略。

1. 投资哲学与策略

每个风险投资都有其独特的投资哲学和策略。有的更偏向于投资初创阶段，希望从零开始与创业者一同成长；而有的更青睐于成熟的项目，寻求更为稳妥的回报。投资者在决策时会问自己，这个项目是否与我的投资策略相符？

2. 行业和地域偏好

许多投资者都有明确的行业或地域偏好。他们可能因为以往的经验或资源上的考量，更加关注某个特定领域。例如，一个在健康科技领域有丰富经验的风险投资，可能更容易被医疗初创所吸引。

3. 潜在的回报与风险

投资的核心仍然是对回报的期望。风险投资会评估项目预期的增长速度、市场规模，以及未来的退出机会。例如，上市或被收购。同时，他们也会仔细权衡潜在的风险，这包括市场、技术、团队、法律，以及其他各种可能的不确定因素。

4. 增值服务的机会

成功的风险投资不仅仅提供资金，还会为其投资的公司提供各种增值服务，如行业连接、人才招聘、战略建议等。对风险投资来说，他们会考虑在这个项目中能否充分发挥自己的增值能力。

5. 与团队的"化学反应"

投资不仅仅是商业决策，它也涉及人与人之间的关系。风险投资会评估他们与创始团队是否存在良好的"化学反应"，是否能建立起基于信任和尊重的长期合作关系。

投资决策复杂而微妙，涉及多个层面的考量。对创业者来说，理解投资者的决策逻辑，能够更有针对性地准备自己的商业计划书，使之更加吸引目标投资者的目光。

2.3 商业计划书的坑

在创业的荒野中，商业计划书往往被视为通往繁荣之路的地图。但正如每张地图上都存在未标记的危险区域，商业计划书也隐藏着一些潜在的"坑"。这些"坑"不仅仅是内容上的遗漏，它们可能是表述不当、数据的夸大，或者对市场的误解。尽管创业者们怀揣着无尽的激情和信念，但一份不切实际或缺乏深度的商业计划书可能会导致潜在投资者对项目的信心大打折扣。

任何一个经验丰富的投资者都曾遭遇过众多充满"坑"的商业计划书，而这些问题常常不仅仅限于内容本身。它们可能涉及团队的沟通方式、商业逻辑的连贯性，甚至创业者对于自身项目的真实认知。因此，了解并避免这些坑，对于希望成功融资的创业者来说，至关重要。

在本节中，我们将深入探讨这些商业计划书中常见的陷阱，并为你提供应对之策，帮助你构建一个既真实又有说服力的商业计划书。

2.3.1 过于强调技术、产品，忽略客户需求痛点

很多技术型的创业者或团队，当他们面对商业计划书时，都有一个普遍的趋势：过分着重于描述自己的技术或产品特性，却很少深入真正的客户需求和市场痛点。这是一个容易陷入的坑，也是很多投资者看到的红旗。

1. 技术并不是解决所有问题的钥匙

很多创业者可能认为，只要他们拥有一项前沿的技术或一款独特的

产品，他们就已经赢得了半个市场。但事实上，无论技术多么高端，如果它不能解决实际的客户问题或需求，那么它的价值将大打折扣。

2. 理解和切入客户的痛点

投资者更关心的是，你的产品或技术如何为客户创造真正的价值。他们想知道的不仅是你的产品是什么，更想知道它为什么重要。换句话说，你的产品或服务是如何解决客户的实际问题的？是如何让他们的生活变得更好、更轻松的？

3. 市场调查与验证

过度强调技术而忽略市场的另一个表现是缺乏足够的市场调查和验证。不要假设你知道客户想要什么，真正去问问他们。在商业计划书中，能够显示你已经进行了市场调查，了解了客户的真实反馈，这对于获得投资者的信心是非常有帮助的。

4. 保持平衡和聚焦

当然，这并不意味着你应该完全忽略技术和产品的描述。而是在描述技术和产品时，应该始终围绕客户需求和痛点展开，强调它们是如何满足这些需求，解决这些痛点的。

当你撰写商业计划书时，要始终记住：技术和产品是手段，而不是目的。目的始终是满足客户的需求和解决他们的问题。只有当你的技术和产品与市场需求紧密结合时，你的商业计划书才能真正引起投资者的兴趣，并获得他们的支持。

2.3.2 对竞争对手分析得不够深

竞争对手分析是商业计划书的重要组成部分，但很多创业者在此方面却表现得过于轻率。有的人觉得自己的产品独特到没有竞争者，有的人仅仅列举了几家已知的公司，而没有深入行业的本质和变化中去。这

样的做法往往会让投资者感到担忧。

1. "没有竞争"是个危险的观点

认为自己没有竞争者是一种非常危险的思维。这或许意味着市场需求不足，或是你没有认识到潜在的威胁。投资者希望看到的是你对市场的深入理解和清醒的态度，而不是一种盲目乐观。

2. 深入研究，不仅仅是列举

列出几家已知的竞争对手并不足以证明你对市场有深入的了解。你需要描述他们的优势、劣势、市场份额、成长策略等。这样做不仅能显示你对市场的认知，还可以帮助投资者理解你的产品或服务在市场中的位置。

3. 从不同的角度来看竞争

竞争不仅仅来自直接的竞争者。有时，替代产品或全新的技术都可能对你构成威胁。深入思考可能的替代方案，或是市场中可能出现的变革和创新，都是非常有价值的。

4. 策略应对

仅仅识别和分析竞争对手还不够，投资者更希望看到的是你的策略应对。当你面对竞争时，你计划如何保持自己的竞争优势？如何继续增长并占据更大的市场份额？

对竞争对手的分析不仅仅是一个市场研究活动，它反映了你对整个行业和市场的认知。一个深入、全面的竞争对手分析会为你赢得投资者的信任，因为它显示了你对市场的敬重和专业态度。

2.3.3 财务预测分析不会做

财务分析和预测是商业计划书中的核心部分，同时也是很多创业者在编写过程中容易出错的地方。正确、合理的财务预测能够展示你的公司未来的盈利潜力，而不现实或者缺乏准确性的财务预测则可能导致投资者对你的商业模型产生质疑。

1. 不现实的预期

一个常见的问题是创业者往往过于乐观，预测未来的收入过高，而低估成本。这可能是因为创业者对自己的产品或服务过于自信，或是希望给投资者留下好的印象。但过高的预测会让投资者觉得你对市场没有准确的了解，或者缺乏商业智慧。

2. 缺乏明确的预测依据

任何财务预测都应该基于一定的依据，无论是过去的数据、市场调查，还是同类企业的表现。如果你的财务预测只是基于直觉或个人希望，那么投资者很难被说服。

3. 过于简单的财务模型

创业初期，财务预测可能相对简单。但随着公司的发展和成长，财务预测应该更为复杂、细致。这包括但不限于现金流预测、盈亏平衡点分析、资本回报率等。

4. 没有考虑风险因素

没有一个企业的财务预测是100%准确的，总会有一些外部风险因素影响实际的财务表现。识别并预测这些风险是商业计划书中不可或缺的部分，可以帮助投资者理解你的风险意识和管理能力。

5. 缺乏持续更新

财务预测不是一次性的任务，随着市场、竞争环境和内部经营状况的变化，你应该定期更新你的财务预测，确保它反映了最新的情况和预期。

财务分析预测是评估公司未来价值和盈利潜力的关键。正确地进行财务分析预测，不仅可以增加获得投资的机会，还可以帮助你更好地管理和规划公司的未来发展。

2.3.4 融资多少不清楚

融资是为企业引入外部资本的重要手段，它的目的是扩大企业规模、增强企业实力或者推进某一特定项目。但让投资者摸不着头脑，往往是企业在融资需求上的含糊不清。明确、具体的融资需求是成功融资的第一步，以下是一些常见的问题和建议：

1. 未明确融资金额

"我们需要一些资金来扩大规模"，这样的表述对于投资者来说过于模糊。投资者希望知道具体的融资金额、资金的使用计划以及预期的回报。

2. 未明确融资的使用计划

投资者不只是想知道你需要多少钱，他们更关心的是你计划如何使用这些资金。对于资金的使用，你需要给出明确、详细的计划，如产品研发、市场营销、团队建设等。

3. 对估值过于乐观

企业估值是决定融资金额的关键因素。过高的估值可能会让投资者觉得你对市场没有准确的了解，或者过于自负。

4. 忽略了资金缓冲

创业公司面临的不确定性很高，很多时候，预测的资金需求可能因为各种原因产生变化。因此，明确考虑一定比例的资金缓冲是明智的，以应对突发的风险和机会。

5. 对回报期预测不实

为投资者提供一个合理的资金回报期预测，可以帮助他们了解何时可以期待收回投资。过于乐观或过于保守的预测都可能导致投资者的疑虑。

6. 忽视与其他融资方式的结合

单一依赖风投或天使投资可能不是最佳选择,有时,结合多种融资方式,如债务融资、众筹等,可能会更加合适。

清晰、明确的融资需求表述是与投资者建立信任的关键。创业者需要深入了解自己的业务,准确评估资金需求,并清晰地表达这些需求,以获得投资者的信赖和资金支持。

2.3.5 过度包装创始人及团队

创始人及团队是创业公司最宝贵的资产之一。他们的技能、经验、才智和决心决定了公司能够迅速适应变化、克服困难并取得成功的能力。然而,当在商业计划书中描述创始人及团队时,过度包装和浮夸是一种常见的错误,这不仅可能误导投资者,还可能给公司带来不必要的压力。

1. 过度夸大经验

面对潜在投资者,创始人可能会过度强调自己或团队成员的经验,甚至夸大其在过去项目中的作用。但投资者往往会进行深入的背景调查。夸大其词很可能会被揭穿,从而损害投资者的信任。

2. 只提及学历,不强调实际技能

学历确实能够为团队成员的能力提供一定的背书,但更重要的是实际的技能和经验。创始人不应仅依赖于学历来证明团队的能力,而应该更多地强调团队如何将这些学术知识应用于实际工作中。

3. 模糊团队成员的角色和职责

投资者希望知道团队的每个成员在公司中扮演的角色,以及他们各自的核心职责是什么。过度包装可能导致角色和职责的描述变得模糊不清。

4. 忽视团队成员之间的协同作用

单个的团队成员或其经验虽然重要，但团队成员之间的相互合作同样关键。强调团队如何协同工作，如何共同努力实现公司的目标，往往比单独突出某个成员的经验更为有效。

5. 过度使用行话和技术术语

当描述技术团队或特定技能时，避免过多使用技术术语。投资者可能对某一技术不太了解，因此，用易于理解的语言来解释团队的技术能力是很重要的。

真实、简明、具体地描述团队和其能力通常比过度包装更为有效。创业者需要展示团队的真实实力，而不是仅仅依赖华丽的修辞。真实性和诚实是建立与投资者之间信任的基础，这种信任是融资成功的关键因素。

2.3.6　自认为没有缺陷的商业计划书

在创业世界中，完美是一个相对的词。每一个成功的商业计划都有其独特之处，但也有其固有的风险和不确定性。一个常见的错误是，创业者在撰写商业计划书时，过于乐观或者自认为自己的计划是完美的，没有任何缺陷。

1. 过度的乐观预测

当创业者对未来的业务预测过于乐观时，他们可能会低估潜在的风险和挑战。投资者通常希望看到一个现实、务实的计划，而不是一个美好的愿景。真实性和准确性在这里至关重要。

2. 忽视潜在风险

每一个商业计划都面临一定的风险。不论是外部的市场变化、竞争态势，还是内部的团队、技术和财务风险，都应该在商业计划书中明确指出。向投资者展示你意识到这些风险，并已经考虑了应对策略，这比隐藏风险更能增加他们的信心。

3. 缺乏第三方验证

不论是市场调查、潜在客户的反馈，还是与行业专家的访谈，第三方的验证都能为商业计划增加信任度。完全依赖内部的分析和数据，可能会使计划显得过于片面。

4. 没有 B 计划

在创业过程中，事情可能并不总是按计划进行。当遇到不可预见的困难或挑战时，一个备选方案或者调整策略是很有必要的。投资者喜欢看到企业家已经考虑到各种可能性，并为此做好了准备。

5. 过于依赖某一点

无论是技术、市场机会还是其他因素，过于依赖某一点都是危险的。商业计划应该全面展现出公司在各个方面的实力和策略。

一个真实、全面和均衡的商业计划书，会给投资者留下深刻的印象。创业者应该展现出自己的务实态度，意识到并面对潜在的风险和挑战，而不是给投资者展示一个"完美"的，但可能不切实际的计划。

第 3 章

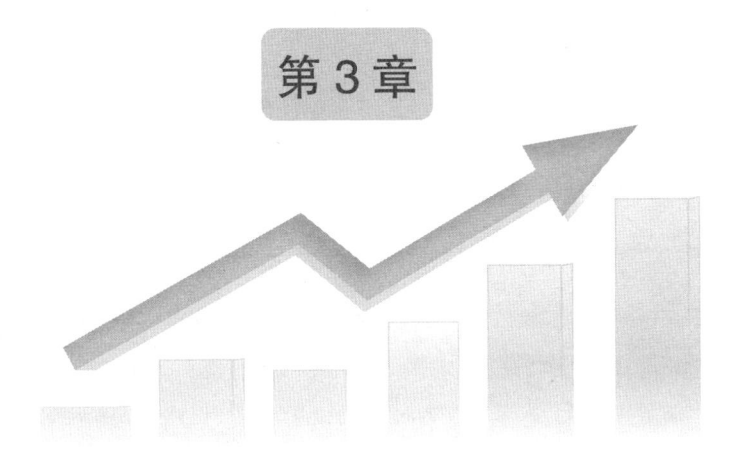

创业第一铁律：创始人须牢把控股权

一个企业初创之时，一般情况是几个创始人都比较团结，因为公司面临巨大的生存压力，产品在开发，业务还没有定型，核心团队忙着公司选址、装修、调测产品、理顺渠道、开发客户诸多事宜，在这种情形下，收入几乎没有、成本费用每天都在急剧增长，对于初创企业来说，创始团队所有的精力全部放在产品开发、市场营销、现金流转正等关键节点上，几乎无暇顾及谁是领头人、谁对公司的控制权更大的问题。

万事开头最难，有不少的公司没能熬过第一年，据统计第一年就倒闭的创业企业比率在20%至30%之间。可是当公司度过了初创期，公司业务模式已经基本成型，现金流已经能覆盖运营成本的时候，公司到此也算是发展到一定的规模，准备融资进一步扩张的时候，股权问题不可避免地会受到特别的关注，甚至初始创始人之间就开始对控股比例进行博弈。

公司在创立之初，如果就已经确立领头人，这个领头人不仅是股权比例最大的一位（一般情况控股超过50%），并且在精神上创始团队认可这个领头人就是公司的灵魂人物，那么在公司继续扩张、稀释股权融资阶段，一般不存在争斗，因为公司在领头人的掌控之中，公司法、公司章程赋予控股股东依据股权比例行权的权利。

可是如果公司在设立之初，没有老大，几个创始人的股权平均分配，或者贡献大的创始人（在公司发展中显现，初始设立时看不出来）股权比例小，那么在公司要发展扩张、融资引入风险投资的关键节点，就会爆发冲突，冲突一旦不可控制，公司将面临严重的内斗内耗，甚至分裂散伙。创业之初，创始人确立自己的领头人至关重要，创业一路创始人须牢把控股权，才能不断带领公司向前走。

风险投资在投一个创始人或一个创业团队的时候，一个具有一票否决的选择要素就是被投的项目或公司中，要有一个领头的创始人，并且这个领头的创始人在股权比例要控股，甚至绝对控股。因此在创业路上，不管谁投资你（创始人），无论是人力资本投资，还是现金资本投资，你作为公司创始人，一定要牢把控股权。

第 3 章
创业第一铁律：创始人须牢把控股权

3.1 创业之初无核心，企业易陷入管理僵局

3.1.1 案例："真功夫"股权均分构架致创始人纷争不断

第一部分：创业之初的艰辛与选择

小店起家，潘宇海的初创之路

1990年的夏季，东莞市长安镇107国道边上，新开了一家名为"168甜品屋"的小店。年仅17岁的店主潘宇海，年轻的面庞下隐藏着坚定和对未来的憧憬。他选择的不是繁忙的市区，而是国道边上这样一个相对僻静的地方，以经营甜品及快餐为主。凭借他的经营智慧和对美食的独特天赋，这家小店很快在当地崭露头角。

为家人分担，股权的交付

1994年，当潘宇海的事业逐渐起步，他的家人——姐姐潘敏峰和姐夫蔡达标——的五金店却因为各种原因而倒闭，他们一直在寻找新的出路。出于家族的情义和对家人的支持，潘宇海决定将"168甜品屋"的50%股权拿出，交给蔡达标和潘敏峰夫妇。从此，"168甜品屋"成了三人共同打理的家族事业，他们各自分工，互补合作，事业逐渐走向了成熟。

技术创新，改变中餐历史的蒸柜

到了1997年，潘宇海看准了市场中快餐行业的痛点——中餐标准化。他深知，要想使中式快餐连锁化，必须有一个标准化的、稳定的烹

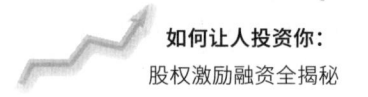

饪工具。于是，他经过多年的潜心研究，与华南理工大学的教授合作，研制出了电脑程控一体化蒸柜。这一技术突破，不仅为"168蒸品店"带来了更大的发展机会，更为整个中餐行业打开了一个新纪元。

品牌战略，真功夫的崛起

随着公司的逐步发展和市场的扩大，2003年，潘宇海决定进一步提升品牌形象和市场定位。经过与专业营销策划机构合作，他决定把公司的品牌升级为"真功夫"，并将核心文化定位于"蒸"文化。2004年，第一家真功夫餐厅在东莞市开业，从此，真功夫开始在全国范围内大展拳脚，逐渐成为国内餐饮界的一颗耀眼的星。

第二部分：扩张、重组与股权纠纷

资金的追求与策略转型

2006年，为了追求更大的发展空间，真功夫面临资金短缺的问题。这一年，真功夫开始寻求风险投资的机会，并开始转变其市场策略。从简单的注重企业经营，开始注重品牌宣传与包装，全面为上市铺路。

此时，蔡达标，一直负责外务的合伙人，逐渐成为企业的公众形象，频繁出现在会议和媒体中，成为真功夫的形象代言人。他的高调与潘宇海的低调形成鲜明对比，但两人都在各自的领域为企业的发展付出努力。

荣誉与变革

真功夫的发展速度超乎大家的想象。2006年，它进入了"2005年度中国快餐企业20强"，并在10月被评为中国快餐十佳品牌企业。这是对潘宇海和他的团队多年努力的肯定。

但成功的背后，也伴随着变革。2007年，真功夫成功引入两家风险投资基金，完成公司重组。为确保上市的顺利进行，按照风投的要求，原双种子公司和蒸品店的资产及180多家门店并入新成立的"中外合资经营真功夫餐饮管理有限公司"。

股权纠纷的萌芽

蔡达标提出要求出任第一届合资公司董事长。看似简单的要求，实则为今后的股东纠纷埋下了伏笔。尤其是在他与潘敏峰离婚之后，股权管理的问题变得更为复杂。

2007年，真功夫完成重组后，股权结构变动明显。潘宇海和蔡达标的股份相同，潘宇海与蔡达标的股份比例均为41.738%。

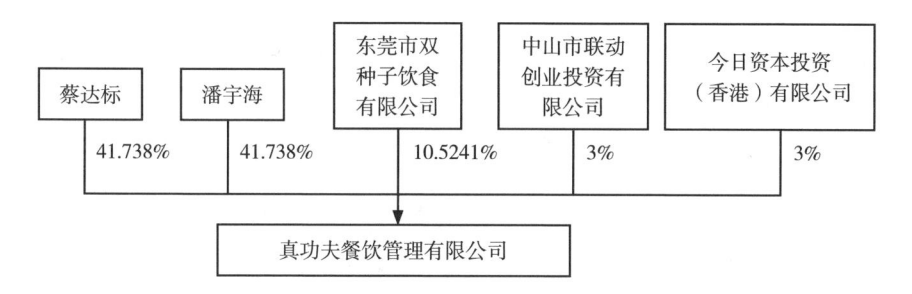

```
蔡达标    潘宇海    东莞市双      中山市联动    今日资本投资
                  种子饮食      创业投资有    （香港）有限公司
                  有限公司      限公司
41.738%   41.738%   10.5241%      3%            3%
                      ↓
              真功夫餐饮管理有限公司
```

图表 3-1　真功夫餐饮管理有限公司 2007 年股权结构图

风波起伏

成功引进风投后，真功夫的经营管理需要更加规范。原本作为家族企业的关联交易和人事安排需要调整。在"去家族化"的转型过程中，蔡达标与潘宇海的观点出现严重分歧，尤其是在关联交易和企业元老的去留问题上。这使得董事会充满了风波。

第三部分：矛盾激化，刑案收场

冰山一角：新项目的陷落

2008年，真功夫的舞台上迎来了前所未有的矛盾和分歧。这一年，

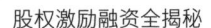

矛盾升级至历史的新高度。蔡达标突然暂停了合资公司的董事会，与此同时，真功夫的未来路线成了双方的争论焦点。在今日资本的调解下，潘宇海表示愿意妥协，并与公司达成协议，新成立了"哈大师"品牌。但是，就在该项目布点初期，蔡达标突然"断粮"，使新项目陷入困境。

暗流涌动：供应链之疑

进入2009年，真功夫的运营出现了一系列问题。潘宇海发现，公司的核心供应链几乎全部被蔡达标的亲属所控制。而当时公司利润出现明显下滑，经营状况不断恶化。然而，当蔡达标提出借款解决运营资金问题时，潘宇海要求先审计账目。这再次引发了双方的冲突，蔡达标明确拒绝查账，使得董事会陷入了僵局。

家族内斗：排挤与反击

在"去家族化"的名义下，蔡达标开始逐步排挤潘宇海。这段时间，潘宇海的地位受到了严重的挑战，他在公司中的影响力急剧减弱，甚至无法进入公司的大门或访问公司网站。2009年至2010年，潘宇海决定借助法律武器来维护自己的权益，开始了司法审计。这一举动最终揭示了蔡达标的违法犯罪行为。

罪与罚：蔡达标的坠落

2011年，真功夫的高层因涉及此案被司法机关调查，而蔡达标试图逃避。但命运并不站在他的一边，不久后他被捕。2013年，他因涉嫌挪用资金和职务侵占罪，在广州市天河区人民法院被判处14年有期徒刑。高级法院的二审判决进一步坚定了这一决定。

刑案收场

此案的结局，使真功夫公司的控制权重新回到了潘宇海手中。历经风雨，这是一个关于股权、权力、信任、家族和法律的故事。它不仅仅是真功夫公司的历史,更是中国家族企业面临转型和挑战时所展现出的各种情感与博弈。

【解析】

真功夫的股权之争最后以刑事案件收场,在中国的企业案例中并非鲜有,创始人创业不易,发展到快要上市的阶段更是难能可贵,但是创始人漠视法律、漠视商业规则,终付出惨痛代价。

真功夫的股权之争来源于"股权均分"这种几乎是世界上最失败的股权结构。在真功夫引入风险投资准备上市之际,标的公司"真功夫餐饮管理有限公司"的股权比例,蔡达标与潘宇海各占47.0005%,完全处于均等态势,两位创始人在企业经营管理上各有优劣,本应合力将企业合规上市,可是在改组的过程中,双方矛盾激化,公司控制权之争愈演愈烈,虽有风险资本在其中斡旋调解,但终至不可掌控的地步,纷争从董事会争斗演化到民事诉讼,再由民事诉讼演化到刑事诉讼,最终以刑事判决收场,令人唏嘘。真功夫的案例昭示企业创业之初确立一个领头人之必要!创业之初,确立领头人,确立其控股的股权比例,是规避创业路上的公司控制权争斗的良策!

【法条链接】见附录A

3.1.2 案例:罗振宇从"独立新媒"出走到创办"思维造物"

引子:光芒之源

每一个卓越的成就背后,都有一段不为人知的历程。罗振宇,这个名字,与中国知识经济的崛起紧密相连。但在这之前,他已经是媒体圈中的一位佼佼者。

媒体的操盘手

在互联网尚未成为人们获取信息的主流渠道时,电视媒体正值其黄

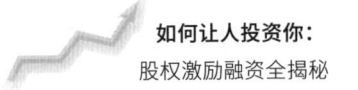

金时期。在央视的《经济与法》《对话》等栏目背后，制片人罗振宇正默默付出，为观众打造出一档又一档的高质量节目。随后，他转身成为第一财经频道的总策划，与此同时，他也亲自主持了《决战商场》《中国经营者》《领航客》等知名节目，将商业知识深入浅出地传递给大众。

《罗辑思维》的启航

2012年，当大多数人还在探讨微信这一新兴社交平台的潜力时，罗振宇已经敏锐地捕捉到了这一机会。2012年12月21日，《罗辑思维》第一期正式上线。每天早晨，当太阳刚刚升起，微信用户们就可以收到一条精练的60秒知识语音。

不同于传统的媒体模式，《罗辑思维》选择了互联网作为其传播渠道。在这片新的疆域上，罗振宇如鱼得水，迅速吸引了大量的粉丝关注。上线仅仅一年，平均每期点击量便突破了百万次。

微信社群与创新会员模式

在《罗辑思维》的成功驱动下，罗振宇开始构建自己的微信社群生态。这不仅仅是一个粉丝社区，更是一个互动、交流与学习的平台。

伴随着社群的壮大，罗振宇再次凭借其敏锐的洞察，推出了一个前所未有的会员计划。令人惊奇的是，尽管会员权益尚未明确，但5000个普通会员名额和500个铁杆会员名额在5小时内被一抢而空。这种对知识、对品牌的巨大信任，再一次证明了罗振宇与其团队的魅力与影响力。

此时的罗振宇，已经从一个传统媒体的制片人、主持人，变身为新媒体领域的佼佼者。

独立新媒的掌门人

在《罗辑思维》热度不断攀升、声名鹊起的背后，隐藏着一个鲜为人知的事实：在项目初期，罗振宇并不是这个品牌的控股股东。真正的掌控权，在另一位媒体界的重量级人物手中——申音。

申音的履历无疑是光彩夺目的。作为《怪杰》真人秀的策划与创始人、NTA创新传播机构和"独立新媒"公司的创始人，他的名字与中国的媒体创新紧密相连。《创业家》杂志的联合创始人、多家知名媒体的前线工作者和专栏作家，再加上他在央视多档节目的策划身份，足以让人对他刮目相看。他的书《商业的常识》更是为广大读者揭示了商业世界的奥秘。

权力下的合作与摩擦

在《罗辑思维》的背后，两位媒体大佬的合作似乎是天作之合。罗振宇凭借其独特的演讲风格和深入浅出的解析能力，成为节目的核心。而申音则为这一创意提供了资金和资源的支持。他们的共同目标，是创造一种新型的知识传播形式，与时俱进地满足现代人的需求。

但在每一次创新的背后，都伴随着权力与利益的纷争。对于《罗辑思维》的未来走向，两人是否始终保持一致的看法？在他们共同打造的知识帝国中，权力的分配和彼此的角色，又会如何调整？

此时的《罗辑思维》，在外界看来是风生水起，但在幕后，两位领导者之间的关系，逐渐变得错综复杂。这种微妙的变化，对于项目的未来发展，意味着什么？

独立新媒的曲折股权之路

2012年的春天，一个名为"独立新媒体（北京）信息科技有限公司"的团队在北京成立。四位合伙人——申音、朱珊珊、孙佳佳以及罗振宇，他们决定合力开创一个知识传播的新时代。股权比例清晰，55∶15∶15∶15，申音作为大股东，牢牢握有主导权。

```
┌──────┐      ┌──────┐      ┌──────┐      ┌──────┐
│ 申音 │      │朱珊珊│      │孙佳佳│      │罗振宇│
└──┬───┘      └──┬───┘      └──┬───┘      └──┬───┘
   55%           15%           15%           15%
                        ↓
         ┌────────────────────────────────┐
         │ 独立新媒体（北京）信息科技有限公司 │
         └────────────────────────────────┘
```

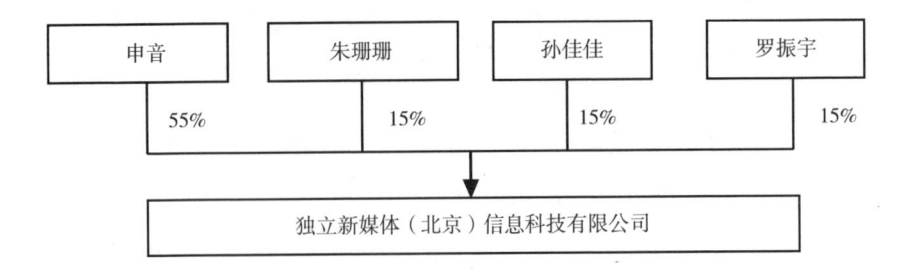

图表 3-2　独立新媒公司 2012 年股权结构图

2012年底，《罗辑思维》应运而生，成为独立新媒的明星项目。然而在这背后，公司的股权结构发生了剧变。朱珊珊和孙佳佳两位创始股东意外退出，公司进入申、罗二人的控制时代，但申音与罗振宇的股权差距进一步扩大，达到82.35%与17.65%的悬殊比例。在此股权架构下，两人共同分享《罗辑思维》《蛮子文摘》《凯子曰》等多个项目和新势联合一家子公司的全部利益。

```
   ┌──────┐                    ┌──────┐
   │ 申音 │                    │罗振宇│
   └──┬───┘                    └──┬───┘
      82.35%                      17.65%
                  ↓
         ┌────────────────────────────────┐
         │ 独立新媒体（北京）信息科技有限公司 │
         └────────────────────────────────┘
```

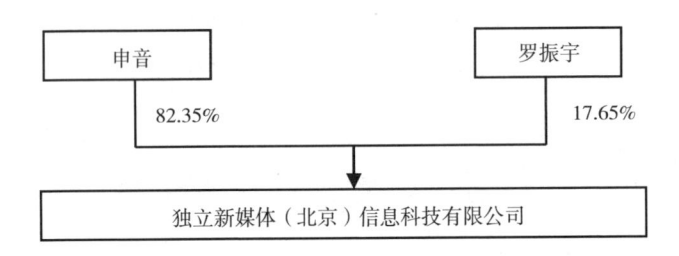

图表 3-3　独立新媒公司 2013 年股权结构图

微信的魅力与商业的成功

《罗辑思维》一路高歌猛进，其微信粉丝数量爆炸性增长，不仅在商业上收获了令人瞩目的成功，更成了中国互联网知识社群的标杆。这种成功不仅使得《罗辑思维》获得了极大的关注，更吸引了投资人的目光。当1亿元人民币的估值数字传出，不少人都感到震惊。

第 3 章
创业第一铁律：创始人须牢把控股权

微博上的绝交声明

2014年5月，当"分手"消息传出，公众震惊。在社交媒体上，申音与罗振宇的反应引发了广泛的关注。

申音先发，他连续发表了两条微博。字里行间，流露出一种深深的遗憾和对未来的期待。

第一条微博："谢谢大家关心，罗辑思维是我和罗老师共同创建的独立新媒公司其中一个项目，因为大家支持团队努力，仅一年半就有200万微信用户，视频也有过亿人次观看。由于对未来发展方向各有想法，罗老师有意独自运营这个项目，诸多事宜我们仍在一一协商，一切都会以我们的用户和合作伙伴为重，一切都会有礼有信有量。"

第二条微博："我们对于内容产业的未来仍然充满期待，我们坚信互联网可以帮助更多有趣有料的人脱颖而出，我们还会探索新的合作模式。只要初心没有改变，一切玩法可以重来，这场十年的互联网实验现在才刚刚展开。对罗辑思维也对自己说一句：好好做，莫着急。"

而罗振宇则更为低调，他引用了张伟平和张艺谋之间的分手，暗示了自己的选择和立场。

"当时张伟平和张艺谋闹分家，还在想张艺谋为什么一言不发。时过境迁才发现，手艺人还是拿手艺说话。其他都是扯。张导牛逼。——看电影《归来》有感。"

这场由微博引发的风波，让围观的公众对这两位媒体人有了更为深入的了解。虽然外界对他们的决定存在各种猜测，但这两位始终保持了一种君子之间的风度。

分手，是否意味着结束，还是新的开始？在这场微博风波之后，《罗辑思维》的命运又会怎样？而罗振宇又将如何选择自己的未来？

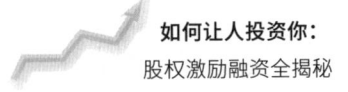

一个全新的开始

2014年6月，在"独立新媒"的回声尚未消散之际，罗振宇联合李天田、吴声等一众合作伙伴，宣布成立北京思维造物信息科技有限公司。与此同时，《罗辑思维》由新成立的公司接手运营。罗振宇的决策迅速且果断，显示出他对"罗辑思维"品牌和未来发展的坚定信心。

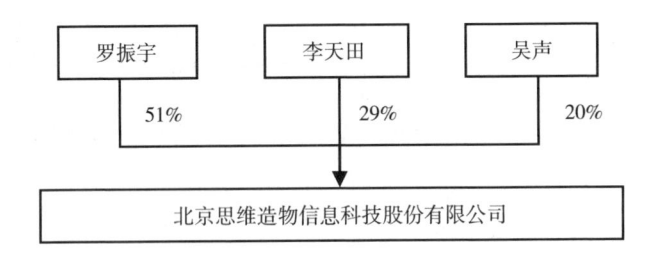

```
   罗振宇        李天田         吴声
    │ 51%        │ 29%         │ 20%
    └────────────┼─────────────┘
                 ▼
       北京思维造物信息科技股份有限公司
```

图表 3-4　思维造物公司 2014 年工商变更前股权结构图

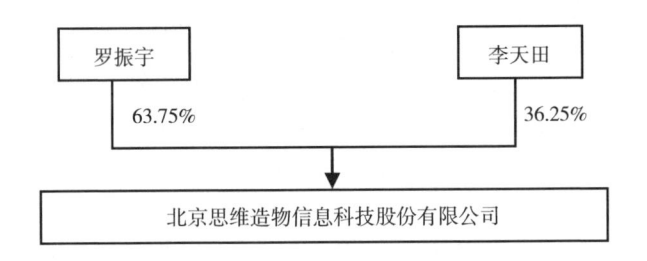

```
   罗振宇                      李天田
    │ 63.75%                   │ 36.25%
    └──────────────┬───────────┘
                   ▼
       北京思维造物信息科技股份有限公司
```

图表 3-5　思维造物公司 2014 年工商变更后股权结构图

法律上的正式"分手"

仅仅不到一个月，7月4日，独立新媒体的股东发生了变更。罗振宇正式退出，不再持有任何股份，申音成了独立新媒的唯一股东。从这一刻起，两大知识传播巨头在法律上完成了彻底的"分手"。

飞速成长的思维造物

新的公司，新的开始，但《罗辑思维》的品牌影响力依旧强大。在罗振宇的带领下，思维造物迅速崭露头角，公司估值在短短的时间里获得了飞速的增长。2015年10月，B轮融资完成时，思维造物的估值已惊人地达到了13.2亿元人民币。融资背后，有着中国文化产业基金、启明创投等知名投资机构的强大支持，更有行业领军人物柳传志等大佬加持。

李天田	罗振宇	北京思维造物信息科技股份有限公司	合一信息技术（北京）有限公司	其他股东（有限合伙企业）
20.3713%	36.6617%	17.1166%	3%	22.8504%

↓ 北京思维造物信息科技股份有限公司

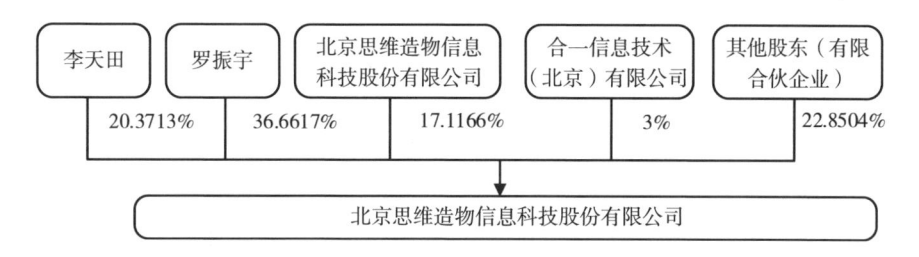

图表 3-6　思维造物公司 2015 年股权结构图

IPO的梦想与突变

多年努力，罗振宇带领的思维造物逐渐走向资本市场。但生意的路并不总是坦荡。2022年7月31日，思维造物向深交所提交了撤回首次公开发行股票的申请，仅仅两天后，其IPO状态变为"终止"。这一消息震动了整个资本市场，关于思维造物和罗振宇的未来，再次成了人们热议的焦点。

李天田	罗振宇	宁波梅山保税港区杰黄罡投资管理合伙企业（有限合伙）	其他股东
13.9277%	30.3537%	16.2607%	39.45783%

↓ 北京思维造物信息科技股份有限公司

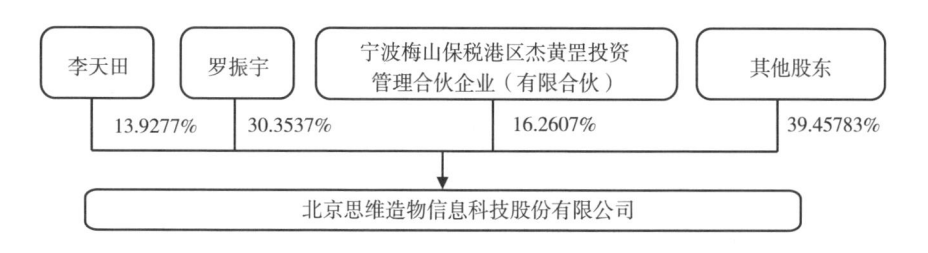

图表 3-7　思维造物公司 2022 年股权结构图

【解析】

对于"独立新媒"时期的《罗辑思维》，申音主要负责投资和运作品牌，打造"罗胖"的明星形象，再获取实际收益。当《罗辑思维》出名后，各种资源转过来找《罗辑思维》，找罗振宇，罗振宇便显得越来越重要。

罗振宇是台前明星，是《罗辑思维》项目运营的核心，申音则是幕后英雄，但对于这个项目而言，双方对各自人力资本的价值贡献存在不同的认知，由此导致对利益分配方式也就存在不同的期望。

"独立新媒"在设立之初的股权层面没有预想到上述的变量因素，在2013年12月创始股东朱姗姗、孙佳佳两位退出"独立新媒"的时候，罗振宇的股权比例也只是由15%提至17.65%，罗、申二人的股权比例仍然悬殊，罗振宇的股权比例低于33%，意味着罗振宇对于"独立新媒"的重大事项没有一票否决权，而申音在"独立新媒"处于绝对控股地位；其次，股权比例决定了分红比例，依据前述股权比例罗振宇仅享有"独立新媒"17.65%的净利润分配权。随着《罗辑思维》的日益火爆，而"独立新媒"旗下的其他栏目难以与之相提并论的情形下，罗、申二人对于"独立新媒"的股权比例、收益分配的不同预期随之浮出水面，此时如对股权比例进行调整至罗、申双方均可接收的程度，罗振宇可能不会从"独立新媒"出走，然而罗、申二人显然对于股权比例调整未能达成一致，终导致罗振宇出走"独立新媒"，继而创办"思维造物"，带走了《罗辑思维》。

公司设立之初，创始人的股权比例要有与之匹配的贡献度、掌控力。随着发展，某些创始人对于公司的贡献度、掌控力如果逐渐弱化，较好的解决方案是协商调整股权比例至双方乃至多方接受的程度，海底捞就是在公司发展中股权比例进行调整而未引起争斗的典范（下文将详述），如果协商不成，如罗振宇、申音这般和平分手，相忘于江湖，也是不错的方式。

【法条链接】见附录B

3.2 确立领头人，定好顶级股权构架，避免争斗与散伙

3.2.1 案例：海底捞张勇的股权从 50% 到 68% 的背后故事

在1994年，四川成都简阳的一个不起眼的街角，一家名叫"海底捞"的火锅店悄然开业。这家小店的创始人是四位朋友：张勇、舒萍、施永宏和李海燕。他们是老乡，对火锅有着深深的热爱，一直有个梦想，那就是一起开一家火锅店，让更多的人品尝到他们心中的美味。

在火锅店的创立之初，四位创始人各自出资，平均分配股权，各占25%。他们互相协助，以朴素的装修和独特的火锅配方吸引了众多食客。他们的火锅店以服务周到、环境舒适、食材新鲜著称，口碑传播开来，生意越来越好。

张勇	舒萍	施永宏	李海燕
25%	25%	25%	25%

四川海底捞有限公司

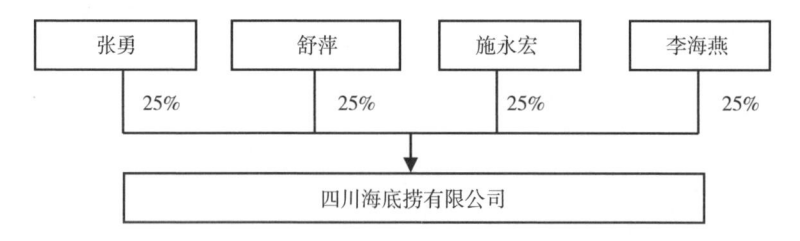

图表 3-8　四川海底捞有限公司 2001 年股权结构图

到了2001年，海底捞的名声已在四川乃至全国范围内广为人知。这一年，四位创始人共同注册成立了四川海底捞有限公司，以更好地管理他们的火锅事业。公司的股权结构并未改变，四位创始人依旧各持有

第 3 章
创业第一铁律：创始人须牢把控股权

25%的股份。

随着海底捞的影响力不断扩大，他们开始设想全国乃至全球的扩张。每一位创始人都深知，这需要更强大的领导力，需要一个明确的领导者来引领海底捞走向未来。

这时，施永宏做出了一个意义重大的决定。他意识到，张勇具有非凡的领导能力，有着对未来的清晰视野，且深受团队的尊重。为了保证公司的稳定发展，避免由股权均分可能引发的股东之间的争斗，施永宏决定将他手中的18%的股权转让给张勇，使张勇成为公司的控股股东。

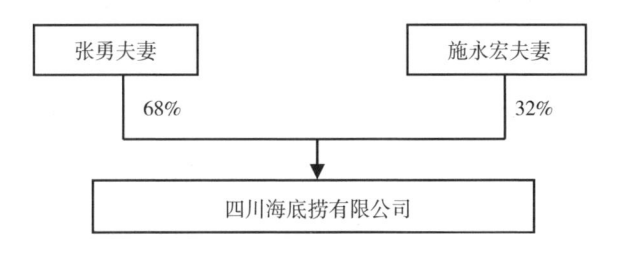

图表3-9　四川海底捞有限公司2007年股权结构图

这是一个对于海底捞至关重要的决策。施永宏并没有因为股权转让而退出公司，他仍然是公司的重要一员，继续辅佐张勇发展海底捞。他深知，这个时期的海底捞需要一个强有力的领导者，而张勇无疑是最合适的人选。这个决定的背后，是施永宏对张勇的无比信任，同时也是对海底捞未来的深思熟虑。

这个决策的影响力是深远的。张勇作为控股股东，开始全面掌握公司的决策权，他的领导才能和独特的视野开始在公司的发展中发挥出更大的作用。施永宏虽然股份减少，但他并未退出海底捞，他依旧是公司的核心成员，他的智慧和努力同样在推动着海底捞的进步。

同时，他们意识到，要想在更广阔的市场中取得成功，海底捞必须有自己独特的竞争力。于是，他们开始大力投入门店装修和环境改善，希望通过提供更舒适的就餐环境吸引更多的顾客。2006年，他们成立了北京蜀韵东方装饰工程有限公司，这家公司专门负责海底捞的门店装修和环境优化。

然后，他们开始全面扩张。他们不仅在全国各地开设了更多的海底捞门店，还开始进军海外市场。海底捞的美名越来越远，成为全球知名的火锅品牌。

施永宏将股权转让给张勇的决策，使得海底捞在关键时刻有了更强大的领导力，也避免了可能的股东争斗。这对于海底捞的发展起到了关键性的作用。

今天，我们看到的海底捞，是一家全球知名的火锅品牌，它的成功离不开每一位创始人的辛勤付出和智慧，特别是张勇和施永宏之间深深的信任与合作。他们用自己的行动向世界证明，有时候，真正的领导者不仅需要有远见，还需要有勇气去做出有利于整体发展的决策，即使这个决策可能会牺牲个人的利益。

【解析】

控股权在创始人以及创业公司的发展中起着至关重要的作用。

一般来说，控股股东必须具备的条件有：（1）出资额占有限责任公司资本总额50%以上或者其持有的股份占股份有限公司股本总额50%以上；（2）其出资额或者持有的股份所享有的表决权已足以对股东会、股东大会的决议产生重大影响；（3）可以以其他方式在事实上控制公司；（4）其他条件。

控股权不仅是权力的象征，更是公司决策和发展方向的决定因素。

首先，对创始人而言，控股权意味着对企业的掌控。一位领导者的视野、决策和方向对于公司的发展至关重要。在竞争激烈的市场环境中,迅速并且准确的决策往往关乎企业的生死存亡。如果创始人拥有控股权,他就有权决定公司的方向,制定战略,进行关键的决策,这样能够更好地根据市场环境和公司的实际情况进行调整和适应。

其次,控股权对于创业公司的团队建设也有重要影响。控股权的集中可以防止股权过度分散,从而避免决策困难,保证公司的高效运行。同时,创始人的领导地位对团队的凝聚力有着重要的影响。一个有明确领导的团队更容易形成共享的愿景,更容易集中力量去完成共同的目标。

再次,控股权对于公司的发展战略有重要影响。企业发展过程中,可能会遇到各种问题,如融资、扩张、并购等,这些都需要创始人有决策权。如果创始人持有控股权,就能够根据公司的长期利益,对这些问题进行决策。

例如,海底捞的案例,施永宏将部分股权转让给张勇,使张勇成为公司的控股股东。这一决策使得公司在关键时期有了强大的领导力,避免了股东争斗,为海底捞的快速发展创造了条件。

总的来说,控股权对创始人以及创业公司的发展起着关键性的作用。只有当创始人牢牢控股权,才能够更好地引导公司的发展,保持公司的稳定,实现公司的长期目标。

【法条链接】见附录C

3.2.2 案例:阿里巴巴的股权演化

阿里巴巴第一轮融资

阿里巴巴的第一轮融资是在1999年10月,时任阿里巴巴CFO的蔡崇信通过其以前在高盛公司任职的关系网络,引来高盛等4家海外一流基金公司高达500万美元的投资。

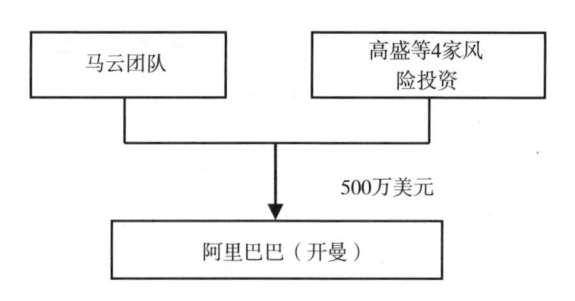

```
马云团队          高盛等4家风
                 险投资
     │              │
     │              │
     └──────┬───────┘
            │ 500万美元
            ▼
      阿里巴巴（开曼）
```

图表 3-10　阿里巴巴公司 1999 年股权结构图

这次融资解决了阿里巴巴的资金危机，成功地将阿里巴巴推向海外市场。当时阿里巴巴的股权结构如上图所示。

阿里巴巴第二轮融资

2000年，阿里巴巴引入第二笔融资，总计2500万美元的投资来自软银、富达、汇亚资金等6家投资企业。

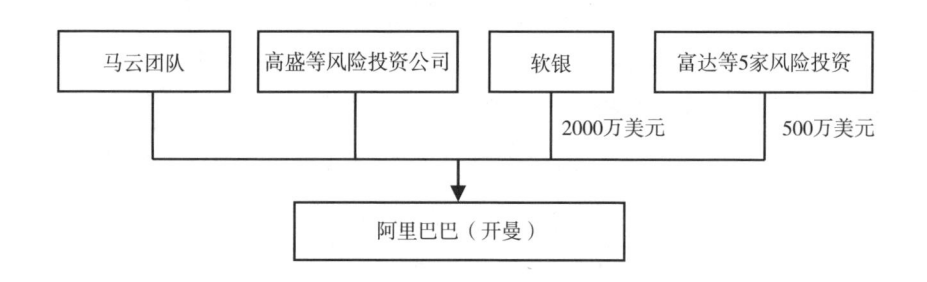

```
马云团队   高盛等风险投资公司   软银        富达等5家风险投资
                                  2000万美元      500万美元
                        ▼
                  阿里巴巴（开曼）
```

图表 3-11　阿里巴巴公司 2000 年股权结构图

其中，软银投入2000万美元。当时，孙正义想投资3000万美元，获取阿里巴巴30%的股份，但经过一番协商后，阿里巴巴最终接受软银2000万美元的投资，而阿里巴巴管理团队则保持绝对控股。

阿里巴巴第三轮融资

2004年，阿里巴巴得到8200万美元的第三轮融资，此轮融资中软银出资6000万美元，而马云及其创业团队仍然是阿里巴巴的第一大股东，持股比例达到47%；第二大股东为软银，持股比例为20%。第三次融资后的阿里巴巴股权结构如图所示。

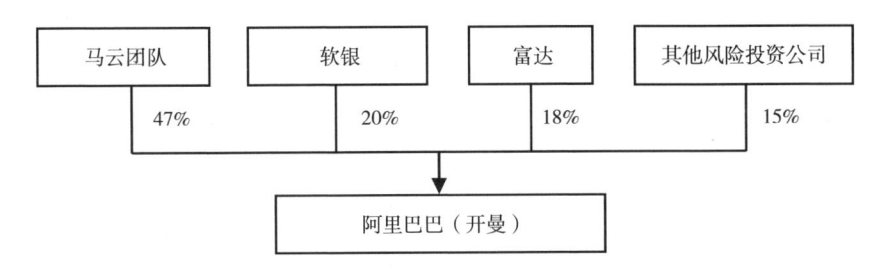

图表 3-12　阿里巴巴公司 2004 年股权结构图

阿里巴巴第四轮融资

2005年，雅虎以10亿美元加上其在中国的资产换取阿里巴巴39%的股权，这次交易为阿里巴巴提供了强大的资金支持，利用这笔资金阿里巴巴旗下的淘宝、支付宝迅速壮大，并成功度过了2008年的金融危机。但这一交易让马云及其创业团队让出了阿里巴巴第一大股东的地位，这一次融资的股权结构如图所示。

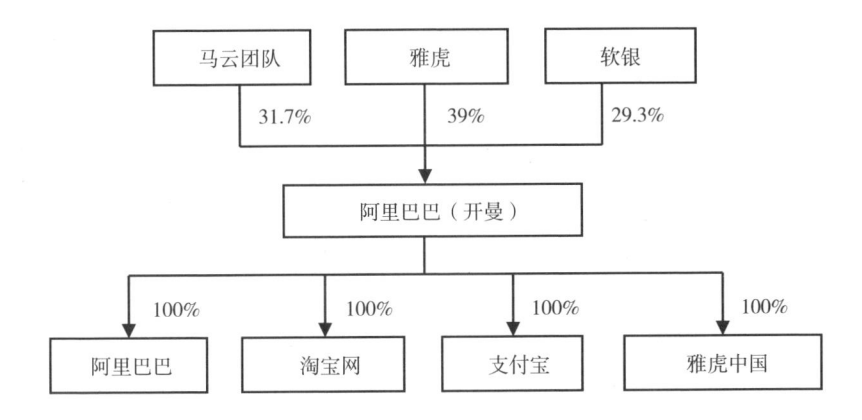

图表 3-13　阿里巴巴公司 2005 年股权结构图

不过，在第四轮融资过程中，雅虎虽然获得阿里巴巴39%的股份，但其需要将5%的投票权委托给马云及创始人团队（31.7%+5%），直到2010年10月，从而保持马云及其创始人团队在股东会的控制权。

同时，在2010年10月以后，雅虎可以在董事会中占据两个名额（此前阿里巴巴的董事会有4位董事，马云及创始人团队占据两位，雅虎与软银各占一位），而且在2010年10月以前，董事会不得解除马云在阿里巴巴CEO的职位。

阿里巴巴第五轮融资

2007年，阿里巴巴在香港联交所正式挂牌上市，融资15亿美元。在此次全球发售股票的过程中，阿里巴巴共计发行8.59亿股，占已发行总股数的17%。依据当时的收盘价计算，阿里巴巴的市值接近280亿美元，成为当时中国市值最大的互联网公司。

至此，阿里巴巴进入马云、软银、雅虎的"三足鼎立"时代。第五次融资后的股权结构如图所示。

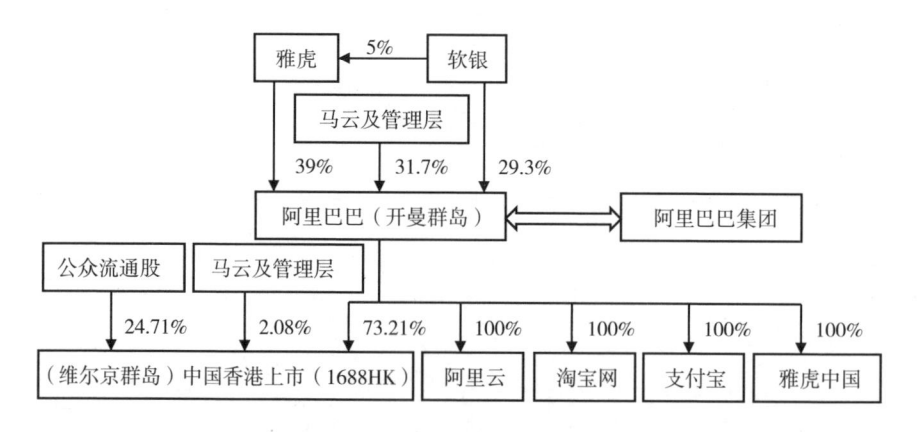

图表3-14　阿里巴巴公司2007年股权结构图

2011年9月，阿里巴巴得到美国银湖、俄罗斯DST、中国云锋基金等投资机构近20亿美元的融资。依据当时的融资计划，所有符合条件的阿里巴巴集团员工都可以按照自己的意愿以每股13.5美元的价格将持有的股权依据一定比例出售，以获取现金收益。

私有化回购雅虎股权

2012年2月21日，阿里巴巴集团与阿里巴巴网络有限公司联合宣布，阿里巴巴集团向其旗下的港股上市公司阿里巴巴网络有限公司董事会提出私有化要求，准备以每股13.5美元的价格回购公司股票。

同年6月20日，阿里巴巴网络有限公司正式从港交所退市，阿里巴巴私有化完成。这一次的私有化为回购雅虎股权做好了准备。

2012年5月21日，阿里巴巴与雅虎宣布，阿里巴巴集团将以63亿美元和不超过8亿美元的新增阿里巴巴集团优先股回购雅虎手中的阿里巴巴集团股份（雅虎手中持有的阿里巴巴集团股份的一半）。

此次回购后，阿里巴巴集团董事会中软银与雅虎的投票权将降低至50%以下，而阿里巴巴集团董事会席位依旧会维持在2：1：1（马云及其创始人团队、雅虎、软银）的比例。

同时，雅虎放弃委任第二名董事会成员的权利，并放弃对阿里巴巴集团战略及经营决策相关的否决权。此次回购成功后，马云将解除雅虎对阿里巴巴控制权的威胁，同时也重新掌握了董事会。

2012年8月，为了支付回购雅虎股份所需的资金，阿里巴巴通过商业贷款的方式，得到国家开发银行10亿美元的贷款。同时，阿里巴巴向众多的PE基金及主权财富基金出售价值26亿美元的普通股和16.88亿美元的可转换优先股。普通股的价格为每股15.5美元，可转换优先股的价格为每股1000美元。这次融资过程中，中投、中信资本、博裕资本等机构成为阿里巴巴的新股东，而银湖、DST、淡马锡增持了阿里巴巴的股份。

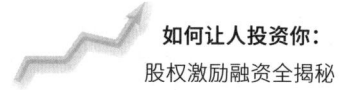

阿里巴巴赴美上市前股权结构

2013年9月10日,阿里巴巴董事局主席披露了"合伙人制度",该制度规定了阿里巴巴的合伙人总计28人,成员为集团高度认同的资深高管,且加入公司至少5年,从而将雅虎和软银两个股东排除在外。此次改革为阿里巴巴在美国上市打下了基础。阿里巴巴在美国上市前的股权结构如图所示。

马云、蔡崇信和雅虎、软银通过协议拥有69.5%的表决权

马云	蔡崇信	雅虎	软银	其他
8.9%	3.6%	22.6%	34.4%	30.5%

→ 阿里巴巴集团

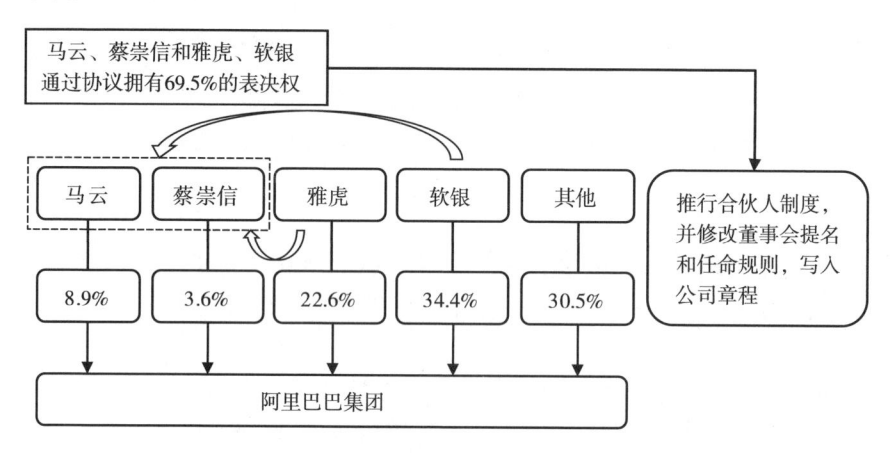

推行合伙人制度,并修改董事会提名和任命规则,写入公司章程

图表3-15 阿里巴巴公司2014年美国上市前股权结构图

2014年9月19日,阿里巴巴在美国纽约证券交易所正式挂牌,按照其68美元ADS的发行价计算,其融资额约220亿美元,超越VISA上市时的197亿美元,成为美国股票市场有史以来最大的IPO。在首个交易日,阿里巴巴以92.70美元开盘,高出发行价36.32%,总市值达到2285亿美元。

【解析】

在阿里巴巴融资过程中,其控制权演变有两个关键节点,在这两个关键节点上,马云合伙人团队的操作淋漓尽致地体现了股权控制争夺的精髓。

首先,是马云合伙人团队与雅虎的股权博弈。这一场博弈跨越近十

年的时间，历经阿里巴巴从雅虎融资，到香港交易所上市退市，以及再赴纽约交易所上市。

2005年雅虎以10亿美元及在中国的资产入局阿里巴巴，拿下39%的股权，此时马云团队的股权比例已降至31.7%，低于33%的一票否决权预警线，为达到对股东会的相对控制权，也取得一票否决权，马云团队通过协议取得雅虎的5%投票权委托，在股东会投票权上位列第一，同时协议约定在2010年10月前，董事会不得解除马云在阿里巴巴CEO的职位。

2012年5月至8月，阿里巴巴回购雅虎持有的阿里巴巴集团股份的一半。此次回购后，阿里巴巴集团董事会中软银与雅虎的投票权降低至50%以下，而阿里巴巴集团董事会席位依旧维持在2：1：1（马云团队、雅虎、软银）的比例。同时，雅虎放弃委任第二名董事会成员的权利，并放弃对阿里巴巴集团战略及经营决策相关的否决权。马云团队成功解除雅虎对阿里巴巴控制权的威胁，重新掌握了董事会。

其次，阿里巴巴在纽约证券交易所上市，更是马云合伙人团队运用复杂的股权构架控制阿里巴巴的经典之作。

阿里巴巴在纽约证券交易所上市是2014年的大事件，其背后有着复杂的股权结构和企业控制的策略。马云在阿里巴巴在纽交所上市过程中，为确保公司控制权实施了极其缜密的操作：

1. 背景

在2012年，阿里巴巴从香港交易所退市。原因之一是香港交易所不接受"同股不同权"的上市制度，而这是马云为保持对公司控制的关键策略。于是，阿里巴巴将目光转向了纽约证券交易所。

2. "同股不同权"结构

这种股权结构意味着公司可以发行两种或多种类型的股票，其中某些股票的投票权重于其他股票。阿里巴巴利用这种结构来确保其创始团队和高层管理人员，即使在募集巨额资金并发行大量新股之后，仍然可以保持对公司的实际控制权。

3. 合伙人制度

除了"同股不同权"的策略外，马云也创立了一个独特的合伙人制度。阿里巴巴的合伙人制度不是基于股权，而是基于对公司的贡献和对公司文化的维护。这意味着，尽管某些合伙人可能只持有少量股份，但他们在公司的决策方面却有很大的权重。

这个制度允许由合伙人组成的核心团队在公司的日常运营和战略决策中有决定权，从而确保公司沿着马云设定的方向前进。

4. 变通的VIE结构

为了避免外国投资者直接控制中国的互联网企业，阿里巴巴采用了一种名为"可变利益实体"（VIE）的结构。这是一种法律和合同结构，允许外国投资者间接控制中国公司。通过VIE，外部股东实际上拥有阿里巴巴的经济权益，但不拥有公司的控制权。

境外上市实体与境内运营实体相分离，境外上市实体通过协议的方式控制境内运营实体，使该运营实体成为上市实体的可变利益实体。这种安排可以通过控制协议将境内运营实体的利益转移至境外上市实体，使境外上市实体的股东（即境外投资人）实际享有境内运营实体经营所产生的利益。一方面将利润、资产的合并报表呈报给境外投资者，另一方面以境内运营实体的身份面对法律和监管。

5. 马云的持股比例

即使在IPO之后，马云的持股比例并不是最高的。但通过上述策略，特别是合伙人制度和"同股不同权"的股权结构，他成功地维持了对阿里巴巴的控制权。

阿里巴巴的纽交所上市背后的策略和操作显示了马云和他的团队如

何巧妙地在吸引全球投资者和保持公司控制之间找到平衡。通过综合利用多种工具和策略，阿里巴巴成功地在全球资本市场上募集了巨额资金，同时确保其核心团队仍然掌握公司的决策权。

【法条链接】见附录D

3.3　创业团队需要大一号的"火鸡",灵魂人物是"定海神针"

创业团队中,应该有一位"火鸡",也就是能够统领全局、有能力说服和带领其他合伙人的核心领导者。这个"火鸡"代表了团队的灵魂和核心力量,他(或她)通常具有很强的领导能力、魄力和决策力。

在创业过程中,一个团队经常会遇到各种挑战和困难,如何确定方向、如何分配资源、如何应对危机等。在这些关键时刻,团队需要有一个决策者来做出判断和决策。而这个决策者,就是所谓的"火鸡"。

此外,一个团队中可能有多个非常有才华的成员,他们在专业领域都很出色,但团队也需要一个能够整合各种资源,协调各方意见,确保团队朝着同一个方向前进的领导者。这样的领导者能够平衡各方的利益和需求,确保团队的稳定和发展。

总的来说,"火鸡"理论强调的是,在一个创业团队中,除了技能和知识,还需要有一位能够带领团队走向成功的核心领导者。这个领导者就像一只"火鸡"一样,是团队中最引人注目的存在,也是团队的核心和灵魂,是"定海神针"。

3.3.1　"火鸡理论"

在一个动物园中,鸡、火鸡和鸵鸟各自生活着。当它们在园区的各个角落相遇时,总忍不住互相量度,对比自己与对方的身材。

两只鸡遇到时,它们常常互相瞥见,并默默想:"我似乎比你大点。"但当一只鸡与火鸡相遇时,情况就有些不同了。火鸡骄傲地认为自己的体型比鸡要大得多，但鸡却常常误以为它们与火鸡之间并没有太大的差异。

有趣的是，当一只鸡与一只鸵鸟相遇时，鸡不得不低下头，心里承认：这家伙确实比我大很多。

有一只经验丰富、见多识广的老鸡总结道：如果不与其他动物相比较，我们很容易高估自己。而要真正认识自己和拓宽视野，不能总是与那些与自己相似的伙伴为伍。而高大的鸵鸟则感悟到：要想得到其他动物真正的尊重和认可，你要比它们高大许多。

此故事表达了一个鲜明的观点：仅仅超越他人一点点是不够的。要真正获得他人的尊重和认可，你需要有足够的高度与优势。只有当你站得足够高，才能在众多的同侪中独树一帜，成为真正的核心和领导者。

3.3.2 创业过程中首席创始人合理的股权比例

创业过程中，首席创始人的股权比例随着公司的成长和多轮融资会逐渐稀释。但具体的稀释程度受多种因素影响，如公司的估值、融资需求、投资人的谈判实力等。以下是一个较为常见的创始人股权在各轮融资中的演变情况及其理由：

1. 天使轮前：首位创始人通常持有公司的大部分股权，比如85%—100%。在此阶段，公司通常只有创始团队，并且还未获得外部投资。

2. 天使轮：首位创始人的股权可能被稀释10%—20%。这取决于投资金额和公司估值。此时，由于公司尚处于早期阶段，风险相对较高，因此投资人通常要求较高的股权。

3. A轮：在A轮，首位创始人的股权可能再次被稀释20%—30%。此轮融资通常用于扩大生产、开发产品或扩展市场，对投资者而言风险仍较高，故对应的股权占比也相对较大。

4. B轮：首位创始人的股权可能被进一步稀释10%—25%。随着公司逐渐成长，风险也相对降低，但考虑到更大的融资额度，稀释的幅度仍然较大。

5. C轮和D轮：在这些后续轮次，首位创始人的股权可能每轮被稀释10%—20%。这些轮次的融资通常用于进一步扩展或国际化战略。

6. 上市：上市可能导致首位创始人的股权再次被稀释5%—15%。上市公司可能发行新股来筹集资金，这会导致现有股东的股权被进一步稀释。

具体理由：

风险与回报：早期投资者面临更高的风险，因此他们要求更高的股权以获得更高的回报。

资金需求：随着公司的成长，可能需要更多的资金来支持其扩张，这通常意味着更多的融资和更大幅度的股权稀释。

投资人的谈判能力：有经验的投资者可能会谈判更有利的条款，导致创始人的股权更大幅度的稀释。

公司估值：如果公司估值足够高，创始人可能面临较小幅度的稀释。

总的来说，首席创始人在多轮融资后，尤其是上市后，仍然持有20%—30%的股权已经是相对不错的结果。但这也取决于创始人的谈判能力、公司的估值、融资策略等多种因素。

第 4 章

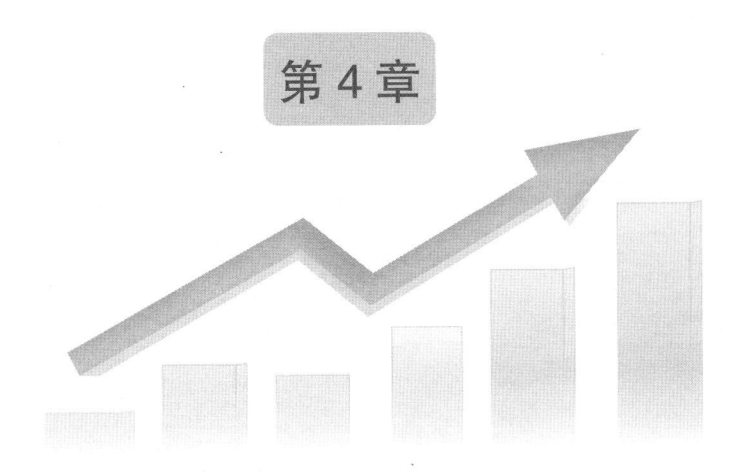

公司估值与财务预测

在创业的道路上，无论是初创企业还是成熟的企业，所有者和投资者都会面临一个重要的问题：这家公司到底值多少钱？这一问题的答案不仅决定了公司未来可能吸引的资金量，也是投资者在决策时考虑的重要因素。公司的估值和财务预测，可以说是创业者与投资者间对话的核心内容。

这一章节不仅会带你探讨估值的方法和理念，还会深入财务预测的每一个细节。无论是盈利预测、现金流量分析，还是利润与损失的预期，这些都是每一位企业家都需要深入理解和精通的内容。

然而，正如你在之前的章节中所学到的，不论是商业计划书的撰写还是与投资者的交流，真实性和准确性都是至关重要的。同样，在估值和财务预测中，我们需要保持清醒的头脑，确保所提供的数据既真实又有说服力。

在接下来的内容中，我们将带领你深入了解如何进行合理的公司估值，以及如何制定出一个既实际又充满吸引力的财务预测。这些知识和技能，将为你在与投资者的沟通中增添更多的筹码和信心。

第4章
公司估值与财务预测

4.1 公司估值的常见方法

估值，一个在商业领域中经常出现的词汇，对于每一个创业者和投资者都具有至关重要的意义。它是一个量化的过程，试图为某一个企业的价值贴上一个"标签"。然而，这个"标签"的背后，却蕴含着一系列复杂的分析、预测和判断。

公司估值并不是一个简单的数学运算，而是涉及深入的市场调研、财务分析、行业对比，以及未来趋势的预测。与此同时，不同的估值方法可能会得到不同的估值结果，每种方法都有其独特的应用场景和偏好。

那么，如何选择合适的估值方法？哪些因素可能影响到估值的准确性？这一节将会为你解答这些问题，引导你深入了解公司估值的核心概念和方法，使你能够更加自信地在商业领域中应用这一关键工具。

4.1.1 可比公司法

"可比公司法"（Comparable Company Analysis, 简称CCA），是公司估值中最常用的方法之一。这种方法的核心思想是，通过对同行业、相似规模和业务模型的上市公司进行分析，找出一个合适的估值倍数，进而估算目标公司的价值。

1. **方法概述**

可比公司法的操作相对直观，主要步骤如下：

（1）选择与目标公司相似的上市公司作为参考对象。

（2）选择合适的财务指标，如市盈率（Price-to-Earnings Ratio, PE）、市销率（Price-to-Sales Ratio, PS）、市净率（Price-to-Book Ratio, PB）等。

（3）计算参考上市公司的平均或中位数估值倍数。

（4）使用这些估值倍数应用到目标公司的对应财务数据，得出估值范围。

2. 适用场景

当有足够的与目标公司相似的上市公司数据时，可比公司法非常适用。它特别受到投资银行家和私募股权投资者的青睐，因为它为快速估值提供了一个参考框架。

3. 优势与限制

优势：可比公司法简单、快速，可以直观地反映市场当前对某个行业或细分市场的估值看法。

限制：找到真正可比的公司可能很困难，尤其是针对独特的、尚未有真正可比上市公司的业务模式或新兴行业。此外，由于股市的波动，上市公司的股价可能会受到非理性因素的影响，从而影响到估值倍数。

4. 实际操作建议

在使用可比公司法时，创业者和投资者都需要具备批判性思维。首先，选择真正可比的上市公司是关键。其次，需要考虑到上市公司的特有风险和机会，并对其进行适当的调整。最后，估值结果应当作为一个参考，而不是决策的唯一依据。

可比公司法为我们提供了一个快速、实用的工具，但其结果需要结合其他方法和实际情况进行综合判断。

这里需要对市盈率、市销率、市净率三个指标做解释：

市盈率、市销率和市净率是资本市场中最为常用的三种估值指标。它们为投资者提供了一个简便的方法，通过与其他同行业公司的比较，判断目标公司是否被高估或低估。

（1）市盈率

定义：市盈率等于公司的市值（或股票价格）除以其最近一年的净利润。公式表示为：

PE=市场股价/每股收益（EPS）

解读：

- PE值表示投资者愿意为公司每单位净利润支付的价格。例如，PE为15，意味着投资者愿意为每单位的净利润支付15元。
- 通常情况下，高PE可能意味着投资者对公司的未来增长持乐观态度，而低PE可能表示投资者对公司的前景持悲观态度。

注意事项：在同一行业内进行PE比较时较为有意义，但不同行业的PE可能由于盈利能力、增长前景和风险特性的差异而有所不同。

（2）市销率

定义：市销率等于公司的市值（或股票价格）除以其最近一年的销售额。公式表示为：

PS=市场股价/每股销售收入

解读：

- PS值表示投资者愿意为公司每单位销售额支付的价格。例如，PS为2，意味着投资者愿意为公司每单位的销售额支付2元。
- 对于那些尚未实现盈利但销售额增长迅速的公司，PS可能是一个更有意义的估值指标。

注意事项：与PE相同，PS比较适用于同一行业内的公司。

（3）市净率

定义：市净率等于公司的市值（或股票价格）除以其账面价值（股东权益）。公式表示为：

PB= 市场股价/每股账面价值

解读：

- PB值表示投资者愿意为公司每单位账面价值支付的价格。例如，PB为1.5，意味着投资者愿意为公司每单位的账面价值支付1.5元。
- PB对于资本密集型行业（如银行或房地产）的公司可能尤为相关，因为这些公司的价值在很大程度上由其账面资产决定。

注意事项：当公司的账面价值为负或接近零时，PB可能失去意义。

这三个估值指标为投资者提供了多种视角来评估公司的价值，但应当注意，单独使用任何一种估值方法都存在风险，投资决策应该基于对公司全面的分析和多种估值方法的综合应用。

4.1.2 可比交易法

在资本市场中，一家公司的估值通常不是孤立的。可比交易法，顾名思义，是基于与目标公司类似的其他公司或资产过去的交易来估算公司价值的方法。这种方法的核心思想是，如果我们知道类似的公司在并购交易中的估值，那么这些交易可以为目标公司提供有价值的估值参考。

基本步骤：

1. 选择可比交易：首先，需要找到与目标公司或资产性质、规模和地理位置相似的最近的交易。这需要大量的市场研究和数据访问。

2. 确定关键财务指标：对于每一笔交易，需要收集关于交易金额、公司的财务表现（如营收、EBITDA等）的信息。

3. 计算价值倍数：使用这些数据来计算一系列的价值倍数，例如交易价格与EBITDA的比率。

4. 应用倍数到目标公司：将上述倍数应用到目标公司的相应财务指标，从而得出其估值范围。

优点：

- 真实性：可比交易法基于真实的交易数据，因此它考虑了市场在某一特定时间对某种资产或业务的真实看法。
- 考虑市场情绪：这种方法捕捉到了市场的情绪和对某一行业或资产类别的短期看法。

局限性：

- 交易的独特性：并不是所有的交易都能为目标公司提供一个良好的参考点。有些交易可能由于独特的战略因素、并购双方的特殊情况或其他非经常性因素而产生偏高或偏低的估值。
- 数据可获取性：对于非上市公司或小规模交易，可能很难获得足够的交易数据。
- 过时的数据：由于资本市场和宏观经济环境的快速变化，过去的交易可能不再反映当前的市场状况。

可比交易法为我们提供了一种直观的方式来评估公司的价值，但它需要与其他估值方法相结合，以确保考虑到所有相关的因素。在应用此方法时，投资者和分析师应该保持谨慎，确保所选用的参考交易与目标公司具有足够的相似性。

4.1.3 现金流折现法

现金流折现法，通常被称为DCF，是一种在金融领域广泛使用的估值方法。它基于一个相对简单的原理：一家公司的价值是由其未来产生的现金流量决定的，这些现金流量需要按适当的折现率进行折现到今天。

基本步骤：

1. 预测未来现金流：分析公司的历史财务报表和业务计划，预测未来的自由现金流。

2. 选择合适的折现率：这通常是企业的权益成本或加权平均资本成本（WACC）。

3. 折现未来现金流：使用折现率将预测的未来现金流折现到现在。

4. 计算终值：在预测期结束后，公司可能会继续产生现金流。终值是预测期结束后公司永久产生现金流的现值。

5. 总价值的确定：将折现的自由现金流和终值相加，得到公司的总价值。

优点：

- 基于基本原理：现金流是公司价值的核心，DCF直接对其进行评估。

- 灵活性：可以通过调整不同的输入变量（如增长率、折现率等）来进行灵活的估值。

局限性：

- 对预测的依赖性高：如果对未来现金流的预测不准确，那么结果可能会有很大的偏差。

- 选择折现率的复杂性：确定一个正确的折现率是复杂的，它涉及对风险、增长和其他因素的评估。

- 可能过于理论化：由于它依赖于许多假设和预测，现金流折现法可能不如基于市场数据的估值方法那么实证。

在实际应用中，现金流折现法通常与其他估值方法相结合，以考虑多种可能的情景和假设。尽管存在不确定性，但当正确应用时，DCF可以提供深入的、基于原理的公司估值。

4.1.4 资产法

资产法是估值方法中的一种，它主要依赖于对公司资产和负债的估值。这种方法通常在以下情况中适用：公司主要由硬资产（如房地产、机械或设备）构成；或当公司面临财务困境，可能要进行清算或重组。

基本步骤：

1. 列出所有资产：这包括有形资产（例如土地、建筑、设备）和无形资产（例如品牌、专利、版权）。

2. 评估资产的公允价值：这可能需要专家的帮助，例如估价师或行业专家，来确定每项资产的市场价值。

3. 列出所有负债：包括短期和长期的负债。

4. 从总资产中减去总负债：这将给出公司的净资产值，也被称为股东权益。

优点：

- 简单明了：相对于其他方法，资产法直接评估公司的资产和负债，易于理解。
- 适用于特定情境：对于资产密集型的公司或面临财务问题的公司，这种方法可能更为准确。

局限性：

- 忽略了无形价值：这种方法可能忽略了公司的无形资产，如品牌价值、公司文化或客户关系。
- 可能低估价值：如果资产被低估或负债被高估，这种方法可能会低估公司的真实价值。

- 不适用于所有行业：对于技术、服务或其他非资产密集型的行业，这种方法可能不太适用。

在实际应用中，资产法常被用作一个辅助的估值工具，特别是在上述特定情境中。但为了得到一个更全面的公司估值，通常建议将它与其他估值方法结合使用。

第 4 章
公司估值与财务预测

4.2 创业企业财务预测

在创业的早期阶段,财务预测对于任何企业家都是一个至关重要的步骤。然而,对于许多创业者来说,这可能是一个令人生畏的任务,尤其是在缺乏财务背景的情况下。为什么财务预测对创业公司如此关键?

首先,财务预测可以为创业者提供一个清晰的蓝图,展示公司未来可能的收入、支出和盈利情况。它可以帮助企业家更好地了解他们的商业模型,发现可能的风险点,并据此制定相应的策略。

其次,对于希望获得外部投资的创业公司,一个详细而合理的财务预测是投资者所期待的。投资者希望看到企业对市场的深入了解,以及其财务规划的扎实性,以此来评估公司的成长潜力和风险。

那么,如何制定一个既准确又可信的财务预测?在本节中,我们将深入探讨制定创业企业财务预测的关键步骤、需要考虑的各种因素以及常见的陷阱。希望通过这些知识,能够帮助读者建立一个更为科学合理、透明和可执行的财务预测体系。

4.2.1 定好财务预测的时间序列

在制定财务预测时,一个关键的决策是确定预测的时间序列。这意味着,你需要决定预测的时间范围是多长,以及将这个范围分为多少个时间间隔。这些决策将直接影响你财务预测的详细程度和使用的数据。

确定预测的总时间范围:

- 短期:通常为1年。适用于初创企业或行业变化迅速的企业,因为它们面临的不确定性较大。
- 中期：通常为1—3年。适用于已经有一定经营历史，但仍在增长阶段的企业。
- 长期：通常为3—5年或更长。适用于成熟或稳定增长的企业。

选择时间间隔：
- 按月：提供详细的视图，尤其适用于需要密切关注现金流的初创企业。
- 按季：为企业提供季度业绩的整体趋势，常用于成熟企业或向外部投资者报告。
- 按年：提供一个宏观的视图，适用于长期规划或战略决策。

其他考虑因素：
- 行业标准：在某些行业，可能有一个标准的预测时间序列。确保你了解这些标准，并考虑它们在你的预测中的应用。
- 数据可用性：更短的时间间隔可能需要更多的数据来支持预测。确保你有足够的数据来支持你的预测时间序列。

定好财务预测的时间序列是制定预测的一个基础步骤。选择适当的时间范围和间隔可以确保你的预测既具体又有用。同时，这也会影响你所需的数据和预测的复杂度。因此，明智地选择，确保你的预测不仅准确，而且具有实用性。

4.2.2 收入预测

收入预测是财务预测的核心部分，因为它为企业提供了关于未来收入流的见解，这是所有其他财务决策的基础。对于初创企业而言，准确地预测收入尤为重要，因为它们通常面临更大的市场不确定性。

第 4 章
公司估值与财务预测

理解收入的来源：

- 产品销售：直接从商品或服务的销售中产生的收入。
- 订阅收入：定期（如每月或每年）为服务付费的客户所产生的收入。
- 授权和版税：通过许可、特许经营或品牌合作获得的收入。

建立收入模型：

- 历史数据：如果你的公司已经有销售记录，这些数据是建立预测的良好起点。
- 市场调查：了解潜在客户的意愿和支付能力。
- 销售渠道：不同的销售渠道（如在线、实体店或分销商）可能有不同的收入预测。
- 定价策略：任何计划中的价格更改都会直接影响收入预测。

考虑潜在风险与机会：

- 竞争：新的竞争者或现有竞争者的策略变化可能会影响你的收入预测。
- 市场趋势：经济增长放缓或行业特定的问题可能会影响销售。
- 创新和技术：新技术或产品创新可能会为你的公司带来新的收入来源。

持续更新与校准：

随着时间的推移，你会获得更多关于实际销售和市场反映的信息。定期回顾和调整你的收入预测至关重要。

收入预测不仅仅是关于数字。它需要对市场、客户和竞争的深入理解。对于初创企业，收入预测可能充满挑战，但通过持续的努力、市场调查和数据分析，可以建立一个准确和有用的预测模型，为公司的未来做好规划。

4.2.3 成本预测

成本预测与收入预测同等重要。一个成功的企业不仅需要知道预期的收入，还需要清楚其预期的支出。对初创企业来说，合理控制成本并预测可能的支出，对企业的生存和发展至关重要。

分类并识别成本：

- 固定成本：这些是企业不论生产多少产品或提供多少服务都需要支付的成本，例如租金和工资。

- 可变成本：这些成本会随着生产量的增加而增加，例如原材料和直接劳动。

- 半可变成本：这些成本在一定生产范围内保持恒定，但可能在某个点上发生变化，例如公用事业。

预测方法：

- 历史基础：使用过去的数据作为未来成本预测的基础。

- 零基预算：从零开始，为每一个预期支出项目重新预测。

- 估算：基于市场调查和供应商的报价来预估成本。

考虑潜在增长因素：

- 扩张和扩大生产：生产规模的扩大可能导致新的成本。

- 新技术或工艺：这可能会导致初步的资本支出，但长期可能节省成本。

- 政策和法规变化：例如，新的环境法规可能导致制造企业的成本增加。

预防意外支出：

预测不仅要考虑常规成本，还要考虑可能出现的突发事件或突然的支出。

持续更新与优化：

成本预测是一个持续的过程。随着企业的增长，定期回顾并根据实际情况调整成本预测是非常重要的。

对成本的准确预测能够帮助企业在财务上保持稳健，并确保资源得到最有效的利用。对于初创企业，控制成本和预测未来可能的支出是关键的，因为这有助于规避风险，确保公司能够持续发展并实现其长期目标。

4.2.4 费用预测

与成本紧密相关，但又与之区别的是企业的费用。费用预测涉及对企业运营中的其他开销的预估，例如市场营销、研发、行政管理等非直接生产相关的开销。对这些费用的精确预测对于维持良好的现金流和避免资金短缺至关重要。

费用分类：

- 运营费用：涉及日常运营的费用，例如工资、租金、公用事业和办公用品。
- 销售和市场营销费用：广告、促销活动、销售队伍的工资等。
- 研发费用：研究和开发新产品或服务的费用。
- 行政费用：管理和支持业务的费用，例如会计、法律和人力资源。

费用预测方法：

- 历史数据分析：基于过去的费用数据进行预测。
- 部门预算：让每个部门的经理提交他们的费用预测。
- 市场基准：参考同行业或市场上类似规模企业的费用标准。

预测频率：

- 季度预测：为了捕捉季节性变动。

- 年度预测：提供一个长期的视角和战略计划。
- 滚动预测：根据业务的实际表现，定期更新预测。

风险管理：

- 预留一定的费用作为突发事件或不确定事件的储备。
- 对外部因素，如经济下滑或突发事件，进行敏感性分析，以评估其对费用预测的影响。

与利润和损失的关系：

费用预测与预期的收入预测相结合，可以帮助企业预测利润或损失。

费用预测是创业企业财务计划的重要组成部分。一个准确的费用预测可以帮助企业做出明智的决策，确保资源的有效利用，并为未来的成功打下坚实的基础。

4.2.5　人员规模及人员费用预测

人员是任何创业公司的最宝贵资源。无论是技术、市场营销还是行政管理，员工都是实现企业目标的关键。因此，对人员规模及人员费用的预测至关重要。

人员规模预测：

- 部门分析：评估每个部门的工作量和任务来确定所需的人员数量。
- 业务增长：随着业务的扩张，评估新项目或产品线需要增加的人员。
- 技能需求：根据企业的技术或市场策略，预测特定技能和经验的需求。

人员费用预测：

- 薪资基准：参考行业薪资标准，考虑地域和经验因素。
- 福利与奖金：预测薪资以外的费用，如健康保险、退休金、年终奖等。
- 培训与发展：为员工提供的进一步教育和培训的费用。
- 招聘成本：广告、招聘机构费用以及面试相关费用。

人员费用与业务战略的关系：

- 灵活性策略：在不确定的初创阶段，考虑采用临时员工或外包来保持灵活性。
- 长期扩展：随着业务的稳定增长，考虑增加全职员工，特别是关键职位。

风险考量：

- 员工流动性：预测员工流动性可能导致的额外费用，如招聘和培训新员工。
- 市场变化：行业薪资标准的变动可能影响人员费用预测。

预测人员规模和人员费用是确保企业健康发展的关键。合理的人员策略可以帮助企业在竞争激烈的市场中取得优势，同时确保资源得到最有效的利用。

4.2.6 固定资产投资预测

固定资产投资在企业的财务计划中占据着重要的位置，尤其是对于需要大量硬件、设备，或其他实物资产的公司。这部分投资常常需要巨大的初期支出，但也是确保业务运行顺畅、扩张和增长的基石。

固定资产的定义：

- 固定资产通常是长期使用，并用于生产、出租或经营目的的有形资产，如土地、建筑、机器、办公设备等。

固定资产的需求分析：

- 规模和生产能力：确定所需的生产规模，从而估计所需的设备、工厂或其他硬件的数量和种类。
- 技术进步：对新技术或更新的设备进行投资，以提高生产效率或降低生产成本。
- 地点与地理位置：选择合适的地点可能需要购买土地或建筑，或进行租赁。

固定资产的成本预测：

- 购买或租赁：比较购买和租赁的长期成本，决定哪种方法更有经济效益。
- 维护与更新：预测设备、建筑或其他固定资产的维护、修理和更新成本。
- 折旧：根据固定资产的使用寿命预测每年的折旧费用。

资金来源考量：

- 自有资金：使用公司的积累利润进行投资。
- 融资：考虑银行贷款、出售股票或其他融资方式。
- 政府补贴或税收优惠：查找可能适用于固定资产购买的政府补贴或税收优惠政策。

风险分析：

- 技术过时：新技术的快速发展可能使固定资产过时或降低其价值。
- 市场变化：市场需求的变化可能导致某些固定资产过剩或短缺。

对固定资产投资进行精确预测是财务计划的关键。考虑其长期影

第 4 章
公司估值与财务预测

响、可能的风险和机会，以及如何最有效地利用有限的资源，都是每个创业者在筹资时必须面对的问题。

4.2.7 税赋预测

税务，作为任何企业的财务结构中不可或缺的一部分，对于初创企业而言更是如此。正确理解和预测税赋不仅可以帮助企业合法遵守规定，而且能确保在税务筹划中实现最大的经济效益。

税赋基本概念：

- 税赋是指企业因其运营活动而向政府支付的金额，通常基于利润、销售额、资产或其他相关标准。

主要税种及计算：

- 所得税：基于企业所得的税，通常按照年度利润计算。
- 增值税或销售税：基于产品或服务销售的税款。
- 关税和进口税：适用于进口商品或原材料。
- 财产税：基于企业拥有或使用的物业。

税务筹划：

- 利用合法的税务优惠和减免，如研发补贴、初创企业优惠等。
- 避免重复税赋和不必要的罚款。

税务风险管理：

- 保持与税务咨询师和会计师的紧密联系，确保及时了解和遵守税务法规的变化。
- 考虑建立内部税务团队或聘请外部税务顾问，以确保税务合规。

税赋预测的重要性：

- 确保资金流的稳定性和企业的长期生存。

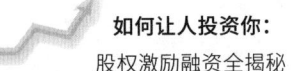

- 避免因税务问题而面临的法律诉讼或罚款。
- 增强投资者和利益相关者的信任。

税务筹划和预测不仅仅是财务活动，更是企业战略的一部分。正确地预测和管理税赋可以为企业创造经济价值，同时也确保了企业的合法运营。对于创业企业而言，这是一个重要的学习和成长过程，需要足够的注意和资源投入。

4.2.8 预测损益表

损益表，也称为利润表或收入表，是描述公司在一定时期内财务业绩的主要财务报表。对于初创企业来说，损益表预测不仅能够帮助管理团队了解未来的财务表现，还能为外部投资者和利益相关者提供重要的决策信息。

损益表的基本结构：

- 收入：所有来自销售产品或提供服务的收入。
- 成本：与生产或销售相关的直接成本。
- 费用：运营业务的间接费用，如销售和管理费用。
- 税前利润：从收入中减去所有成本和费用后的金额。
- 税项：根据税赋预测计算的应付税款。
- 净利润：税前利润减去税项后的净额。

预测方法：

- 历史数据法：使用过去的财务数据作为基础，调整预期的增长或变化。
- 增长率法：基于行业趋势或市场研究，预测收入、成本和费用的增长率。
- 零基预算法：从零开始预测每一项收入和支出，尤其适用于新业务或新市场。

注意事项：

- 保持预测的保守性。避免过于乐观的估计，否则可能导致资源短缺或现金流困境。
- 定期修正预测。随着时间的推移，企业可能会获得新的数据和信息，这应该反映在损益表预测上。
- 考虑外部因素。如经济周期、行业动态或竞争对手的策略可能会影响你的预测。

与其他财务报表的关联：

- 预测损益表与现金流量表、资产负债表息息相关。例如，预测的收入会影响现金流，而净利润会影响所有者权益。

为初创企业编制预测损益表是一项复杂但至关重要的任务。它提供了企业未来财务表现的清晰视图，并为决策提供了有力的支持。通过准确、透明且保守的预测，初创企业可以更好地吸引投资、管理风险并制定长期战略。

4.2.9 预测损益表评估

完成损益表预测后，评估其可靠性和准确性成为创业团队和投资者的首要任务。预测的目的不仅仅是得出一个数字，更重要的是要确保这些数字能够为企业带来实际价值，并为未来决策提供指导。

关键评估标准：

- 合理性：预测的数据是否基于实际的市场调查、历史数据和行业趋势？
- 完整性：预测是否涵盖了所有相关的收入和支出来源？
- 透明性：是否清晰地列出了所有的假设和来源？

常见的评估工具与方法：

- 敏感性分析：通过改变某些关键参数（如售价、成本、销量等）来评估其对净利润的影响。

- 对比实际业绩：随着时间的推移，将实际业绩与预测进行对比，以验证预测的准确性。

- 外部专家审查：请行业专家或财务顾问对预测进行审核，以获取第三方的意见。

为何评估是关键：

- 风险管理：了解预测中的不确定性和偏差，帮助企业做出风险备忘和应急计划。

- 建立信任：一个经过精心评估的财务预测能增强外部投资者和合作伙伴的信心。

- 持续改进：评估不仅提供了一个检验预测准确性的机会，还为未来的预测提供了有价值的经验教训。

预测损益表评估不仅是对数字的检查，更是对企业战略、市场理解和管理团队能力的验证。只有经过严格评估的预测，才能真正发挥其在决策和资源配置中的价值，并确保创业企业在充满不确定性的创业之路上稳步前行。

第 4 章
公司估值与财务预测

4.3 风险投资在估值谈判中的逻辑

企业估值是一个复杂而又关键的领域,特别是在风险资本(Venture Capital)的环境下。当初创团队和风险投资者坐下来讨论融资时,估值经常是最敏感和具有争议的议题。对于创业者来说,他们的公司就像是自己的孩子,他们希望得到尽可能高的估值;而对于风险投资来说,他们希望以合理的价格进入,确保投资回报和降低风险。

但风险投资在估值谈判中的逻辑不仅仅是找一个合适的数字。他们在背后有一套复杂的方法和理论来指导他们的决策。这套逻辑涉及多个层面,包括公司的潜在增长、市场的风险、投资的回报以及与其他投资机会的比较。

在这一节中,我们将深入探讨风险投资在估值谈判中的逻辑、他们的考量因素以及其对初创团队的意义。了解这些逻辑,不仅可以帮助创业者更好地准备谈判,还可以确保双方在谈判桌上能够达成一个双赢的结果。

4.3.1 风险投资最常修正创业者的估值误解——企业价值≠权益加总

在与创业者的估值谈判中,风险投资家(Venture Capitalists)经常遇到一个共同的误区:创业者认为他们的企业价值等于其所有权益的加总。这种观点,虽然看似直观,但实际上有些片面。风险投资在估值过程中会对这个观点进行修正,以确保投资决策的合理性。

1. 权益加总的陷阱

当创业者在评估自己公司的价值时，他们经常将手中的所有资产（如资金、设备、技术、固定资产等）进行加总，以此作为公司的估值。然而，这种方法忽略了公司的负债、未来的现金流和其他潜在的风险因素。

2. 企业价值的真正构成

企业的真正价值是基于其未来能够产生的现金流，以及这些现金流的现值。这涉及对公司的未来盈利能力、增长潜力、行业风险、管理团队能力等多个因素的综合考虑。此外，企业价值还包括了企业的非物质资产，如品牌、技术、市场份额、客户关系等。

3. 风险投资的修正

风险投资在估值时，会对创业者的权益加总进行修正。首先，他们会考虑到公司的负债，因为这些负债在未来可能会影响公司的现金流。其次，他们会进行风险调整，根据公司的业务模型、市场、竞争态势等因素，给企业的未来现金流打上折扣。最后，风险投资还会考虑到其他潜在的投资机会，以确保他们的投资可以获得合理的回报。

对于创业者来说，理解企业价值并不等于权益加总是非常重要的。这不仅可以帮助他们更准确地评估自己的公司，还可以在与风险投资的谈判中避免不必要的争执和误解。

案例：智慧健身权益加总之误解

（案例是虚构的，旨在帮助解释和阐明前文所描述的内容。）

智慧健身是一家初创的健身器材公司，专注于研发与智能设备相结合的健身器材。在寻求风险投资时，创始人李先生对公司进行了初步估值，其中包括了公司拥有的专利、研发中的新产品、已经购置的器材和现有的客户数据。基于这些权益，李先生给出了一个1亿元人民币的估值。

然而，当他与风险投资公司光明资本进行谈判时，遭到了质疑。

风险投资的质疑

首先，光明资本的投资经理张女士指出，智慧健身目前还存在较大的负债，包括供应商的货款、租金和员工工资。这些负债在未来都会影响公司的现金流。

其次，张女士也提到，尽管智慧健身有很好的技术和产品，但市场上类似的竞争对手也很多，这将对公司的未来收益产生不小的影响。

最后，张女士还表示，作为风险投资，光明资本需要确保投资能够获得合理的回报，因此需要对智慧健身的未来现金流进行风险调整。

双方的妥协

经过一番讨论，李先生意识到了自己在估值时的盲点。他重新评估了公司的价值，考虑到了负债、市场风险和其他潜在的风险因素。最终，双方达成了一个7500万元人民币的估值。

结论

此案例再次说明，对于创业者来说，单纯依赖权益加总来评估公司价值可能会导致估值偏高。与风险投资进行估值谈判时，创业者需要全面考虑公司的各种因素，以确保估值的合理性。

4.3.2　风险投资估值的最基本前提——投资回报倍数

风险投资的核心在于风险和回报的平衡。投资创业公司是一种高风险的投资行为，因为大部分初创公司在成立初期都面临很多不确定性。为了补偿这种风险，风险投资通常期望获得的回报要远远高于传统投资。

1. 投资回报倍数的含义

所谓的投资回报倍数，是指风险投资投资后期望从一个项目中获取的总回报与其初始投资金额的比值。例如，如果一家风险投资投资了100万元，并期望在5年后的某次融资或退出时获得500万元的回报，那么这家风险投资的投资回报倍数就是5倍。

2. 为何风险投资重视投资回报倍数

（1）高失败率：根据统计，多数创业公司在5年内会失败。风险投资需要确保成功的少数投资能够补偿大部分的失败投资，从而获得整体的正回报。

（2）时间价值：钱的时间价值是金融的基本概念。简单地说，现在拥有的钱比未来拥有的钱更有价值。因此，风险投资需要在一定的时间内获得足够的回报，以补偿其机会成本。

（3）与LP的承诺：风险投资通常会从有限合伙人（Limited Partners，简称LP）那里筹集资金。为了吸引LP，风险投资通常需要承诺一定的回报率。因此，他们需要确保其投资组合能够达到这一预期回报。

当创业者与风险投资进行估值谈判时，应该了解风险投资的投资回报倍数预期。这可以帮助创业者更好地理解风险投资的估值逻辑，从而进行更有针对性的谈判。

案例：AlphaTech 与 Horizon Ventures 的投资回报倍数之谜
（案例是虚构的，旨在帮助解释和阐明前文所描述的内容。）

背景

AlphaTech是一家初创的人工智能软件公司，他们研发的软件可以帮助制造业提高生产效率。公司运营了18个月后，在成功为3家制造企业提供解决方案后，AlphaTech决定进行A轮融资，扩大市场规模。Horizon Ventures是一家着眼于科技行业的风险投资机构，对AlphaTech的技术非常感兴趣。

谈判初期

AlphaTech根据市场潜力和已取得的成功，提出一个2000万元人民币的估值，并寻求500万元人民币的投资。但Horizon Ventures的估值仅为1200万元人民币。AlphaTech困惑于这差异，并寻求其背后的原因。

Horizon Ventures的考量

（1）投资风险：虽然AlphaTech已为3家企业提供了成功的解决方案，但AI领域充满了竞争，Horizon Ventures认为AlphaTech还需经过多次的市场验证。

（2）投资回报倍数：Horizon Ventures的目标是在5年内获得至少4倍的投资回报。投资500万元意味着他们预计5年后至少可以获得2000万元的回报。

（3）未来融资预期：Horizon Ventures预计AlphaTech在未来可能需要进一步的融资。为避免过多的股权稀释，他们在当前轮次需要一个更低的估值。

（4）最终协商：了解了Horizon Ventures的逻辑后，AlphaTech意识到只有持续增长和验证市场，才能在未来的融资中获得更高的估值。双方经过多轮的深入讨论，最终确定了1500万元的估值，并成功完成了A轮融资。

这个案例揭示了为什么风险投资在投资谈判中的估值经常低于创业者的期望，并突显了对投资回报倍数的关注对风险投资来说有多么重要。

4.3.3　风险投资在估值时常给创业者挖的陷阱——期权设置

在创业融资的众多环节中，期权设置是一个对于创业者来说既重要又复杂的问题。一方面，期权可以作为一种激励手段，帮助企业吸引并留住关键人才；另一方面，如果创业者在谈判中对期权设置的条款和细节不够清楚或者没有充分准备，就很可能遭遇到投资人设定的陷阱，导致创始团队的股权被稀释，进一步削弱创始人在公司中的话语权。

1. 期权池的建立与扩大

当风险投资进入公司，他们通常会提议建立一个期权池。这个池子里的期权通常用于激励员工，特别是高级管理团队。但是，建立期权池意味着公司的总股份将会增加，这直接导致创始人和早期投资者的股份被稀释。

2. 前置期权池稀释

一些风险投资在投资前就会要求对现有股东进行稀释，来建立或扩大期权池。这样做的原因是确保他们购买的股份在未来不会受到太大稀释。对于创业者来说，这是一个需要高度关注的陷阱，因为它可能会让创始团队失去更多的股权。

3. 期权的行使价格

行使价格是员工购买公司股票的价格。风险投资有时会提议将行使价格设置得相对较高，从而确保他们的投资更有价值。如果行使价格过高，员工可能会觉得期权没有吸引力，从而降低期权的激励作用。

4. 加速条款的设定

在某些情况下，如公司被收购或上市，期权的行使可能会被"加速"，允许员工在正常的行使窗口之前行使他们的期权。投资者有时会提议取消或修改这些条款，从而确保他们的投资回报最大化。

对于创业者来说，理解并熟悉期权的各个方面是至关重要的。当与风险投资进行谈判时，创业者需要确保他们充分了解期权设置的细节和后果，以防止自己陷入投资者可能设下的陷阱中。这需要创业者既要有坚定的立场，又要具备灵活的谈判策略，确保自己和团队的利益得到最大程度的保障。

案例：BlueTech 公司与 Vanguard Capital 的期权谈判

（案例是虚构的，旨在帮助解释和阐明前文所描述的内容。）

BlueTech是一个初创的科技公司，专注于人工智能解决方案。公司成立仅两年，但凭借其突破性的技术，已经吸引了大量客户。创始人Alex和他的团队决定加速产品研发和市场扩张，这就需要更多的资金投入，于是他们开始寻找风险投资。

Vanguard Capital是一家知名的风险投资公司，对BlueTech展现出了浓厚的兴趣。双方开始了融资谈判。在多轮谈判后，Vanguard提出要求：在投资之前，要求BlueTech建立一个占公司总股份20%的期权池。这意味着现有股东，包括Alex和他的团队，都将面临股权的稀释。

Alex并不反对建立期权池，因为他也认为这是激励关键员工的有效方式。但他对Vanguard提出的比例感到担忧。经过内部讨论，团队决定尝试与Vanguard重新谈判，希望将期权池的比例降低至8%。

双方坐下来详细讨论了期权池的设定。Alex强调，稀释过多的股权将对创始团队的士气造成影响，可能会损害公司的长期利益。另外，他还提到，设定过大的期权池可能会让未来的员工觉得公司缺乏对他们的信任和认可。

Vanguard的代表则表示，他们的初衷是确保BlueTech能够吸引到最

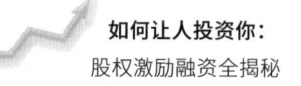

优秀的人才。而一个充足的期权池是确保这一点的关键。经过多轮的讨论和谈判，最终双方达成了一个折中的协议：期权池的比例定为12%，但Vanguard将对其投资金额增加10%。

这个案例展示了，在与风险投资的估值谈判中，期权设置不仅仅是一个数字游戏，还涉及公司文化、团队动力和长期战略。作为创业者，需要明确自己的底线和优先事项，但也要展现出足够的灵活性，确保在达成协议的同时，公司的核心利益得到保障。

4.3.4 估值分歧的解决——对赌条款

对于风险投资者和创业者之间的估值谈判，常常因为对公司未来前景的不同看法而产生分歧。这种分歧可能会导致双方陷入僵局，进而影响到投资的达成。为了解决这种估值的分歧，双方经常采取一种称为"对赌条款"的策略。

1. 什么是对赌条款

对赌条款是指在投资协议中，双方约定在某个时间点，按照预先设定的业绩指标，来确定公司的估值或调整双方的股权比例。简单来说，如果公司在规定的时间内实现了约定的业绩目标，那么投资者会按照更高的估值或更低的股权比例进行投资。反之，如果公司未能实现业绩目标，投资者则会按照更低的估值或更高的股权比例进行投资。

2. 对赌条款的意义

- 保障风险投资者的利益：风险投资者通常希望确保自己的投资能够得到足够的回报。通过对赌条款，投资者可以确保自己在公司未能达到业绩预期时，能够获得更多的股权补偿。
- 激励创业者：对于创业者来说，对赌条款可以被视为一个挑战和机会。如果公司能够实现预定的业绩目标，创业者不仅可以维持自己的股权比例，还可能获得投资者额外的资金支持。

- 缩小估值分歧：对赌条款提供了一个实际的方式来解决双方在估值上的分歧。通过业绩目标的设定，双方都有机会证明自己的观点是正确的。

3. **对赌条款的注意事项**

- 明确的业绩指标：业绩指标应该是清晰、可衡量的，避免由模糊不清导致的争议。

- 合理的期限设定：对赌的期限应该给予创业公司足够的时间去实现业绩目标，但也不应过长，以确保投资者的权益不被长时间悬挂。

- 保障条款：为了确保公平，应该为双方设定相应的保障条款，如公司在对赌期间出现重大负面事件，投资者应有权重新谈判或退出。

总之，对赌条款是风险投资和创业者在估值谈判中的一种常用策略，但双方都应谨慎对待，确保条款的设定既能激励创业者，又能保障投资者的权益。

案例：蓝天科技与天使资本的对赌合约

（案例是虚构的，旨在帮助解释和阐明前文所描述的内容。）

背景

蓝天科技是一家专注于清洁能源解决方案的初创公司。在公司成立的第二年，其技术已经取得了一些初步的突破，吸引了天使资本的注意。天使资本是一家有经验的风险投资公司，对清洁能源领域有着丰富的投资经验。

问题

天使资本对蓝天科技的技术持乐观态度，但双方在公司的估值上存在较大分歧。蓝天科技基于其技术突破和市场潜力，希望得到一个较高的估值。而天使资本则认为，由于公司尚未实现商业化，存在较大的不确定性，因此不应给予过高的估值。

对赌方案

为了解决这一分歧，双方经过多轮谈判，决定采用对赌条款来达成共识。具体条款如下：

（1）业绩目标：蓝天科技需在未来两年内与至少3家大型企业签订合作协议，并实现年收入超过1000万元人民币。

（2）估值调整：

- 若蓝天科技在规定时间内实现了上述业绩目标，天使资本将按照蓝天科技期望的估值进行投资，并且不再额外获得公司的股权。
- 若蓝天科技未能实现上述业绩目标，天使资本有权按照其原始估值进行投资，并额外获得10%的公司股权。

结果

这一对赌条款成功地促使蓝天科技与几家大型企业展开了合作谈判，并在规定时间内成功签订了合作协议。最终，天使资本按照蓝天科技期望的估值进行了投资。

结论

这个案例展示了对赌条款如何为双方提供了一个公平、有激励的解决方案。蓝天科技得到了一个机会来证明自己的价值，而天使资本也确保了自己的投资不会因为公司未来可能的不良表现而受损。

第 5 章

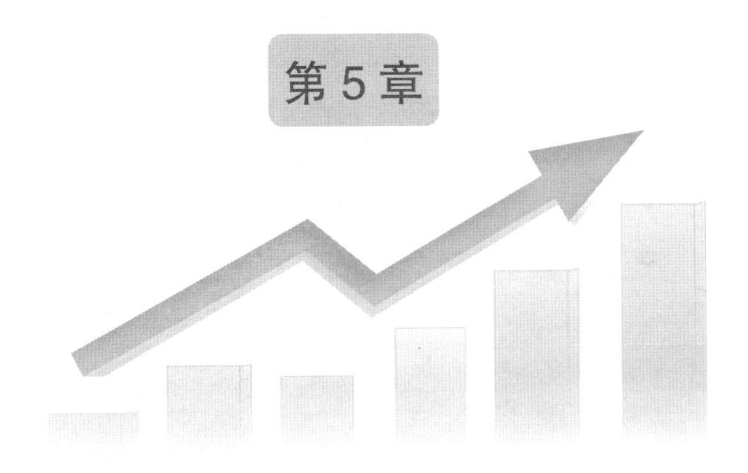

投资条款如何谈判

投资条款，通常在一份文档中简称为"Term Sheet"，是创业者与投资者之间的合作关系的基石。它并不是一份具有法律效力的正式合同，但它为双方如何达成正式的投资协议提供了一个框架和指南。简而言之，这是双方关系的初步描绘，概述了投资的基本条件和条款。

在创业的早期阶段，对于许多初创企业创始人来说，与投资者的谈判可能是他们首次接触到的复杂的商业交易。不仅如此，Term Sheet的内容和条款可能会对公司的未来和创始团队的命运产生深远的影响。因此，了解这些条款、它们的意义以及如何谈判是至关重要的。

本章将指导您深入了解Term Sheet的各个方面，揭示其中的各种陷阱和挑战，并提供实用的策略，帮助您与投资者达成最有利于您的协议。我们将开始探讨Term Sheet的基本结构和常见条款，然后讨论如何有效地进行谈判，并分享一些策略和案例。

第 5 章
投资条款如何谈判

5.1 清算优先权

当我们提到"清算优先权",许多创业者可能会有些模糊。然而,这是投资条款中最核心也是最重要的部分之一。简而言之,清算优先权决定了在公司清算、出售或上市时,投资者和股东如何分配公司的资产或收益。

为什么这么重要?因为这关系到每位股东和投资者在公司最终成功或失败时能够获得的回报。而对于投资者而言,这是他们保障自己投资的主要手段,确保在某些情况下,他们可以优先于其他股东获得回报。

但这并不意味着清算优先权对创业者不利。恰恰相反,正确地理解和谈判这一条款,可以帮助创业者在资金筹集时获得更好的条件,同时确保公司未来的成功不会受到不合理的条款束缚。

本节将深入解析清算优先权的含义、运作机制以及其对创业者和投资者的影响。同时,我们还会分享如何成功地谈判这一关键条款,以确保双方的利益都能得到保障。

5.1.1 什么是清算优先权

清算优先权是投资条款中的一个重要组成部分,尤其对于风险投资者而言。这一权益确保了在公司的某些特定事件(如清算、出售、合并或上市)发生时,特定的投资者可以优先于其他股东获得资产或收益的分配。

从字面上看,清算优先权似乎只涉及公司清算时的资产分配问题。

但实际上，该条款在公司进行重大资产出售、合并、收购或其他可能影响股东权益的事件时都可能发挥作用。

那么，为什么投资者会要求设立清算优先权呢？

答案很简单：风险和保护。投资早期创业公司本身就充满风险，许多公司可能最终无法实现预期的利润或增长，甚至可能面临失败。在这种情况下，清算优先权为投资者提供了一层保障，确保他们在某些不利情况下，能够优先回收部分或全部的投资。

具体来说，清算优先权通常以倍数的形式表现，例如"一倍清算优先权"。这意味着，在公司进行资产分配之前，持有清算优先权的投资者首先获得等于其原始投资金额的一倍的资产或收益。只有在这部分资产被分配完成后，剩余的资产才会按照其他的分配方式（例如根据股份比例）分配给其他股东。

此外，清算优先权可能还包括"参与式"和"非参与式"两种形式，这两种形式在资产分配上有所不同，但都能为投资者提供额外的保护。

总的来说，清算优先权是风险投资中常见的一种保护措施，它帮助降低投资者的风险，同时确保创业者与投资者能够在公平的基础上分享公司的收益。

1. 不参与分配清算优先权

不参与分配清算优先权（Non-participating Liquidation Preference）是清算优先权中的一种常见形式。它的特点在于，持有这种权利的投资者在清算事件发生时会优先于其他股东获得回报，但这种优先权只限于其原始投资的一定倍数，通常为一倍。一旦他们获得了预定倍数的回报，任何额外的剩余资产或利润都将根据各股东的股权比例进行分配。

让我们通过一个简单的例子来详细解释不参与分配清算优先权的工

作机制：

假设一个投资者在A公司中投资了100万元人民币，并获得了1倍的不参与分配清算优先权。后来，A公司被另一家公司以400万元人民币的价格收购。根据不参与分配清算优先权的条款，投资者首先会得到100万元人民币（即其原始投资的1倍）。剩余的300万元人民币将按照所有股东的股权比例进行分配。

但是，如果A公司被收购的价格只有50万元人民币，那么投资者将获得所有50万元人民币，因为这仍然低于其原始投资的一倍回报。

这种优先权设计的初衷是为了确保在公司未能获得预期回报的情况下，投资者可以最大程度减少损失。与此同时，它也鼓励创业者努力创业，因为只有在投资者获得了预期回报之后，他们才能从公司的增值中受益。

在谈判中，不参与分配清算优先权往往是投资者和创业者都可以接受的一个中间地带。因为它既给予了投资者一定的风险保障，又保留了创业者在公司增值时获得更大回报的机会。

2. 完全参与分配清算优先权

完全参与分配的清算优先权（Full-participating Liquidation Preference）是另一种常见的清算优先权类型，其核心特点在于，持有此类优先权的投资者在清算事件发生时不仅会首先获得其投资的预定倍数回报，而且在这之后，他们还能按照其股权比例与其他股东共享剩余的清算所得。

以下用一个简单的例子来说明完全参与分配清算优先权的工作原理：

假设一个投资者在B公司投资了100万元人民币，持有10%的股份，并获得了一倍的完全参与分配清算优先权。如果B公司后来被收购，总价为500万元人民币。首先，投资者会基于其清算优先权获得100万元人民币（其投资的1倍）。然后，剩下的400万元人民币将根据股东的股权比例进行分配，其中，投资者可以再获得40万元人民币（即400万元人民币的10%）。总计，投资者将从此次收购中获得140万元人民币的回报。

相较于不参与分配清算优先权，完全参与分配的模式为投资者提供了更高的潜在回报，但这也可能导致创业者和其他股东在清算时获得的份额减少。这种条款可能在投资者对公司的前景持有高度信心时被提出，或者在投资环境竞争激烈时被使用，以吸引投资者的资金。

然而，对于创业者来说，这一条款可能在长远的谈判中成为一个讨价还价的点。如果投资者坚持要求完全参与分配的权利，创业者可能会要求提高公司的估值或其他优惠条件，以平衡这一额外的回报风险。

在实际的投资交易中，完全参与分配清算优先权并不总是出现，但当它出现时，双方都需要仔细权衡其潜在的回报与风险。

3. 附上限参与分配清算优先权

附上限参与分配清算优先权（Capped-participating Liquidation Preference）是完全参与分配和不参与分配两种类型之间的一种中间形态。在这种模式下，投资者在清算事件发生时首先享有基于其清算优先权的回报，然后再按照其股权比例参与分配剩余的清算所得，但这种参与分配是有上限的。

具体来说，该上限一般是投资者的初始投资金额的某个倍数，例如2倍或3倍。一旦达到这个上限，投资者将不再享有超出这一额度的清算所得。

举个例子来进一步阐述：假设一个投资者向公司A投资了100万元人民币，持有10%的股份，并获得了二倍上限的附上限参与分配清算优先权。若公司A被收购，收购金额为2000万元人民币。首先，投资者会从其清算优先权获得100万元人民币的回报。之后的1900万元人民币会按股权比例进行分配，但由于上限是200万元人民币（投资的2倍），所以投资者最多只能再获得100万元人民币。这意味着，即使按照10%的股权计算，投资者本应再获得190万元人民币，但由于上限的存在，他只能再得到100万元人民币。

附上限参与分配清算优先权为创业者和投资者提供了一个平衡，既能保障投资者的利益，又能避免创业者和其他股东在某些情况下收益被过度稀释。对于投资者而言，这种条款意味着他们能在投资初期获得更高的保障，但也放弃了在公司极度成功的情况下获取超额回报的机会。对于创业者，这意味着在公司表现出色时，他们能获得更多的回报，而不必过多担心投资者的特权。

在实践中，附上限参与分配清算优先权可以被视为一个折中的选择，有助于平衡双方在谈判桌上的关系，为达成协议创造有利条件。

5.1.2 清算优先权激活：清算事件

清算优先权，作为投资者用以保护其投资的重要条款，不会随时被激活。它的触发是基于一系列预定义的事件，这些事件通常被称为"清算事件"（Liquidation Event）。了解和定义清算事件对于创业者和投资者都至关重要，因为它决定了何时投资者可以行使其清算优先权。

那么什么是清算事件呢？清算事件是指企业经历的一系列特定的事务或情境，使得公司的所有者能够获取其投资的回报。这些事件可能因为投资者和创业者在投资条款中的协议而有所不同，但通常包括以下几种情形：

- 公司被收购：当公司被另一家公司收购或合并，并且作为独立实体停止存在时。

- 公司上市：公司进行首次公开募股（IPO）并在公开市场上交易。

- 公司清算或解散：由于财务困难或其他原因，公司决定解散并出售其资产。

- 公司资产出售：公司出售其关键资产或业务部门，可能会导致公司无法继续作为一个独立运营的实体。

为何定义清算事件如此重要？清晰、明确地定义清算事件为双方（即创业者和投资者）提供了预期的确定性。在可能的清算事件发生时，创业者和其他股东会明确知道投资者的权益和期望，这有助于防止未来的争议和纠纷。

对于投资者而言，清晰的清算事件定义提供了投资的保障，确保他们能在特定情况下获取预期的回报。而对于创业者，明确的定义可以确保在非清算事件下，他们不必担心投资者过早行使其清算优先权。

我们应该如何谈判清算事件？当谈判清算事件时，创业者应尽量确保清算事件的定义尽可能狭窄，以避免过多触发情况。而投资者则可能会寻求更广泛的定义，以确保多种情境下的投资保障。

为了达到双方的平衡点，通常需要对各种可能的清算事件进行细致的探讨和谈判。此外，某些特定的情境，如部分资产的出售，可能需要进一步明确，以确保双方对于何为清算事件有共同的理解。

总之，清算事件的定义与谈判是投资条款中的关键组成部分，需要双方充分探讨、理解和协商，确保在未来的公司运营中，双方的利益都得到妥善保障。

5.1.3 清算优先权背后的逻辑

清算优先权是早期投资条款中的核心组成部分，它的存在并不是随意的，而是基于一系列理由和投资逻辑。深入理解这些逻辑对于帮助创业者在与投资者的谈判中至关重要。本节将深入探讨清算优先权背后的核心逻辑和目的。

第一，投资风险的对冲。

风险与回报是投资的两个核心面。创业投资，尤其是在早期，是非常高风险的。许多初创企业不会成功，而投资者可能会损失他们的全部投资。清算优先权为投资者提供了一种方式来对冲这种风险，确保在公司清算或出售的情况下，他们首先从公司资产或出售收益中获得回报。

第二，保护较早阶段的投资者。

随着公司成长，可能会有多轮融资。在后续融资中进入的投资者可能会有更好的条款和更低的风险，因为公司此时已经证明了自己的模型或已经取得了一定的市场份额。清算优先权确保了早期投资者在公司清算或被收购时，其投资优先于后来的投资者获得回报。

第三，增强谈判地位。

在公司需要进一步筹资或考虑出售时，清算优先权为早期投资者提供了更强的谈判地位。例如，他们可能要求更高的出售价格，因为他们知道在低于某一价格出售的情况下，其他股东可能什么都得不到。

第四，创业者与投资者的动机一致。

清算优先权也确保创业者和投资者的利益是一致的。当存在清算优先权时，创业者将更加努力地推动公司的增长和成功，因为他们知道，只有在投资者获得其投资回报后，他们才能从公司的成功中受益。

清算优先权背后的逻辑不仅是为了保护投资者，而且在许多情况下，也确保了创业者与投资者的利益一致。了解这些逻辑有助于创业者更好地与投资者交流和谈判，找到双方都能接受的投资条款。

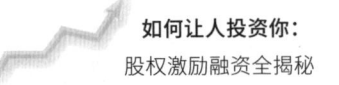

5.1.4　创业者如何全面理解清算优先权

清算优先权是风险投资投资中的关键条款之一，对于创业者而言，正确地解读并理解其背后的逻辑对于谈判和公司的未来方向至关重要。下面我们将从四个维度深入剖析这一条款，帮助创业者更全面地理解其意义与影响。

1. 优先权是债权还是权益

清算优先权看似是投资者的权益，但在实际操作中更接近于债权。这是因为在公司清算或出售时，投资者基于清算优先权的条款，首先获得其投资的回报，这与债权人在清算时优先获得偿还的原则相似。然而，与传统的债务不同，清算优先权并不保证固定的回报率，它的回报取决于公司的实际销售价值或其资产的价值。

2. 投资人与创业者存在退出利益不一致

尽管清算优先权确保了投资者的优先回报，但这并不意味着投资者和创业者的利益总是一致的。例如，投资者可能更倾向于在某一价格将公司出售，以确保其投资的回报，而创业者可能认为继续运营或等待更高的出售价格更有利于公司的长远利益。

3. 投资人要求清算优先倍数的动因

清算优先倍数是指投资者在公司清算或出售时，要求回收的资金是其原始投资的几倍。这个倍数的设置通常反映了投资者对项目的风险评估。较高的清算优先倍数可能意味着投资者认为项目风险较大，需要更高的回报来平衡这一风险。对于创业者而言，了解这一动因有助于评估投资者的真实意图和风险承受能力。

4. 深入研究并与投资人谈判

对于创业者而言，仅仅了解清算优先权的定义和种类是不够的。他们需要深入研究该条款的具体细节，了解其对公司未来的潜在影响，并在与投资者的谈判中，为公司争取到最有利的条件。这可能包括降低清算优先倍数、修改清算事件的定义或其他与清算优先权相关的条款。

清算优先权是风险投资投资中的重要条款，创业者需要全面理解其背后的逻辑和影响，这有助于他们在与投资者的谈判中获得更好的条款，确保公司的长远发展。

5.1.5 后续融资的清算优先权

随着公司发展，许多初创企业会面临多轮融资的需求。在这一过程中，后续轮次的投资者可能会提出与之前轮次不同的投资条款。其中，清算优先权的设定在后续融资中尤为关键，因为它涉及各轮投资者和创业者之间的利益分配。

1. 层叠式清算优先权

当公司经历多轮融资时，每一轮的投资者都可能获得清算优先权。通常情况下，后续轮次的投资者会要求获得高于之前轮次的清算优先权，这被称为层叠式清算优先权。这意味着，在公司清算或出售时，最后一轮的投资者首先获得其投资回报，然后是前一轮的投资者，依此类推，直到所有投资者都获得满足其清算优先权的回报。

2. 平行式清算优先权

相反的是，平行式清算优先权意味着所有轮次的投资者在清算时拥有相同的优先级，他们的回报是基于各自的投资金额和条款比例进行分配的。

3. 后续融资中的谈判

对于创业者来说，后续融资中清算优先权的设定可能比首轮融资更为复杂。这是因为他们不仅需要满足新投资者的要求，还需要平衡早期

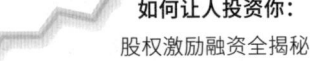

投资者的利益。创业者在谈判中需要考虑的关键因素包括：各轮投资者的投资金额、预期回报、公司的估值和市场竞争状况。

4. 避免清算优先权的冲突

在进行多轮融资时，清算优先权的冲突是一个常见问题。为避免这种冲突，创业者应该在早期融资阶段就明确清算优先权的设定，并在后续融资中保持透明和一致。此外，与投资者建立良好的沟通和信任关系也是关键。

后续融资中清算优先权的设定是创业者和投资者都需要关注的重要议题。明确、透明的条款和有效的沟通是确保所有方都获得公平待遇的关键。

5.1.6 谈判后可能产生的清算优先权条款

融资谈判是一个复杂的过程，涉及多个议题和条款，其中清算优先权作为核心条款之一，其最终形态往往是各方博弈的结果。谈判完成后，清算优先权可能会有多种具体表现形式，以下是一些经常出现的条款形态：

1. 倍数清算优先权

投资者可能要求在公司清算时，首先按照其投资额的多倍（如1倍、2倍或更高）获得回报，之后剩余的款项再按照股权比例进行分配。

2. 参与式清算优先权

在满足倍数清算优先权后，投资者仍希望按照其股权比例参与剩余资产的分配，即他们可以获得"双重收益"。

3. 优先转换权

在某些情况下，投资者可能获得优先转换权，这意味着在公司清算前，他们可以选择将其优先股转换为普通股，从而享受可能的更高回报。

4. 附带权益

除了基本的清算权，投资者可能还会要求一些附带权益，如在公司出售时有权优先购买或匹配任何其他出价，确保他们在公司未来的重大事件中拥有更大的话语权。

5. 下轮投资权

投资者可能要求在公司的后续融资中获得优先投资权，确保他们可以在未来持续享受公司的增长并保持其在公司中的相对地位。

6. 失效条款

在某些清算优先权条款中，可能会包含失效条款，即在满足特定条件时，投资者的清算优先权会自动失效。例如，如果公司在规定时间内达到某个里程碑或估值，那么清算优先权可能就不再适用。

清算优先权条款的细节和形式可能会因融资轮次、投资者和市场环境的不同而有所变化。创业者在与投资者谈判时，应当深入理解这些条款的含义和潜在影响，确保达到双方的最佳利益。同时，为了保护自己和公司的长远利益，创业者应当在谈判过程中积极寻求合理的妥协和平衡点。

案例：南风科技与翠山资本的清算优先权谈判

（案例是虚构的，旨在帮助解释和阐明前文所描述的内容。）

南风科技是一家位于南方的初创公司，专注于人工智能在医疗领域的应用。初创期间，他们通过天使轮融资得到了足够的启动资金，并在短时间内实现了产品原型。

在南风科技快速成长，需要资金扩大市场份额时，他们决定进行A轮融资。翠山资本对南风科技的产品和团队深感兴趣，并希望能够成为他们的投资者。

在谈判期间，南风科技和翠山资本在清算优先权上发生了分歧。以下是他们的谈判内容：

（1）倍数清算优先权的决策：

①翠山资本的要求：希望在清算时，首先得到投资额的2倍回报。

②南风科技的立场：他们希望这一倍数可以降低至1.5倍，认为2倍的倍数清算优先权过高。

③最终达成的协议：双方经过协商，同意以1.8倍作为清算优先权。

（2）参与式清算优先权：

①翠山资本的要求：在获得2倍的投资额后，还想参与剩余的资产分配。

②南风科技的立场：反对给予翠山资本参与式清算优先权。

③最终达成的协议：经过谈判，翠山资本放弃了这一权利。

（3）下一轮融资的条款：

①翠山资本的要求：如果南风科技在未来进行下一轮融资，翠山资本希望保持其投资比例，要求有优先投资权。

②南风科技的立场：同意给予翠山资本优先投资权。

③最终达成的协议：翠山资本在下一轮融资中将保持其投资比例。

此案例突出了南风科技和翠山资本在清算优先权上的谈判过程，以及他们是如何通过妥协和沟通，达成双方都可以接受的协议。这给创业者带来了一个明确的信息：在谈判投资条款时，坚持自己的立场和灵活沟通是非常关键的。

5.2 防稀释条款

在投资的世界中，稀释是一个不可避免的现象，尤其是对于初创公司而言。随着公司的成长，它可能需要进行多轮融资，每一轮融资都可能导致早期投资者的股份被稀释。这种稀释不仅仅意味着股份的减少，更重要的是，它可能会对投资者的回报和公司的控制权产生重大影响。

在这种背景下，防稀释条款应运而生。这一条款旨在保护投资者免受未来融资轮对其股权带来的不利影响。然而，这并不意味着创业者应该轻视这一条款。与投资者达成一个平衡的协议对于公司的长期成功至关重要。

在本节中，我们将深入探讨防稀释条款的各个方面，包括其背后的逻辑、不同类型的防稀释条款以及它们在实际谈判中的应用。通过对这一条款的全面了解，创业者可以更好地为公司的未来融资做准备，并确保与投资者建立一个公平且有利于双方的关系。

5.2.1 结构性防稀释条款

在投资领域，每一个细节都可能涉及巨大的利益。结构性防稀释条款是防稀释条款中的一种具体形式，其核心目的是保护投资者的利益，确保他们在后续融资中不会因为公司估值的下调而遭受损失。然而，对于初创公司来说，这种条款可能会带来一系列的挑战和压力，特别是当市场环境不佳、融资困难时。

结构性防稀释条款与其他的防稀释条款不同之处在于它更注重数学和结构上的调整，而不仅仅是通过合同条款来实现保护。这种条款的存在可能会使得公司的估值和资本结构变得复杂，但对于投资者而言，这是一种有效的风险管理工具。

在这一小节中，我们将详细探讨结构性防稀释条款的内涵、运作机制以及与其他防稀释条款的对比。同时，我们也会分析这种条款对于创业者和投资者之间关系的影响，以及如何在谈判中妥善处理这一问题。

1. 转换权（Conversion）

投资者在参与初创公司的融资时，通常会购买优先股，而不是普通股。优先股的一个主要特点是其拥有转换权，即在特定情况下可以将其转换为普通股。这一转换权的存在，为投资者提供了一个重要的保障：当公司进行下一轮融资时，如果出现估值下调的情况，投资者可以调整其转换比例，以减少自己在资本中的稀释程度。

（1）转换权的基本概念

转换权允许优先股股东在某些条件下，按照特定的转换比例，将其持有的优先股转换为普通股。这个转换比例在投资时通常是固定的，但在结构性防稀释条款中，这一比例可能会因为后续融资的条款而进行调整。

（2）转换权的重要性

转换权不仅是投资者保障自己权益的重要手段，也是他们参与公司治理、实现长期投资回报的关键工具。因为只有转换为普通股，投资者才能在公司上市或被收购时，享受到真正的资本增值。

（3）结构性防稀释与转换权

当初创公司在下一轮融资（即"下轮融资"）中估值下调时，原有的投资者可能会面临资本被稀释的风险。此时，结构性防稀释条款会激活，允许原投资者按照一个更有利的比例转换其优先股，从而减少稀释。

例如，如果一个投资者原本按照1∶1的比例可以将其优先股转换为普通股，但由于下轮融资的估值下调，这一比例被调整为1∶1.5，那么他现在每1股优先股可以转换为1.5股普通股，从而减少了其在总股本中的稀释程度。

总结，转换权是投资者在面临资本稀释风险时的重要防线。结构性防稀释条款，通过调整转换比例，为投资者提供了一个强大的工具，保障其在公司中的权益不受损害。而对于初创公司来说，理解这一机制，合理设定和谈判这一条款，是确保融资顺利、保护公司长远利益的关键。

2. 优先购买权（Right of first refusal，ROFR）

在投资领域，优先购买权是一个为投资者制定的关键条款，它允许投资者在某些情况下，对股票进行购买，而优先于其他潜在买家。此条款常常与防稀释条款紧密关联，旨在进一步保护投资者的权益。

（1）优先购买权的核心概念

当一个股东希望出售其持有的股票时，优先购买权要求这名股东首先将股票销售的机会提供给其他已有的股东或特定的投资者。仅当这些股东或投资者拒绝购买时，该股东才可以将股票出售给其他外部买家。

（2）优先购买权的作用

权益保护：此条款保证了投资者在公司进行新的股票出售或其他股东转让股票时，有优先权进行购买，从而防止其权益被稀释。

避免不受欢迎的新投资者：此条款可以确保公司和其他股东避免某些不受欢迎的新投资者进入，从而保持公司的稳定治理。

（3）与结构性防稀释的关系

尽管优先购买权本身并不直接涉及股权的稀释，但它与结构性防稀释条款有着紧密的关系。当公司估值下调并进行新的融资时，已有的投资者可以利用其优先购买权购买更多的股票，从而减少或避免其权益被稀释。

（4）谈判中的考量

对于创业者来说，给予投资者过多的优先购买权可能会限制公司在未来融资中的灵活性。因此，创业者在谈判时需要权衡投资者的权益保护和公司的长期发展需要。

总的来说，优先购买权是一个强大的工具，可以保护投资者免受未来融资活动中的资本稀释。然而，这也可能为公司的未来融资活动带来限制，因此需要在谈判中仔细考量。

5.2.2 降价融资的防稀释保护权

在创业公司的生命周期中，从早期种子融资到晚期融资，企业都面临着不断的变化和挑战。随着公司的成长，融资轮次和估值都可能会有所增长，但这并不意味着每一轮融资都是顺利的，估值都是逐渐上升的。在某些情况下，公司可能需要在较低的估值下进行新的融资，这被称为"降价融资"或"Down Round"。

降价融资可能是由多种原因导致的，例如市场环境的变化、公司业务表现不佳或其他宏观经济因素。不管原因是什么，对于现有的投资者来说，这都意味着他们的投资价值降低，权益可能会被新的投资者稀释。为了保护自己免受这种稀释的影响，投资者在投资条款中通常会要求包含防稀释条款，特别是与降价融资相关的防稀释保护权。

在本小节中，我们将深入探讨降价融资的防稀释保护权，了解其背后的逻辑，以及创业者和投资者在这方面的考量和策略。这不仅可以帮助创业者在与投资者的谈判中更好地保护自己的权益，也能使他们更加明白如何为公司的未来制定策略。

1. 完全棘轮条款（Full-ratchet anti-dilution protection）

当提到降价融资的防稀释条款时，完全棘轮条款是最为严格的一种形式。这种条款在某些投资协议中出现，主要目的是确保早期投资者在未来的降价融资中不会受到不公平的权益稀释。

（1）基本定义与工作原理

完全棘轮防稀释条款允许早期投资者根据最新融资轮的价格重新计算并调整其持有的普通股或优先股的转换比例。简而言之，如果公司在后续融资轮中的估值低于之前的融资轮，早期投资者可以按照新的较低价格调整其股份转换比例，使其在公司中的权益不受到稀释或仅受到最小的稀释。

（2）示例

假设在第一轮融资中，投资者A以每股10元的价格购买了公司的优先股。随后，公司进行了第二轮融资，但由于某些原因，估值下降，新的投资者B以每股5元的价格购买了优先股。如果存在完全棘轮条款，那么投资者A的每股购买价格将被重新调整为5元，与投资者B持平。

（3）对公司和创业者的影响

完全棘轮条款对创业者和公司来说可能是相当严格的，因为它可能导致原始创始人和其他早期股东的权益被严重稀释。此外，这种条款可能会打击公司员工的士气，因为他们的股票期权也可能受到稀释的影响。

（4）如何看待完全棘轮条款

从投资者的角度看，完全棘轮条款是一种风险管理工具，确保他们在投资后的不确定环境中获得一定的保护。但对于创业者来说，接受这种条款可能意味着在未来面临更大的融资压力和权益稀释的风险。因此，在谈判投资条款时，创业者应深入了解并权衡完全棘轮条款的利弊，并考虑其他可能的防稀释机制。

2. 加权平均条款（Weighted average anti-dilution protection）

与完全棘轮条款相比，加权平均防稀释条款提供了一种更为平衡的方式来保护早期投资者，在降价融资中它会根据发行的新股数量和价格对早期投资者的转换价格进行调整。

（1）基本定义与工作原理

加权平均防稀释条款的核心机制是：当公司以低于先前融资轮的价格发行新股时，原始投资者的股票转换价格将按照一个加权平均公式进行调整，以反映新的发行价格和数量。这种调整不如完全棘轮条款那么激进，但确实为早期投资者提供了一定的保护。

（2）示例

假设公司在第一轮融资中以每股10元的价格发行了1000000股，随后在第二轮融资中以每股6元的价格发行了500000股。如果存在加权平均条款，原始投资者的转换价格会根据发行的新股数量和价格进行调整，但不会直接调整为6元。

首先，我们需要确定原始的转换价格和新的转换价格。

原始转换价格：最初的股票价格，这里为10元。

新的转换价格：需要通过以下的加权平均公式计算出来，即

新转换价格 =［（原始股数×原始转换价格）+（新增发行的股数×新增发行的股票价格）］/（原始股数+新增发行的股数）

插入数值：

原始股数 = 1000000

新增发行的股数 = 500000

原始转换价格 = 10元

新增发行的股票价格 = 6元

新转换价格 = [（1000000股 × 10元）+（500000股 × 6元）] /（1000000股 + 500000股）

= （10000000元 + 3000000元）/ 1500000股

= 13000000元 / 1500000股

= 8.67元

根据加权平均防稀释条款，第一轮的投资者现在的转换价格从原来的10元调整到8.67元。这意味着，如果他们想要转换其优先股为普通股，他们的每股转换价格为8.67元，而不是最初的10元。这为他们提供了一定的保护，以防公司在未来的融资轮中以更低的价格发行股票。

3. 对公司和创业者的影响

加权平均条款为创业者提供了更大的灵活性，因为它确保了权益不会被过度稀释。对于公司而言，这也意味着在进行下一轮融资时，能够更加容易地吸引新的投资者，因为他们知道他们的权益不会因为早期的完全棘轮条款而受到不利影响。

4. 如何看待加权平均条款

加权平均条款是一种中和的方法，旨在平衡早期投资者的保护和公司未来融资的需要。对于创业者而言，理解这一条款的工作原理以及其对公司和股东的潜在影响至关重要。同时，与投资者进行深入的讨论，确保双方都明白条款的内容和后果，将有助于达成双赢的协议。

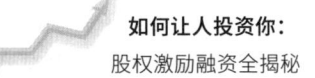

5.2.3 防稀释条款的谈判要点

1. 创业者要争取"继续参与"（Pay-to-Play）条款

在融资过程中，防稀释条款可以说是其中一项相当敏感的议题，特别是对于创业者来说。当公司发展遭遇困境，可能需要进行较低价格的下一轮融资时，这些条款尤为关键。为了确保早期投资者持续支持公司并参与后续的融资，创业者可以谈判加入"继续参与"条款。

（1）"继续参与"条款的含义

"继续参与"条款是一种要求现有投资者在下一轮融资中按比例投资，以维持其股权比例的条款。如果早期投资者不按要求进行投资，他们将受到某种形式的惩罚，如将其优先股转换为普通股。

（2）创业者为何要争取此条款

保持投资动力：此条款鼓励早期投资者在关键时刻继续支持公司，为公司带来持续的资金流。

平衡权益：此条款确保了创业者和早期投资者的权益得到平衡。如果投资者在关键时期不继续支持，他们将承担一定的后果。

防止"搭便车"：避免了某些投资者在初期投资后，后续不再投资但期望从公司的成功中受益的情况。

（3）谈判的策略

强调长期合作关系：创业者可以在谈判中强调与投资者的长期合作关系，表示期望双方都在关键时刻为公司的利益持续付出。

展示业务计划和成长潜力：向投资者展示详细的业务计划和成长策略，证明公司具有巨大的增长潜力和价值。

适当提及市场现状：在适当的时候提到市场上的成功案例，其中一些可能已经采用了"继续参与"条款，证明这是一个双方都可以接受的合理要求。

总结，对于创业者来说，"继续参与"条款不仅可以确保在关键时刻获得资金支持，还可以进一步与早期投资者建立紧密的合作关系，实现共同成长的目标。

2. 创业者要争取"列举例外事项"

防稀释条款对于投资人来说是一种保护机制，确保其在公司进行下轮融资时，股权不会被过度稀释。然而，对于创业者来说，这些条款可能在某些情况下限制公司的运营自由度和融资灵活性。因此，创业者在谈判中常常争取某些特定情境下的例外事项，使防稀释条款不被激活。

（1）"列举例外事项"的含义

"列举例外事项"是指在某些预先定义的情境或事件下，即使公司发行新的股票，也不会触发防稀释条款的保护机制。

例外事项在实际的融资和运营中是十分常见的。下面我们将列举几个在实际操作中经常被考虑为防稀释条款例外事项的场景：

①员工激励计划

例如，公司计划发放100万股的股票作为员工激励，这些股票的发放原则上会稀释现有股东的股权。但考虑到这是为了激励和留住关键人才，所以此类股票发放往往被列为例外事项，不会触发防稀释条款。

②股票分拆或合并

公司可能会基于某些策略原因对股票进行分拆或合并。例如，原有每股价格太高，为了提高流动性，公司决定10∶1分拆股票。这种操作虽然改变了股票数量，但并不改变每个股东的持股比例，因此常被视为例外事项。

③换股权的融资活动

如果公司与另一家公司进行合并或收购，并通过发行新股的方式完

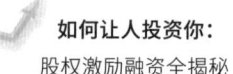

成交易，这种情况下的股权稀释往往也会被视为例外。

④股权转让给合作伙伴

在某些战略合作中，公司可能会为了吸引合作伙伴或确保合作深入，而给予合作伙伴一定的股权。这部分股权的转让可能会被设定为例外事项。

⑤公司行使股票期权

当公司行使股票期权购买其他公司或资产时，可能会发行新的股票作为交易的一部分。这种情况下的股票发行，考虑到其为公司带来的战略价值，常被列为例外事项。

以上这些例子展示了，例外事项并不是为了规避投资者的权益，而是基于公司的正常运营和发展需要。在实际的谈判中，创业者和投资者都需要对这些情境进行充分的沟通和理解，以确保双方的权益得到平衡的保护。

（2）创业者为何要争取此事项

增加融资策略的灵活性：当公司在未来的运营中需要进行某些特殊的股权安排或融资活动时，有了例外事项这一条款可以避免与早期投资者产生冲突。

吸引和留住关键人才：员工股票激励计划是留住和激励关键员工的重要手段，列为例外事项可以确保创业者拥有更大的激励空间。

防止不必要的争议：明确列举的例外事项可以在未来避免因股权稀释而产生不必要的争议。

（3）谈判的策略

明确情境和目的：在提出例外事项时，创业者需要明确解释这些例外事项的具体情境和其背后的理由。

保证透明度：保证所有的例外事项都是公开透明的，不会用来规避投资者的权益。

引用市场惯例：在谈判中可以引用市场上的常见做法和成功案例，表明自己的要求是合理且常见的。

总结，为了确保公司的正常运营和持续发展，创业者需要在谈判中争取到一些关键的例外事项。这不仅可以为公司带来更多的策略选择，还可以维护与投资者之间的和谐关系。

3. 降低防稀释条款的不利后果

在投资谈判中，防稀释条款往往是投资者为了保护自己的权益而提出的。对于创业者来说，如果不加以谨慎处理，这一条款可能对他们造成不小的不利影响。为此，创业者在谈判中应有策略地考虑如何降低其潜在的不利后果。

（1）选择加权平均条款而非完全棘轮条款

如前文所述，完全棘轮条款会严重稀释创业者的股权，特别是在下轮融资中估值大幅下跌的情况下。相比之下，加权平均条款虽然也会导致稀释，但其幅度相对较小。因此，创业者应尽量争取采用加权平均条款。

（2）设置稀释保护的触发条件

创业者可以与投资者协商，为防稀释条款设置一定的触发条件。例如，只有当公司估值下降超过30%时，稀释保护才会生效。这可以为创业者赢得更大的融资灵活性。

（3）设定时间限制

在某些情况下，创业者和投资者可以协定，防稀释条款仅在一定时间内有效，如下一轮融资之前。随着公司成长和估值上涨，早期投资者的风险逐渐降低，因此有可能同意取消或限制防稀释条款。

（4）争取继续参与条款

如前所述，继续参与条款要求投资者在下一轮融资中继续出资，否则其防稀释权利将被剥夺。这可以鼓励投资者与创业者站在同一阵线，共同努力提高公司估值。

（5）定义例外事项

在谈判中，创业者应争取明确定义哪些情况下的股权稀释不触发防稀释条款，如员工激励计划、股票分拆或合并等。

总之，防稀释条款是投资谈判中的重要环节，但创业者应通过策略性的谈判，降低其可能带来的不利后果，确保公司的持续发展和创业团队的利益得到保障。

4. 创业者可能获得的防稀释条款

相对于投资者，防稀释条款对于创业者来说，可能是一把双刃剑。尽管创业者同样想要自己的股权在未来不被过度稀释，但过于严格的防稀释条款可能会在后续融资轮次中让新投资者望而却步。尽管如此，在某些情况下，创业者确实可以争取到自己的防稀释条款，尤其是当他们对公司的成功持有强烈信心，且认为自己的贡献是不可替代的时候。

（1）共同防稀释权

在某些情况下，早期的创业者可以与初期投资者达成协议，共同享有防稀释条款。这样的条款可以确保创业者在下一轮融资中的股权不会受到过多稀释。

（2）触发条件

与投资者相似，创业者也可以为自己的防稀释条款设置触发条件，例如公司估值下降到某一特定水平。这为创业者提供了一定的保护，同时确保不会无缘无故地启动这些条款。

（3）例外事项

正如投资者可能会为特定情况要求防稀释条款，创业者也可以争取一些例外情况，以确保自己在这些特定情境下的股权不受影响。

（4）时间限制

对于创业者来说，他们也可以争取防稀释条款的时间限制，这样一旦时间到了，即使发生股权稀释，也不会触发防稀释条款。

（5）具体稀释幅度的约定

创业者可以与投资者明确约定，在某个时间段内，自己的股份稀释不得超过某一固定比例。

总体来看，虽然创业者有可能获得自己的防稀释条款，但这需要在与投资者的谈判中小心权衡。为了确保长期的合作关系和公司的持续发展，双方需要找到一个平衡点，确保在保护各自权益的同时，不会妨碍公司的未来融资和发展。

案例：XYZ健康科技公司与早期投资者的防稀释条款谈判

（案例是虚构的，旨在帮助解释和阐明前文所描述的内容。）

XYZ健康科技公司是一家提供健康管理软件的初创公司，由三位合伙人：Alex、Bob和Cara创办。在他们的早期融资阶段，一家风投公司ABC Ventures对其展现出了浓厚的兴趣，并提议投资100万美元，但他们对稀释条款有特定的要求。

1. 共同防稀释权

ABC Ventures希望自己在未来的融资中能够享有防稀释权。对此，Alex、Bob和Cara提出，作为公司的创办人和核心团队，他们也希望能够获得这样的权利，以确保他们的持股比例不会因后续融资被严重稀释。

2. 触发条件

双方经过讨论，最终达成了一个共识：只有当公司估值低于300万美元的时候，防稀释条款才会触发。这样可以确保公司的正常融资活动不会受到不必要的干扰。

3. 例外事项

在对话中，创业者们提出了一些例外情况，比如说，如果公司发行股票用于员工激励或合并与收购，这些情况下的股权稀释不应触发防稀释条款。ABC Ventures表示理解，并接受了这一提议。

4. 时间限制

Cara提出，防稀释条款应该有一个时间限制，例如5年。这意味着，5年后，即使股权发生稀释，防稀释条款也不会被触发。ABC Ventures在评估后，认为这是一个合理的建议，并同意了这一点。

5. 具体稀释幅度的约定

在谈判的最后阶段，Bob提出了一个具体的约定，那就是在未来的三年内，无论发生何种情况，创始团队的股份稀释不得超过15%。这一提议得到了ABC Ventures的同意，因为他们认为，这有助于确保创始团队保持对公司的长期承诺和动力。

这个例子展示了如何在投资者和创业者之间，通过实际的谈判来平衡防稀释条款，从而达成双方都可以接受的协议。

5.3 董事会

在企业的运营中，董事会扮演着不可或缺的角色，它不仅是公司的决策中心，也是公司的战略发展指南针。在创业公司与投资者建立合作关系后，董事会的构成和权利经常成为投资条款谈判的关键点。

董事会的职责不止于决策，它更是一个连接创始团队与投资者、公司与股东，以及公司内部与外部的重要桥梁。因此，对于初创公司来说，如何与投资者协商，以确保董事会的有效运作，并确保公司长远的战略目标不偏离轨道，是至关重要的。

在本节中，我们将深入探讨董事会的组成、权利分配，以及如何与投资者进行有效谈判，以确保董事会能真正发挥其应有的作用，并推动公司走向成功。

创业者们在面对与投资方关于董事会条款的谈判时，需要充分了解董事会的功能和意义，以便为公司争取到更有利的条款和更大的发展空间。而对于投资者来说，他们希望通过董事会参与公司的决策，确保其投资的安全和回报。

无论是创业者还是投资者，理解和掌握董事会的运作机制，都将为投资条款谈判中的决策提供有力的支持。

5.3.1 董事会席位

随着公司从初创阶段逐渐成熟，董事会的重要性日益凸显。董事会席位不仅代表决策权，也反映了公司内部的权力结构。在与投资方进行谈判时，董事会席位的分配往往成为双方关注的焦点。

1. 董事会席位的基本构成

董事会通常由公司创始人、核心团队成员以及投资者代表组成。在初创阶段，大部分席位由公司创始人和核心团队占据，但随着外部投资的引入，投资者会要求在董事会中占有一定的席位。

2. 投资者席位的意义

当投资者入股并获得董事会席位时，这通常意味着他们希望在公司的战略决策中有所发言权。这既是为了保护自己的投资，也是为了确保公司沿着正确的轨道发展。

3. 谈判的关键

权衡权力与决策效率：席位越多意味着决策权越分散，可能导致决策过程缓慢。创业者需要权衡席位分配与决策效率之间的关系。

确定席位的期限：在某些情况下，投资者可能只要求在特定时间或在满足特定条件后拥有董事席位。明确这些期限和条件对于保持董事会的稳定性至关重要。

为未来融资预留席位：随着公司发展，可能需要进一步融资。为此预留董事席位可以确保未来投资者的合理要求得到满足，而不影响现有董事会的结构。

4. 结论

董事会席位的分配是投资条款谈判的核心问题之一。作为创业者，你需要确保自己和核心团队在董事会中保持足够的发言权，同时满足投资者的合理要求。通过深入了解和明智的谈判，你可以确保董事会的结构既能满足公司的长远发展需求，又能有效地进行决策。

5.3.2 公司股权结构对董事会的影响

在谈论董事会构成时,我们不能忽视公司的股权结构。股权结构决定了公司的控制权如何分配,进而影响到董事会中的权力动态和决策流程。本节将深入探讨股权结构是如何塑造董事会的形态和功能的。

1. 股权结构的基本概念

公司的股权结构是指公司股份是如何在创始团队、员工、早期投资者以及后续的机构投资者之间分配的。这不仅包括普通股份,还包括优先股、期权等其他形式的股权。

2. 股权结构与董事会权力的关联

控股股东的决策权:拥有超过50%的股权意味着在大多数情况下可以决定公司的重大决策。这种控股权力也可能在董事会中体现,控股股东可能会占据多数董事席位。

多数股权与决策影响:即使某一方没有超过50%的股权,如果他们持有的股份远远超过其他单一股东,他们在董事会中的话语权也会相对增强。

3. 分散股权与董事会动态

当股权分散在多个股东手中,董事会的决策可能会变得更加复杂。每个股东都希望自己的利益得到最大化,这可能导致董事会中出现拉锯战。

4. 优先股权与董事会的特殊权利

某些投资者可能持有优先股,这意味着他们在某些决策上可能拥有否决权或特别表决权。这种情况下,即使他们在董事会中的席位并不多,他们也可能在特定问题上具有决定性的影响力。

5. 结论

股权结构是影响董事会权力分配和决策流程的关键因素。创业者在

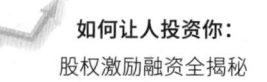

与投资者谈判股权结构时，必须认识到其对董事会的潜在影响，并在此基础上制定战略，以确保董事会能够有效地为公司的长远发展做出决策。

5.3.3 设立CEO席位

随着公司的成长和融资轮次的进展，公司治理结构常常需要进行微调，其中最为敏感的调整点便是CEO的职位。通常，CEO不仅是公司的决策核心，还拥有董事会中的一个重要席位，决策权与影响力都堪称首屈一指。因此，当新的CEO来自风险投资方时，这无疑将对创始人对公司的掌控产生深远的影响。

为何风险投资方会推荐CEO：

- 经验和网络：风险投资通常拥有众多的行业联系和丰富的资源，他们可能觉得某位经验丰富的CEO更适合带领公司进入下一个发展阶段。
- 风险控制：对于风险投资来说，他们的首要任务是确保投资安全并获得良好的回报。有经验的CEO可以在关键时刻为公司带来稳定，减少风险。

风险投资推荐CEO带来的影响：

- 控制权的流失：创始人可能会发现，由于新CEO在董事会中拥有一席，自己在关键决策时的影响力被大大削弱。
- 文化与策略的转变：新CEO可能对公司的文化、运营方式以及商业策略有自己的看法和调整，这可能与创始团队的初衷有所偏离。
- 双方的摩擦：不同的背景和经验可能导致新CEO与创始团队之间的观念和方法产生冲突。

如何应对与平衡：

1. 早期沟通：在风险投资推荐新CEO之前，创始团队应该与投资方进行深入的沟通，明确双方的期望和底线。

2. 明确权责：确保新CEO的权责清晰，并与创始团队达成一致，减少潜在的冲突。

3. 保持董事会多元化：努力确保董事会的构成多元，不应过于偏向任何一方，以确保决策的平衡性和公正性。

风险投资方参与CEO的选择是一种常见的做法，特别是在成熟的融资轮次中。但这也意味着创始团队需要面对更复杂的权力平衡问题。通过提前的沟通、明确的约定和持续的合作，创始团队可以确保自己在公司中仍然拥有一定的话语权，同时也确保公司的稳健发展。

5.3.4 设立独立董事席位

随着公司的成长和多方的参与，董事会的构成和功能愈发显得至关重要。在融资过程中，创始团队与投资人的利益可能存在潜在的冲突，而为了确保决策的客观性和公正性，很多公司选择引入独立董事作为董事会的一员。

1. 什么是独立董事

独立董事通常是与公司没有直接经济利益关联的人员，他们的职责是代表所有股东的利益，保证决策的客观和公正。独立董事应当拥有丰富的行业经验、良好的职业道德以及与公司的主营业务和管理层没有利益冲突。

2. 独立董事带来的价值

公正的决策：独立董事能够提供客观的视角，有助于董事会做出更为中立的决策。

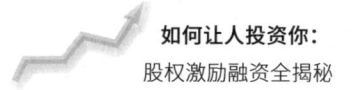

丰富的经验：由于独立董事往往拥有丰富的行业经验，他们能为公司提供宝贵的建议和指导。

调解双方冲突：在创始团队与投资方出现分歧时，独立董事可以作为第三方进行调解。

3. 如何选择独立董事

选择独立董事时应确保其与公司没有直接或间接的利益关系，同时具备相关的行业经验和知识。此外，独立董事的人选应当得到董事会大多数成员的同意，确保其能够真正独立发挥作用。

4. 设立独立董事的注意点

权利与责任：独立董事虽然是董事会的一员，但其权利和责任应当明确，并在公司章程或相关合同中有所规定。

避免形式主义：独立董事的存在不应仅仅是为了满足某种形式，他们应当真正参与到公司的决策中，并发挥其作用。

设立独立董事席位是为了保证董事会决策的客观和公正，同时利用独立董事的经验和资源为公司带来更多的价值。创始团队与投资方在谈判投资条款时，应当充分考虑独立董事的作用和价值，确保其能够真正为公司带来正面的影响。

5.3.5　A轮、B轮、C轮投资后的董事会结构

随着公司的发展与成长，每一轮的融资都会带来公司股权结构的变化，这往往也会影响到董事会的构成。每一轮投资方都可能要求在董事会中占有席位，以确保其在公司决策中的话语权。本小节将深入探讨在不同轮次的融资后，董事会的结构如何发生变化。

1. A轮投资后的董事会结构

A轮是初创公司的第一轮机构投资。在这一阶段，投资方通常会要

求至少一个董事会席位，以监督其投资和参与公司的重要决策。此时的董事会常见结构为：

创始团队：2席

A轮投资方：1席

2. B轮投资后的董事会结构

随着公司规模扩大，B轮投资往往涉及更多的资金。新的投资方可能会要求更多的席位，同时A轮投资方也会希望维持或加强其在董事会中的影响力。此时的董事会常见结构为：

创始团队：2席

A轮投资方：1席

B轮投资方：2席

3. C轮投资后的董事会结构

到了C轮，公司已经进入了成熟阶段。此时，董事会的构成可能会更为复杂，因为不同轮次的投资方都希望保持其影响力，而新进的大额投资方也会要求更大的话语权。此时的董事会常见结构为：

创始团队：2席

A轮投资方：1席

B轮投资方：2席

C轮投资方：2席

独立董事：1席

随着融资轮次的增加，董事会的结构和构成会变得越来越复杂。创始团队需要在谈判中确保自己的核心利益，同时确保每一轮投资方都能在董事会中有合适的代表。此外，随着公司的发展，考虑增设独立董事也是确保决策公正和增强公司治理的有效手段。

5.4 保护性条款

在投资领域中，尽管资本的力量与影响力是无法忽视的，但保护性条款确保了资金提供方在特定情况下的某些权利和义务。这些条款被设计出来，是为了确保投资方的资金安全，减少他们的风险，并在某种程度上，平衡与公司创始团队之间的权力关系。

保护性条款并不总是以限制公司决策的方式出现，但它们确实为投资方提供了一个在特定情境下使用的"安全网"。它们可能会涉及公司决策的核心方面，如资产出售、新一轮的融资或公司的战略方向调整等。

此节将深入探讨这些条款，让读者了解它们的具体内容、背后的动机，以及如何在与投资方的谈判中寻求平衡。每一家公司和每一个投资关系都是独特的，但了解保护性条款的通用原则和结构，可以帮助创业者更好地为未来的谈判做准备。

5.4.1 风险投资为什么需要保护性条款

当我们谈论风险投资时，我们经常提到的是其"风险"属性。在为初创公司注入资金时，投资方面临着巨大的不确定性和风险。尽管有可能获得高额的回报，但初创公司失败的概率也是相当高的。为了确保他们的投资安全，并在某种程度上控制这种风险，风险投资通常会寻求在投资协议中加入一系列的保护性条款。

以下是风险投资为什么需要这些保护性条款的几个主要原因：

1. 风险降低：保护性条款可以为投资方提供一个防护伞，确保他们在公司经营中遭遇重大问题或风险时有一定的控制权。

2. 确保投资回报：通过这些条款，风险投资可以在公司的某些重大决策中拥有发言权，从而确保公司的方向与他们的投资目标保持一致。

3. 平衡权力关系：尽管风险投资可能只是公司众多股东中的一员，但他们通常希望确保在关键决策时有足够的权重。保护性条款确保了他们在公司决策过程中的位置。

4. 守护特定利益：在某些情况下，风险投资可能希望确保公司的某些方面（例如知识产权或核心资产）得到特殊保护，以确保投资的价值。

5. 为未来的投资轮次做准备：随着公司的成长，可能会有更多的投资轮次。保护性条款可以确保风险投资在后续轮次中的优先权或权益不会被稀释。

总之，保护性条款为风险投资提供了一种工具，以确保他们的投资不仅是金钱上的，还能在公司决策中有所作为。虽然这可能给创业者带来某些限制，但了解风险投资的需求和考虑，可以帮助创业者更好地进行谈判，寻求双方都能接受的平衡点。

5.4.2 风险投资保护性条款的具体形式

在风险投资领域，保护性条款为风险投资提供了确保其投资价值和对投资公司决策的一定控制权的手段。这些条款的形式和内容可能会根据投资的具体情境、公司的成长阶段和双方的谈判能力而有所不同。但它们通常都围绕几个核心领域展开。

以下是风险投资保护性条款的几种常见形式：

1. 同意权：某些关键决策可能需要风险投资的明确同意。这可以包

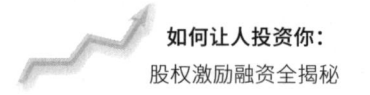

括合并、出售公司、发行新股、确定预算等。

2. 信息权：风险投资可能要求定期收到公司的财务报告、营运数据或其他关键指标，以便了解公司的运营状况和财务健康。

3. 优先购买权：在公司发行新股或进行其他融资活动时，风险投资可能要求优先购买权，以确保他们的股权不被稀释。

4. 退出权：风险投资可能要求在某个时间点或在满足特定条件时，有权要求公司回购其股份或协助其将股份出售给第三方。

5. 反稀释权：如果公司在后续融资轮次中的估值低于风险投资入股时的估值，风险投资可能会要求一定的反稀释保护，确保其股份价值不受太大损失。

6. 赎回权：在某些情况下，风险投资可能要求公司在满足某些条件后，必须购回其股份，通常是以其投资价值的某个百分比为购买价格。

7. 任命董事或高级管理人员：为了更直接地参与公司的决策，风险投资可能会要求在董事会中拥有一个或多个席位，或对公司的某些高级管理职位有任命权。

8. 防止资产转移：为了保护投资价值，风险投资可能会要求公司不得在没有其同意的情况下出售关键资产或知识产权。

以上只是风险投资保护性条款的一些常见形式。在实际的投资协议中，可能会有更多的具体细节和变种。创业者在谈判时应该深入理解这些条款，考虑它们对公司未来运营和成长的可能影响，并寻求与风险投资达成双方都可以接受的协议。

5.4.3 典型的优先股保护性条款

优先股是风险投资在初创公司中投资的典型工具，与普通股相比，优先股通常赋予持有者更多的权益和优先待遇。这类股票的名称来源于其在某些情况下，如公司清算时，对于资产分配的"优先权"。除了在财务方面的优先权，优先股的保护性条款还可以为风险投资提供更多的对公司决策的控制权。

以下是一些典型的优先股保护性条款：

1. 优先分配权：在公司分红或其他形式的利润分配时，优先股股东有权优先获得回报，通常是在普通股股东之前。

2. 优先清算权：如果公司清算或被出售，优先股股东有权优先从公司资产中获得回报。这通常意味着他们会首先收回其初始投资，然后与其他股东分享余下的资产。

3. 转换权：优先股股东通常有权将其股份转换为普通股，这种转换可以是自动的，如在IPO时，或可以在股东选择时进行。

4. 投票权：某些优先股可能赋予股东超过一票的投票权，这可以确保风险投资在关键决策上有足够的发言权。

5. 反稀释权：如之前所述，优先股持有者可能会要求反稀释条款，以防止其股权在未来融资中被稀释。

6. 赎回权：某些优先股条款可能会要求公司在特定时间或满足特定条件后，购回风险投资持有的优先股。

7. 信息权：优先股持有者可能要求公司定期提供详细的财务报告和其他关键业务指标，以确保其能够监控其投资的表现。

8. 否决权：优先股持有者可能会要求在某些关键决策上，如合并、出售关键资产或进行新的融资时，有否决权。

这些条款为风险投资提供了更多的安全保障和对公司的控制权，但也可能限制了公司的某些自主决策权。因此，创业者在谈判时，应充分评估这些条款对公司未来发展的可能影响，并寻求达成一个既可以保护风险投资利益，又不过度限制公司灵活性的协议。

5.4.4 保护性条款的谈判要点及谈判空间

保护性条款往往是投资条款中最具争议的部分之一，因为它涉及投资者和创业者之间的权力平衡。对于投资者来说，这些条款提供了一种保护其投资和对公司决策的影响的手段。而对于创业者，过多的保护性条款可能会限制他们管理公司的自由度。因此，找到一个平衡点是至关重要的。

以下是一些保护性条款的谈判要点及可能的谈判空间：

1. **优先分配权与优先清算权：**

- 谈判要点：定义具体的"优先"程度。如，优先股股东首先获得投资回报的倍数是多少？
- 谈判空间：创业者可以尝试降低优先获得回报的倍数，或者在达到某一回报后，与其他股东平均分享余额。

2. **转换权：**

- 谈判要点：定义何时和如何转换优先股为普通股。
- 谈判空间：创业者可以要求某些特定条件下，如公司估值达到一定水平时，使得转换权自动生效。

3. **投票权：**

- 谈判要点：谁控制哪些投票权，以及多少。
- 谈判空间：创业者可以提议限制优先股的多重投票权，或者在某些关键决策上要求普通股和优先股都拥有相等的投票权。

4. **反稀释权：**

- 谈判要点：定义在哪些情况下此条款生效。
- 谈判空间：创业者可以提议只在非公开发行的新股份中应用此条款，或者设定一个阈值，只有当发行的新股份超过此阈值时，反稀释条款才生效。

5. **信息权：**

- 谈判要点：决定哪些信息是必须提供的，以及提供的频率和详细程度。
- 谈判空间：创业者可以提议在保护商业秘密的前提下，提供某些信息，或者调整信息提供的频率。

6. **否决权：**

- 谈判要点：明确列出需要优先股持有者同意的特定决策。
- 谈判空间：创业者可以尝试缩小这个列表，或者提议在某些决策上需要超过一定比例的优先股股东同意。

在谈判过程中，创业者应始终考虑其长期目标和公司的最佳利益。而投资者应理解，过多的控制可能会妨碍公司的日常运营和长期成功。因此，找到一个双方都可以接受的平衡点是至关重要的。

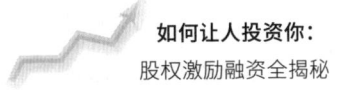

5.5　股份兑现

在创业公司的世界中，股份不仅是一种报酬，更是一种承诺和期望的象征。对于创业者、员工以及早期合作伙伴来说，股份代表了他们对公司未来的信心以及对项目的投入。但如何确保这些持股人在整个创业旅程中继续为公司做出贡献？如何确保他们的目标与公司的长远发展保持一致？股份兑现（Vesting），是解决这一问题的关键机制。

股份兑现的核心理念是：持股人需要在一段时间内为公司持续贡献，才能完全获得其所拥有的股份。这样可以鼓励持股人长期与公司合作，同时也为公司提供了一定的保护，确保关键人员不会轻易离职，导致公司的核心资产或知识产权受到损害。

在本节中，我们将深入探讨股份兑现的原理、常见模式以及其在投资条款中的重要性。通过这些知识，创业者可以更好地理解和谈判与股份兑现相关的条款，确保公司的健康发展和各方的合理权益。

5.5.1　股份兑现条款的具体形式与内容

股份兑现条款，是创业公司融资和股权分配过程中的重要环节。它旨在确保创业者和核心团队在特定的时间范围内，持续为公司做出贡献，才能完全获得其应得的股份。这种机制的设置，是为了保护公司的长期利益，并确保创业团队的长期承诺。接下来，我们将探讨股份兑现条款的常见形式和内容。

1. 兑现周期（Vesting Period）

- 定义：兑现周期指的是持股人获得其股份所需的时间长度。这通常是连续的几年，例如四年。
- 常见做法：典型的兑现周期为四年，每年兑现25%。

2. 悬而未决的期限（Cliff）

- 定义：通常在开始的一段时间（如一年）内，持股人不会获得任何股份。这段时间被称为"悬而未决的期限"。
- 常见做法：12个月的"悬而未决"，即在这一年结束时，持股人一次性获得该年应得的股份。

3. 加速兑现（Accelerated Vesting）

- 定义：在某些特定情况下，如公司被收购，持股人的股份兑现可以被"加速"，即他们可以在预定时间前获得全部或部分未兑现的股份。
- 常见做法：在公司合并或被收购时，提供50%的加速兑现。

4. 股份回购权（Right of First Refusal）

- 定义：如果持股人在全部股份兑现前想要出售其股份，公司有权先于其他潜在买家，以相同的条件购买这些股份。
- 常见做法：公司对于员工股份有优先购买权。

5. 终止条款

- 定义：如果持股人在兑现期内离开公司，他们将失去所有未兑现的股份，并可能需要以预先确定的价格将已兑现的股份出售回公司。
- 常见做法：对于早期离职的员工，公司有权回购其已兑现的股份。

在与投资者谈判投资条款时，股份兑现条款是关键组成部分之一。

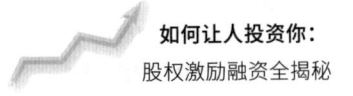

理解其形式和内容，将帮助创业者更好地保障自己和团队的权益，同时确保公司的长期发展。

5.5.2 股份兑现条款谈判要点及谈判空间

股份兑现条款是确保公司长期利益与团队持续贡献之间的关键平衡点。在与投资者进行谈判时，如何设置股份兑现条款至关重要。接下来，我们将探讨这一条款的谈判要点和可能的谈判空间。

1. 兑现周期

- 要点：兑现周期的长短会影响团队的长期承诺。太长的兑现周期可能导致团队士气低落，而太短则可能导致缺乏长期动力。
- 谈判空间：虽然四年是标准的兑现周期，但创始团队可以争取更短的兑现周期，特别是在他们对公司有强烈的承诺时。

2. 悬而未决的期限

- 要点：该期限旨在确保团队对公司的初步承诺。
- 谈判空间：根据公司的具体情况和团队的需求，可以考虑缩短或延长这一期限。

3. 加速兑现

- 要点：加速兑现为团队提供了在特定事件（如收购）下的额外保障。
- 谈判空间：创业者可以争取在更多的情况下得到加速兑现，如公司达到某个业务目标或里程碑。

4. 股份回购权

- 要点：此权利确保公司股份不会轻易流入外部市场，但也可能限制团队的流动性。
- 谈判空间：创业者可以与投资者商讨某些例外情况，如为家庭成员转让股份或在公司上市后出售股份。

5. 终止条款
- 要点：这些条款提供了对于早期离开公司的团队成员的一种保护机制。
- 谈判空间：创业者可以争取更长的时间窗口来出售其股份，或争取更高的股份出售价格。

在股份兑现条款的谈判过程中，创业者应始终注意维护与投资者的关系，同时确保自己和团队的权益得到妥善保障。谈判是一门艺术，需要耐心、策略和沟通技巧。理解股份兑现的要点和谈判空间，能帮助创业者在谈判桌上更有底气。

案例：华阳科技与天使投资者的股份兑现条款谈判

（案例是虚构的，旨在帮助解释和阐明前文所描述的内容。）

背景

华阳科技是一个初创的AI技术公司，由三名合伙人——王晓、李明和张云创办。公司发展初期，三人都是全职投入，但在公司成立的第二年，张云因家庭原因需要暂时离开公司。

在这期间，华阳科技开始与一位天使投资者陈女士进行投资谈判。在讨论股份兑现条款时，陈女士希望引入一个四年的兑现周期，其中第一年作为悬而未决的期限，之后每季度解锁1/12的股份。这意味着，如果任何创始人在第一年内离职，他们将不会获得任何股份。

王晓和李明对此表示担忧，尤其是考虑到张云可能不会立即回归。他们担心在第一年结束时，张云的股份可能会被回购，从而削弱了公司的创始团队。

因此，双方进一步进行谈判。经过几轮讨论，王晓提出了以下修改

建议

对于张云的股份,延长悬而未决的期限至两年,以给予他更多的时间返回公司。

对于其他创始人,维持一年的悬而未决期限,但在特定情况下(如公司完成A轮融资或达到预定业绩目标),加速解锁股份。

陈女士考虑了这些建议,并向其法律团队进行了咨询。最终,双方达成了以下共识:

为张云提供18个月的悬而未决期限,并允许他在此期间随时返回公司。

其他创始人的兑现条款按照原计划执行,但如果公司在18个月内完成A轮融资,会提前解锁25%的股份。

这次谈判展现了创始团队如何在保护自身利益的同时,也满足了投资者的关切。通过相互理解和灵活的策略,双方都找到了一个双赢的解决方案。

第 5 章
投资条款如何谈判

5.6 股份回购

当我们进入投资条款的深入讨论时，很容易忘记每一个条款都是建立在投资人和创业者之间互动的基础之上。投资不仅仅是资金的交换，更多的是建立一个能够共同努力、互相支持的关系。然而，关于如何结束这种关系的问题也同样重要。股份回购条款正是这样一个旨在为投资者提供一个明确的出口策略的条款。

股份回购，简而言之，是公司按照先前约定的条款和价格从投资者手中回购其持有的股份的权利或义务。对于投资者来说，这是一个安全网，确保在某些情况下，他们可以获得一部分或全部的投资回报。而对于公司和创始团队来说，了解这些条款可以帮助他们更好地规划未来，尤其是在资金筹集和公司策略方面。

5.6.1 股份回购条款的具体形式与内容

股份回购条款是投资合同中的一个关键条款，它为投资者设定了一个明确的时间表或触发事件，以便在这些时点或事件发生时有权或有义务将其股份卖回给公司。这一条款的存在确保了投资者在某种程度上可以实现流动性或保护其投资。

以下是股份回购条款的主要形式：

1. 固定时间回购：公司将在合同中规定的特定日期或满足某一持续时间后，按照约定的价格或公式从投资者手中回购股份。例如，合同可能规定公司在五年后按照投资时的价格加上年化6%的利息回购股份。

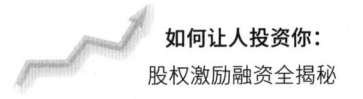

2. 触发事件回购：当发生某些预定义的事件时，公司有权或义务回购投资者的股份。常见的触发事件包括创始团队的主要成员离职、公司未能在规定的时间内进行上市或再融资等。

3. 投资者选择权：在某些情况下，合同可能会允许投资者在某一时间点或在发生某一触发事件后决定是否将其股份出售给公司。

4. 价格确定：股份回购价格可能是固定的、基于某种公式确定的，或者基于第三方估值的。在某些情况下，价格可能包括投资者的原始投资额加上一个合理的利润，或者是基于市场条件的公允市值。

需要注意的是，尽管股份回购条款可以为投资者提供一个明确的退出机会，但它也可能限制了公司的财务灵活性。因此，这一条款需要在保护投资者和确保公司长期健康发展之间找到平衡。

在设计股份回购条款时，双方都需要仔细考虑其影响，并确保条款的内容反映了双方的共同意愿和目标。

5.6.2 股份回购条款的谈判要点与谈判空间

股份回购条款在投资合同中是具有争议性的，因为它涉及公司的财务灵活性和投资者的流动性需求。在谈判此条款时，双方都希望达到一个可以接受的中间点，既能满足投资者的需求，又不会对公司的长期运营造成过多压力。以下是一些主要的谈判要点和谈判空间：

1. 回购时间的确定：投资者可能会要求公司在一定的时间内回购其股份，以确保其投资能够得到回报。然而，这可能会给初创公司带来压力，因为他们可能需要这些资金进行运营。双方可以通过调整回购的时间和比例来寻找平衡。

2. 回购价格的确定：回购价格是一个关键的议题。投资者希望得到一个合理的回报，而公司希望避免过高的回购价格。双方可以考虑采用固定价格、基于公式的价格或第三方估值等方式来确定。

3. 触发事件的定义：双方需要明确什么样的事件会触发股份回购条款。这些事件应该是双方都可以接受的，并确保它们不会在公司正常运营过程中被轻易触发。

4. 灵活性条款：为了增加灵活性，双方可以考虑加入一些特殊条款，如在公司获得新的融资或达到一定的业绩指标时，延长回购的时间。

5. 回购的方式：双方还需要确定回购的具体方式，是一次性回购还是分期回购，以及支付方式等。

6. 违约和补救：如果一方未能履行其在股份回购条款中的义务，应明确规定违约的后果和补救措施。

总的来说，股份回购条款的谈判需要考虑双方的利益和需求。为了达到一个双赢的结果，双方都需要展现出灵活性和创造性，并确保最终的条款既能保护投资者的利益，又能确保公司的长期发展。

案例：BlueTech 公司的股份回购条款谈判

（案例是虚构的，旨在帮助解释和阐明前文所描述的内容。）

背景

BlueTech是一家初创技术公司，专注于AI技术在医疗领域的应用。公司创办两年，已经取得了一些初步的技术突破，吸引了VentureTech风险投资的注意。

VentureTech对BlueTech感兴趣并提出了投资意向。在投资条款的谈判中，股份回购条款成为一个关键争议点。

核心问题

VentureTech希望BlueTech在4年内对其投资的股份进行回购，回购价格为投资价格的两倍。而BlueTech认为4年太短，且价格太高，可能会对公司的资金流和运营造成压力。

谈判过程

回购时间的确定：BlueTech提议将回购时间延长到6年，VentureTech则希望在5年内完成回购，双方最后达成了5.5年的妥协。

回购价格的确定：BlueTech提出一个基于公司业绩的公式来确定回购价格，保证VentureTech可以得到合理的回报，但又不会给公司带来太大的压力。经过讨论，双方同意回购价格为投资价格的1.5倍，再加上与公司业绩相关的浮动部分。

触发事件的定义：双方定义了若公司在5年内被并购或上市，则会触发回购条款。同时，如果公司在此期间获得新的融资超过一定金额，回购时间可以得到延长。

灵活性条款：BlueTech建议在特定条件下，如公司业绩超出预期，可以延长回购时间。VentureTech接受了这一提议，但要求增加一个条件：如果BlueTech的业绩没有达到预期，则需要提前回购部分股份。

最终协议

双方经过数轮谈判，最终达成了一个双赢的协议：BlueTech承诺在5.5年内按照1.5倍的投资价格加上与公司业绩相关的浮动部分回购VentureTech的股份，并在合同中明确了触发回购的条件和灵活性条款。

这个案例展示了如何通过灵活性和创造性的谈判，在保护投资者利益的同时，也确保了初创公司的长期发展。

5.7 领售权

在创业生态系统中，创始人和投资者之间的关系通常是相互信任与依赖的，但随着时间的推移和公司发展的不确定性，双方可能会遇到不同的目标和优先级。其中一个核心的矛盾点可能涉及公司的未来方向，尤其是在并购、退出或遇到其他重大事务时。领售权，也称为"拖带权"，就是在这种背景下产生的一个关键条款。

领售权条款允许某些股东，在满足特定条件下，要求其他股东一同出售其股份。这通常是为了确保在公司被出售时，交易可以顺利进行，不会因为个别股东的反对而受阻。

这一节将深入探讨领售权条款的背景、用途以及它在投资条款中的作用。我们也将探索如何在谈判中为您的方向和利益制定策略，确保领售权条款不仅保护投资者的权益，同时也尊重和考虑创始团队和其他股东的立场和需求。

在继续深入之前，让我们首先来了解领售权的具体形式和内容，以及它如何在实际操作中起作用。

5.7.1 领售权条款的具体形式与内容

领售权，也称为拖带权，是一种常见的投资条款，其目的是确保主要股东在公司并购、重组或发生其他重大资本事件时可以顺利完成交易。这种权利允许某些股东（通常是大股东或投资者）在决定出售其股份时，要求其他股东也同样出售其股份，从而确保交易的成功。那么，

领售权具体是如何形式化的呢？以下是其核心要点：

1. 触发条件：领售权的触发通常与特定的事件相关，例如公司的并购、私有化或其他股东间的股份交易。条款会明确列出这些条件，确保只有在满足特定条件时才能行使领售权。

2. 要求卖出的股东：通常，领售权的行使主体是持有公司某一定比例股份的股东。这些股东可能是创始团队、早期投资者或大股东。他们可以要求其他股东出售股份以满足交易的要求。

3. 价格和条款：领售权通常规定，当股东被要求出售股份时，他们应按照与主要股东相同的价格和条款出售。这确保了所有股东都能公平受益。

4. 法律后果：若股东未按照领售权的要求出售其股份，他们可能会面临法律诉讼或其他制裁。条款通常会明确这些后果，确保领售权的有效性和可执行性。

5. 排除条款：在某些情况下，某些股东可能被排除在领售权之外。例如，某些创始人或关键员工可能不希望被强制出售其股份。这种情况下，投资条款可能会为这些股东提供例外。

领售权在投资合同中是为了解决潜在的冲突和确保交易的成功而设置的。虽然它为大股东提供了保护，但对于小股东，这可能意味着他们在某些情况下会失去其投资决策的自主权。因此，在谈判领售权时，各方都应认真考虑其后果，并寻找平衡各方利益的方法。

5.7.2 领售权条款谈判要点与谈判空间

领售权条款在投资合同中是一个重要的部分，确保主要股东可以顺利地完成资本事件，如公司并购。然而，对于创始人和小股东来说，这个条款可能带来一些风险，限制他们的决策自主权。因此，了解领售权条款的谈判要点和空间至关重要。

1. **触发条件明确化：**

- 谈判要点：创始团队应确保触发领售权的条件被明确和限定，防止大股东随意行使此权。

- 谈判空间：触发条件可以细分为多个子条款，如并购的最低价格，受影响股东的最低比例等。

2. **价格保护：**

- 谈判要点：小股东应确保他们在行使领售权时得到的价格是公平的，并与大股东得到的价格一致。

- 谈判空间：可以建议设置一个公平市场价值的评估机制，或者允许第三方机构进行评估。

3. **排除特定股东：**

- 谈判要点：在某些情况下，创始团队或核心团队成员可能希望从领售权条款中排除特定股东。

- 谈判空间：可以提出为某些关键股东设置例外，或者根据他们在公司中的角色和贡献来限制领售权的适用。

4. **时效限制：**

- 谈判要点：为了保护小股东的利益，可以建议在领售权条款中设置一定的时效性。

- 谈判空间：可以谈判领售权的行使时间窗口，例如，只在并购交易发生后的六个月内有效。

5. **法律后果的限制：**

- 谈判要点：创始团队和小股东应确保领售权的法律后果不会过于严重，防止大股东滥用权力。

- 谈判空间：可以建议减轻违反领售权条款时的罚款或赔偿，或者设置一定的宽限期。

总体来说，谈判领售权条款时，双方都应寻求一个平衡点，确保交易的成功，同时保护所有股东的利益。了解这些谈判要点和空间，可以帮助创始团队和投资者达成一个双方都满意的结果。

案例：蓝天创业与金翼资本的领售权谈判

（案例是虚构的，旨在帮助解释和阐明前文所描述的内容。）

背景

蓝天创业公司是一个初创的技术公司，专注于开发高效能的太阳能面板。两年后，他们吸引了风险投资公司金翼资本的注意，金翼资本计划投资5000万美元以获取公司20%的股份。在谈判投资条款时，金翼资本希望加入一个领售权条款，确保未来可以将其股份连同其他股东的股份一起卖出。

谈判过程

1. 触发条件明确化

蓝天创业的创始团队希望明确领售权的触发条件，以避免金翼资本随意行使此权。双方经过多次讨论，最终确定领售权只能在公司估值超过2亿美元，并且有第三方愿意全部购买的情况下触发。

2. 价格保护

蓝天创业担心在行使领售权时，金翼资本可能会获得更高的价格。经过协商，双方同意任何领售操作的价格必须是所有股东都可以接受的，确保每个人都能获得同样的待遇。

3. 排除特定股东

由于某些核心团队成员对公司的技术有深入的了解，蓝天创业要求这些核心团队成员应被排除在领售权之外。金翼资本同意，但要求这些成员在未来的并购中继续为公司工作至少两年。

4. 时效限制

蓝天创业提议领售权只在并购交易确认后的12个月内有效。金翼资本反驳说这个时限太短，双方经过多次谈判，最终确定为18个月。

5. 法律后果的限制

蓝天创业希望限制领售权的法律后果，以防止潜在的滥权行为。双方同意，如有违反领售权条款的行为，违约方需支付相当于其投资额10%的罚金。

经过多轮的谈判，蓝天创业和金翼资本对领售权条款达成了满意的共识，确保了双方的利益和公司的长远发展。

5.8 竞业禁止协议

在创业公司和投资者之间的投资交易中，除了股份、估值和未来发展方向等经常被提及的关键议题之外，还有一个相对较少被提及但同样关键的议题：竞业禁止协议。此协议是投资者用来保护其投资的一种方式，确保创始人和核心团队在某段时间内不会离开公司去创建或加入竞争对手。

竞业禁止协议不仅仅是投资者的利益保障工具，它也是公司文化和长期策略的反映。过于严格的协议可能会限制创始人和核心团队的未来选择和创业热情，但过于宽松的协议又可能会使投资者担心其资金的安全性。因此，如何平衡双方的利益并达成共识是本节的核心议题。

在本节中，我们将详细探讨竞业禁止协议的各个方面，包括其形式、内容、时效以及与其他条款的关联。同时，我们还将为您提供实用的建议，帮助您更好地理解和谈判这一重要条款。

5.8.1 竞业禁止协议的内容

竞业禁止协议，如其名，是一种旨在防止公司内部的关键人员在特定的时间、地点和领域与公司进行直接竞争的法律协议。它被设计出来的目的是保护投资者的利益和公司的核心商业机密。以下是竞业禁止协议的主要内容：

1. 受限人员：竞业禁止协议首先需要明确其适用的对象，通常为公司的创始人、核心管理层和关键技术人员。

2. 时效范围：协议需要明确受限时间，例如：离职后的1年、2年或更长时间。时效的长短常常根据行业的特性和公司的特殊需求而定。

3. 地域限制：这一部分定义了禁止竞争的具体地区。例如，一个国际化的公司可能要求全球范围的竞业禁止，而一个地方性的公司则可能只限制某个城市或地区。

4. 业务领域：定义了受限人员禁止进入的具体业务或行业领域。这需要尽可能具体，以避免法律纠纷。

5. 例外情况：任何协议都可能存在例外，例如某些被认为不会对公司构成实际竞争威胁的业务或职位。

6. 违约处罚：明确在违反协议的情况下，违约方应当支付的赔偿或承担的其他法律责任。

7. 有效期与解约：定义协议的有效期以及在何种情况下可以解约或修改。

值得注意的是，竞业禁止协议在不同的法域中可能受到不同程度的法律保护。在某些国家和地区，过于严格的竞业禁止协议可能会被法院视为"限制人身自由"，从而被判定为无效。因此，在起草和谈判这一协议时，了解相关的法律背景和法律解释是至关重要的。

5.8.2 竞业禁止协议的谈判要点与谈判空间

竞业禁止协议不仅涉及公司与投资者之间的利益，更关乎创始团队和关键员工的未来职业发展。为确保平衡各方利益并达到共同目标，谈判的技巧尤为重要。以下列举了竞业禁止协议中的一些关键谈判点以及潜在的谈判空间。

1. 受限人员的界定

- 要点：投资者通常希望这个范围尽可能广，以确保其投资受到充分的保护。

- 谈判空间：创始团队可以争取将此范围限制为核心团队或知悉重要商业秘密的员工。

2. 时效范围的确定

- 要点：长时间的限制可能影响到团队成员的职业生涯，而短时间则难以满足投资者的期望。
- 谈判空间：1—3年是一个相对常见的时效，但可以根据实际业务模型和市场竞争状况进行微调。

3. 地域限制的界定

- 要点：投资者希望地域范围广泛以避免潜在竞争风险。
- 谈判空间：创始团队可以提议将地域范围限制为主要经营地或主要市场。

4. 业务领域的确定

- 要点：投资者倾向于宽泛的业务定义来减少风险。
- 谈判空间：创始团队可以争取具体化业务领域的描述，确保不会过度限制自身的发展。

5. 支付补偿的讨论

- 要点：如果禁止竞业对创始团队或关键员工造成经济损失，他们应当得到相应的补偿。
- 谈判空间：补偿的金额、支付方式和时机都是可谈判的点，通常会根据禁止期限、业务规模和受影响人员的职责来确定。

6. 违约处罚的制定

- 要点：确定一个明确的违约处罚机制，旨在确保协议的执行。
- 谈判空间：违约罚款的金额和形式应该与潜在的业务损失相匹配，可以参考其他同行业的标准。

7. 有效期与解约

- 要点：确定协议的有效期，以及在特定情况下的解约条件。
- 谈判空间：根据公司的实际运营周期和投资者的期望，设定一个双方都认为合理的有效期。

总的来说，竞业禁止协议的谈判重点是在保护投资者利益的同时，确保创始团队和关键员工不会受到过度的限制。通过明确条款和建立互信，双方都可以从中获益。

案例：星光科技与蓝海资本的竞业禁止协议谈判

（案例是虚构的，旨在帮助解释和阐明前文所描述的内容。）

背景

星光科技是一家初创的AI技术公司，专注于医疗图像识别。蓝海资本看中了它的核心技术和市场潜力，决定进行A轮投资。但在投资条款中，蓝海资本提出了竞业禁止协议，希望确保星光科技的核心团队在接下来的3年内不会进入相同或相似的业务领域。

谈判过程

1. 受限人员的界定

- 蓝海资本原始提案：所有创始团队成员及关键研发人员。
- 星光科技反馈：仅限核心创始团队和接触核心技术的研发领导。
- 结果：双方同意仅对创始团队和主导研发的员工施加限制。

2. 时效范围的确定

- 蓝海资本原始提案：3年。
- 星光科技反馈：1年。
- 结果：经过协商，双方达成2年的协议。

3. 地域限制的界定

- 蓝海资本原始提案：全球。
- 星光科技反馈：仅限中国市场。
- 结果：最终确定为亚洲市场。

4. 支付补偿的讨论

- 蓝海资本原始提案：无补偿。
- 星光科技反馈：若进行竞业限制，则需要支付相当于2年薪资的补偿。
- 结果：双方同意支付2年薪资作为补偿，并明确支付时间点。

5. 违约处罚的制定

- 蓝海资本原始提案：违约支付1000万元罚款。
- 星光科技反馈：300万元。
- 结果：双方同意罚款金额为500万元。

通过持续的沟通和互相让步，星光科技和蓝海资本最终达成了一份双方都可以接受的竞业禁止协议。这不仅保护了蓝海资本的投资利益，也确保星光科技的创始团队不会受到过度的职业限制。

第 5 章
投资条款如何谈判

5.9 股 利

股利，一词在资本市场中充满了吸引力。这代表了投资者从其投资中获得的直接经济回报。对于初创公司而言，尤其在风险投资的语境下，股利并不总是被视为主要的关注点，因为许多初创公司在其早期阶段更倾向于重投利润以支持增长而不是分红。然而，当涉及投资条款时，股利成为必不可少的一部分，特别是当投资者期望在某些情况下获得特定的经济利益时。

但是，为什么在一个重视增长和退出策略的初创公司投资环境中，股利还会成为一个关键议题？在本节中，我们将深入探讨股利的核心要素，它在投资条款中的位置，以及为什么它对于某些投资者如此重要。

5.9.1 股利条款的内容

股利条款在投资协议中扮演的角色通常是围绕着两个核心元素：支付和优先权。在我们深入探讨这两个方面之前，首先需要理解什么是股利。

股利的定义：

股利是公司基于其盈利情况向股东支付的现金或额外的股份。这是股东对其投资的直接回报，并且在某种程度上反映了公司的经济健康和现金流状况。

接下来，我们详细介绍股利条款的主要内容：

1. 支付的频率与金额

股利可以是固定的，也可以是浮动的，取决于公司的盈利。条款可能规定每季度、每半年或每年支付一次股利。此外，股利可能与公司的净利润、营业额或其他财务指标挂钩。

2. 优先权

在多数情况下，风险投资者会要求优先股股利。这意味着在任何其他普通股股东之前，这些投资者会首先获得股利。这种优先权确保了在公司盈利分配时，他们的权益得到保障。

3. 积压股利

如果公司在特定的时间内未能支付股利，这些股利是否应该积压并在后续的时间内支付？这是投资条款中经常出现的一个议题。

4. 非现金股利

在某些情况下，公司可能会选择以非现金形式支付股利，例如通过发放额外的股份。这种情况下的具体条款和细节也应明确规定。

5. 特定情境下的股利

在某些特定的情境或时间节点下，投资者可能会要求更高的股利率。例如，如果公司未在规定的时间内上市，投资者可能会要求更高的年度股利作为补偿。

总体上说，股利条款为投资者提供了一种方式，确保他们能够从其投资中获得一定的回报，特别是在公司尚未实现退出或上市的情况下。

5.9.2 股利条款的谈判要点与谈判空间

当我们探讨股利条款的谈判时，需要认识到它在投资条款中所占的位置并不像某些其他条款那样核心，但是其重要性也不容忽视。对于投资者来说，他们要确保其投资获得合理的回报；而对于创业者或公司管理层来说，他们希望确保有足够的现金流来维持和扩展业务。下面，我们将详细探讨股利条款的谈判要点和谈判空间。

1. 支付的频率与金额

- **谈判要点**：投资者可能会寻求较高的固定股利率，以保证其资金的最低回报。

- **谈判空间**：创业公司可以争取将股利与公司的业绩挂钩，或提议较低的固定股利率，同时在公司业绩良好时增加浮动股利。

2. 优先权

- **谈判要点**：风险投资者通常会要求优先股股利，确保他们在所有股东之前获得支付。

- **谈判空间**：公司可以与投资者协商确定一个合理的优先支付比例，或者在满足投资者的优先权后，为普通股股东设定一个最低股利支付。

3. 积压股利

- **谈判要点**：投资者可能会要求积压未支付的股利，确保在未来有权获得这些股利。

- **谈判空间**：公司可以提议在特定情况下豁免积压股利，例如在公司融资或实现某些业绩里程碑时。

4. 非现金股利

- **谈判要点**：在现金流紧张的情况下，公司可能更倾向于非现金股利。

- **谈判空间**：双方可以协商非现金股利的价值和转换方式，确保这种支付方式对双方都是公平的。

5. 特定情境下的股利

- **谈判要点**：投资者可能会要求在公司未能达到某些约定的情况

下增加股利，作为一种风险补偿。
- 谈判空间：公司可以提议设定一些具体的业绩标准，只有在未达到这些标准时，特定情境下的股利才会启动。

在股利条款的谈判中，关键是平衡投资者的权益和公司的发展需求。公司需要现金流来投资和扩展，而投资者希望获得其资金的回报。通过有效的沟通和协商，双方都可以获得满意的结果。

案例：蓝天科技与明日资本的股利条款谈判

（案例是虚构的，旨在帮助解释和阐明前文所描述的内容。）

背景

蓝天科技有限公司（以下简称"蓝天"）是一家初创的技术公司，专注于开发先进的太阳能解决方案。在公司成立的初期，它吸引了一家著名的风险投资公司——明日资本的关注，并决定进行A轮融资。

在谈判投资条款时，明日资本提出了如下关于股利的要求：

1. 支付频率与金额：希望公司每季度支付5%的固定股利。

2. 优先权：要求优先获得股利支付。

3. 积压股利：如果公司在某一季度未能支付股利，该部分股利应积压到下一季度支付。

4. 特定情境下的股利：如果公司在某一年度内未能达到预定的销售目标，股利应增加2%作为补偿。

面对这些要求，蓝天的创始团队进行了反思和讨论。他们担心，如此高的固定股利率可能会严重影响公司的现金流和发展。于是，他们与明日资本展开了进一步的谈判：

1. 支付频率与金额：蓝天提议将固定股利率降低到3%，但在公司年度业绩超出预期时，将支付额外1%的浮动股利。

2. 优先权：蓝天承认明日资本的优先权，但提议在支付了优先股股利后，为普通股股东支付一个最低的0.5%股利。
3. 积压股利：蓝天提议在公司获得新的融资或达到某个业绩里程碑时豁免积压股利。
4. 特定情境下的股利：蓝天建议将特定情境的股利调整为1%，并明确定义了"未达到预定销售目标"的具体标准。

经过多轮谈判，双方最终达成了如下协议：

1. 固定股利率为3.5%，年度业绩超出预期时支付1%的浮动股利。
2. 明日资本享有股利的优先权，并保证普通股股东至少得到0.5%的股利。
3. 在公司获得新的融资或达到某个业绩里程碑时，积压股利将被豁免。
4. 如果公司未能达到预定销售目标，股利将增加1.5%。

这个案例展示了如何通过有效的谈判平衡投资者的权益和公司的发展需求，使双方都能达到满意的结果。

5.10 融资额

在启动和发展企业的过程中，资金常常被视为企业的生命线。合适的融资额不仅关乎企业短期的运营能力，更关系到其长期的战略目标和市场占有率。对于初创公司和其投资者来说，决定合适的融资额是一个至关重要的决策点，涉及公司的价值、股东权益的稀释、未来的融资计划，以及投资者的期望回报。

而在这背后，每一笔融资都隐藏着无数的故事与策略。创始人为什么要选择这个金额？为什么投资者同意或拒绝某个金额？这些选择背后的逻辑和策略是什么？如何确保在谈判桌上，双方都能达到最优的融资额？

在本节中，我们将深入探讨融资额的定义、它的重要性，如何根据公司的实际情况和市场环境确定融资额，以及在这一核心议题上如何进行有效的谈判。我们还将分析融资额与公司估值之间的微妙关系，以及它对创始人和投资者双方的意义。

5.10.1 融资额的定义与重要性

首先，我们来说说融资额的定义。

融资额，简单地说，是企业在一轮融资中希望或计划从投资者那里筹集的资金总额。这个金额通常在"Term Sheet"中明确列出，并作为与投资者之间谈判的基础。融资额与公司的估值、股份分配和其他条款息息相关，因为它直接决定了投资者在公司中的股份比例。

然后，我们看一下它的重要性都有哪些。

确定公司方向与速度：融资额的大小直接决定了公司在下一阶段能够采取的策略和速度。例如，筹集到的资金可以用于扩大生产、增加市场营销活动、拓展团队或进行研发。而资金不足可能导致公司错过某些机会，或在某些关键领域缺乏竞争力。

影响公司估值与稀释：确定融资额和公司的估值是同时进行的。高的融资额在某种程度上可能意味着公司估值较高，但同时也可能导致现有股东权益的更大稀释。

资金使用策略：企业需要确保筹集到的资金能够按照预定的策略进行使用，确保公司的生存和增长。融资额的决定要基于公司的现金流预测和未来的资金需求。

与投资者的关系：确定合适的融资额也是建立和维护与投资者良好关系的关键。过高的融资要求可能让投资者觉得企业过于贪婪或不切实际；而过低的融资额可能导致资金短缺，从而需要在短时间内再次融资，这可能给投资者带来不必要的压力和风险。

总的来说，融资额不仅仅是一个数字，它代表了公司的策略、方向和与投资者的关系。正确地确定和谈判融资额，对于公司的健康成长和成功融资至关重要。

5.10.2 如何确定融资额

确定融资额是每轮融资过程中的核心任务之一，涉及的因素众多，包括公司的财务状况、业务战略、市场环境、投资者的期望等。以下是一些建议和步骤，帮助创业者和公司管理层确定合适的融资额：

1. 深入了解财务状况
- 详细的财务计划：建立一份详细的财务计划，预测未来12—36

个月的现金流情况。这包括预计的收入、成本、利润和其他相关的财务数据。
- 计算燃烧率：了解公司每月的资金燃烧率（即固定支出和变动支出的总和）可以帮助你估算在没有任何收入的情况下公司可以存活多久。

2. 考虑公司战略
- 扩张或保守：如果公司打算进入新的市场、拓展产品线或增加市场营销活动，可能需要更多的资金。相反，如果公司选择较为保守的策略，融资需求可能会相对较少。
- 研发投入：对于科技公司或需要大量研发的公司，研发投入将是确定融资额的重要因素。

3. 考虑市场环境和竞争态势
- 市场规模：在大市场中，为了获取更大的市场份额，可能需要更大的资金投入。
- 竞争对手的策略：了解竞争对手的融资状况和策略可以帮助你更好地制定自己的融资策略。

4. 与潜在投资者沟通
- 获取反馈：在确定最终的融资额之前，与潜在的投资者进行初步的沟通，了解他们的反馈和期望，可以帮助你更好地调整策略。
- 灵活调整：在与投资者的谈判过程中，根据谈判的进展和反馈，适时调整融资额。

5. 预留缓冲

为了应对未来可能的风险和不确定性，通常建议预留一定的资金缓冲，这可以帮助公司在面对不确定的市场环境时有更大的灵活性。

总结，确定融资额是一个结合财务数据、业务战略、市场环境和投资者期望的综合过程。通过深入分析和充分的沟通，公司可以确定一个既符合自身需求又能吸引投资者的融资额。

5.10.3 融资额与公司估值的关系

在投资领域中，融资额和公司估值之间的关系是密切而复杂的。它们互相影响，同时也受到外部市场因素的影响。为了更好地理解这种关系以及在谈判中如何利用这种关系，我们首先要深入了解它们之间的基本互动。

1. 基本定义

- 融资额（Amount of Financing）：公司在一轮融资中希望筹集的资金总额。
- 公司估值（Company Valuation）：可分为前估值（Pre-money Valuation）和后估值（Post-money Valuation）。前估值是在此次融资前，公司的估值；而后估值则是融资后的公司总估值，通常等于前估值加上融资额。

2. 基本关系

融资额与公司估值的关系可以简化为这样的公式：

后估值 = 前估值 + 融资额

但在实际谈判中，这种关系远比公式要复杂。

3. 融资额的影响

融资额的大小直接影响到股东的稀释程度。大的融资额在一定程度上可能意味着现有股东在公司中的持股比例将被大幅稀释，尤其是在估值较低时。

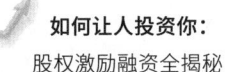

4. 估值与融资额的双向影响

- 估值高，融资空间大：当一个公司的估值较高时，它可以在少稀释股东权益的前提下筹集更多的资金。
- 估值低，稀释更大：相反，低估值意味着公司为筹集同样数量的资金，可能需要发放更多的股份，从而导致现有股东的持股被大幅稀释。

5. 市场因素的影响

市场环境、行业趋势以及投资者情绪等都会对公司估值造成影响，间接地影响到融资额与估值的关系。在一个看好的市场中，公司可能会得到更高的估值，从而在较少的稀释中获得更多的融资。

6. 谈判策略

理解融资额与公司估值的关系对于谈判策略至关重要。企业需要权衡融资的需求与股东稀释的接受程度，找到一个平衡点。此外，与投资者建立良好的关系、提供准确的财务预测和展示出公司的增长潜力，都可以有助于获得有利的融资条款。

在融资谈判中，融资额和公司估值是核心议题。了解它们之间的关系，以及如何在实际谈判中利用这种关系，对于公司来说是至关重要的。

5.10.4 融资额谈判的要点

谈判融资额，无疑是投资条款中的重要组成部分，关乎公司的未来发展及股东权益的分配。在进入谈判之前，企业需要明确自己的需求、评估可能的风险，并掌握一系列有效的策略。以下为您提供关于融资额谈判的要点：

1. 明确融资需求

目的性分析：在进入谈判前，首先要明确资金用途，如扩张、研发、市场营销等。有明确的目标将有助于为融资金额提供合理的依据。

制定预算：基于资金用途，制订详细的预算计划。这不仅为融资金额提供了直观的依据，还能展现公司的专业性和策略性。

2. 考虑融资成本

融资稀释：融资会导致股东权益的稀释。需计算不同融资额下，原股东持股的稀释比例。

回报预期：投资者为了获得期望的回报，可能会要求更多的股份。了解投资者的期望回报率，有助于预测他们可能接受的融资额。

3. 灵活调整策略

分阶段融资：考虑分阶段筹资，降低单次融资的压力，也能在后续阶段以更高的估值筹集资金。

备选方案：除了首选的投资者，还应与其他潜在投资者进行沟通，以备不时之需。

4. 维护和加强与投资者的关系

投资者关系管理是成功融资的关键。维护良好的关系可以加速谈判进程，也有助于在关键时刻取得更有利的条件。

5. 利用第三方专家

聘请律师、财务顾问等第三方专家参与谈判，可以为你提供专业建议，确保条款的公正和透明。

融资额的谈判不是数字游戏，而是战略、策略和人际关系的综合考量。

5.10.5 常见的陷阱与如何避免

在谈判融资额时，很容易遭遇一系列陷阱，这些陷阱可能对公司的未来带来不利影响。为了确保公司和股东的最大利益，这里我们列出了一些常见的陷阱和相应的避免策略。

1. 过度融资

陷阱：为了确保充足的现金流，企业可能会选择过多地筹集资金。但过度融资会导致不必要的股权稀释，从而减少原始股东的权益。

避免策略：详细计划资金使用，并制定严格的预算。此外，考虑分阶段筹资以减少每个阶段的资金需求。

2. 低估融资成本

陷阱：低估与融资相关的成本，如法律费、财务顾问费等，可能会导致实际所得的融资额少于预期。

避免策略：在预算中预留一定比例的费用用于覆盖这些额外的融资成本。

3. 固守某一融资额

陷阱：过于坚持某一特定的融资金额，可能会导致失去与投资者的合作机会。

避免策略：在谈判前，确定一个融资金额的范围，而不是一个固定的数字，为谈判提供更大的空间。

4. 忽略长期财务计划

陷阱：仅关注短期融资需求，忽略公司的长期财务计划，可能导致未来资金短缺。

避免策略：在筹资之前，明确公司的长期发展计划和相应的财务需求。

5. 过分依赖某一投资者

陷阱：过分依赖单一投资者可能导致在谈判中失去主导权，从而接受不利的条款。

避免策略：多寻找几家潜在的投资者，并确保与他们都保持沟通。

面对融资谈判，每家公司的情况都是独特的，但这些常见的陷阱和避免策略应该能帮助大多数公司在融资过程中做出明智的决策。

第 6 章

合伙人时代，入伙就是用"人"投资你

当我们谈论创业，很多人首先会想到的是资金、技术、产品和市场策略。但随着时间的推移，创业的成功越来越依赖于团队的合作。这标志着从雇佣时代向合伙人时代的转变，其中团队成员不再仅仅是受雇员工，而是真正的合作伙伴，他们为公司的成功投入了自己的心血和智慧。入伙，就是你所心仪的人才用"他自己"投资了你，投资了你初创的事业！

人力资本的投入：

全情投入：当一个人才决定加入一个初创公司，这往往意味着他们准备放弃其他机会，如更高的薪酬、更稳定的工作等。这种全情投入，可以被视为一种人力资本的投入。

人才的重要性：资金对于初创公司来说无疑是重要的，但人才的投入在很多情况下同样甚至更为关键。因为他们不仅带来技能和知识，更带来了新的观点、联系和创新的思维方式。

承担风险：与传统的投资者不同，加入初创公司的人才是在投资他们的未来。这是一种高风险的行为，但回报也可能是巨大的。

合伙团队的重要性：

共同的使命和目标：在合伙人模式下，团队成员与创始人共同承担风险和回报。这种合作方式确保了每个人都对公司的成功有深厚的承诺，他们不仅是为了工资而工作。

互补的技能和经验：一个多元化的团队会带来不同的技能和经验，这有助于应对创业过程中的各种挑战。每个成员都是团队的一个重要部分，共同为达到目标而努力。

更高的创新能力：当团队成员感到自己是公司的一部分时，他们更有可能提出创新的想法和解决方案。他们为公司带来的不仅仅是他们的工作，还有他们的热情和创造力。

更强的凝聚力：共同的目标和使命可以增强团队的凝聚力，使他们在面对困难时更加团结。

总之，随着初创公司的发展，创始人需要意识到雇用合适的人才不仅仅是为了完成特定的任务，更是为了找到那些能够与公司一起成长和承受风险的合伙人。在合伙人模式下，每个团队成员都为公司的成功作出了贡献，这对于建立一个成功的企业来说是至关重要的。

第 6 章
合伙人时代，入伙就是用"人"投资你

6.1 公司中坚力量的"O 位高管"是构架创业团队的核心

创业公司在早期经常是由一群有共同愿景和目标的人组成的。但随着公司的增长和复杂化，就需要一支高效、经验丰富的团队来支撑公司的运营、财务和技术等关键部门。这就是CFO（首席财务官）、COO（首席运营官）和CTO（首席技术官）这些"O位高管"的重要性所在。

首席财务官（CFO）：

CFO在公司中的角色是至关重要的。他们负责公司的财务战略、预算、会计和其他与金钱有关的事务。此外，CFO还经常涉及投资决策，为公司寻找和评估融资机会。

如沃伦·巴菲特（Warren Buffett）曾说："会计是商业语言。"这句话突出了财务在公司决策中的核心地位。阿里巴巴的蔡崇信最初在阿里巴巴担任的就是CFO的职位，万科的郁亮在万科亦是如此。

首席运营官（COO）：

COO是公司的核心运营者，他们确保公司的日常运营得以高效、有序进行。这包括供应链管理、人力资源、日常管理等等。他们经常是CEO的右手，助其理清策略和运营之间的关系。

如蒂姆·库克（Tim Cook），在成为Apple的CEO之前，他的COO角色在确保Apple的供应链效率中起到了关键作用。

首席技术官（CTO）：

CTO是公司的技术领导者。他们负责技术策略、产品开发、研究和创新。在科技驱动的公司中，CTO的角色尤为关键。

如马克·扎克伯格（Mark Zuckerberg）在Facebook早期就说："我们是一个技术公司，我们需要拥有强大的技术领导。"

"O位高管"不仅在自己的专业领域具备卓越的技能，他们还要具备跨领域的沟通和领导能力，以确保各个部门之间能够有效协同合作。他们是公司的中坚力量，为公司的策略提供执行保障，也是吸引投资者和其他利益相关者信任的关键人物。

在构建一个初创公司时，创始人往往扮演多个角色，但随着公司的成长，将这些关键角色委派给合适的"O位高管"是至关重要的。他们的专业知识、经验和领导能力确保了公司不仅能够在创业阶段蓬勃发展，而且在后续的扩张和运营中也能持续成功。

正如杰克·韦尔奇（Jack Welch），前通用电气公司CEO所说："我所做的最好的事情是选择合适的人。"这强调了选择正确的高级管理人员成为合伙人对于公司成功的重要性。

6.2 "O位"人选的标准

选择和选拔公司的"O位"高管，即CFO、COO和CTO，对于公司的长期稳定和增长至关重要。这三个职位负责公司的财务健康、日常运营和技术前景，因此，他们的能力和经验决定了公司的方向和战略实施。以下是结合国际和中国的商业实践案例和人物，对这些高管选择和选拔标准的详细论述：

首席财务官（CFO）：

标准：

- 深厚的财务知识和实践经验。
- 良好的战略思维能力，与CEO紧密合作确定和执行公司的长期战略。
- 与外部投资者、银行和其他金融机构的沟通能力。
- 熟悉公司运营的法规和规定。

国际实践案例：Ruth Porat——在成为Google母公司Alphabet的CFO之前，Porat在摩根士丹利拥有长达22年的工作经历，积累了丰富的财务和投资经验。

中国实践案例：蔡崇信——在阿里巴巴的初创时期，蔡崇信担任CFO职位，他对于阿里巴巴早期的生存发展起到了至关重要的作用。他不仅对财务进行了严格的管理，还成功地进行了多轮融资活动，为阿里巴巴的初期发展提供了充足的资金。在与软银、雅虎的投资谈判中，蔡崇信扮演了关键角色，最终促成了软银、雅虎对阿里巴巴的投资。

首席运营官（COO）：

标准：

- 深入了解公司的运营和供应链。
- 出色的项目管理和团队领导能力。
- 与其他部门和团队的高效沟通与协同。
- 熟悉市场和行业趋势。

国际实践案例：蒂姆·库克——在成为Apple的CEO之前，库克是公司的COO，他对供应链管理的改革确保了Apple的产品能够高效、准时地交付给消费者。

中国实践案例：曾元清——OPPO的首席运营官。曾元清是OPPO公司的核心高管之一。在他的领导下，OPPO成功地在国内和国际市场扩大了其业务范围，并确立了品牌的知名度。他对OPPO的成功贡献巨大，为公司提供了明确的运营策略，并在全球多个市场中推动了品牌的发展。

首席技术官（CTO）：

标准：

- 对技术和行业的深入了解。
- 持续创新的能力和愿景。
- 领导技术团队并确保项目按时完成的能力。
- 与其他业务部门的良好协作能力。

国际实践案例：Kevin Lynch——作为Apple的技术副总裁，他对Apple Watch的开发起到了关键作用。

中国实践案例：王海峰——他仍然是百度公司的CTO。在他的技术领导下，百度成功地在搜索技术、人工智能以及自动驾驶等领域取得了领先地位。王海峰的技术领导力为百度建立了坚实的技术基础。

第 6 章
合伙人时代，入伙就是用"人"投资你

对于初创公司而言，选择适当的O位高管尤为重要，因为这三个关键职位的决策会对公司的初步方向和未来增长产生深远的影响。这些高管应该不仅有所述的专业技能，而且要能适应初创公司经常变化的环境，并能够与创始团队和员工形成紧密的合作关系。

6.3　阿里巴巴选择合伙人标准与办法

阿里巴巴的合伙人制度在商界具有独特之处，反映了公司的文化和管理哲学。以下是阿里巴巴选择合伙人的核心标准与办法：

1. 阿里巴巴选择合伙人的标准：

（1）公司文化的传承者：

马云常说："文化是阿里巴巴最大的竞争力。"因此，合伙人首先要成为公司文化的传承者，全身心接受"客户第一、团队合作、拥抱变革、诚信、激情、敬业"等核心价值观。

（2）长期服务与付出：

合伙人通常是在公司服务超过5年以上的高级管理人员，这些人在公司的发展历程中做出了重要贡献。

（3）业务成果显著：

单纯的年资并不能保证成为合伙人。合伙人应当在其负责的业务领域中取得显著的成果。

（4）创新与领导能力：

在技术与互联网行业，不断地创新是保持竞争力的关键。合伙人需要展现出强大的创新能力与领导团队实现目标的能力。

2. 选择办法：

（1）内部提名与评议：

现有合伙人会对提名的候选人进行严格的评议，确保他们符合上述标准。由在任合伙人向合伙人委员会提名推荐，并由合伙人委员会审核同意其参加选举。在一人一票的基础上，超过75%的合伙人投票同意其加入，合伙人的选择和罢免无须经过股东大会审议或通过。

（2）综合评价：

除了考虑候选人在业务上的成绩，还会评价其人品、领导能力、团队合作精神等软性指标。

（3）实践检验：

被提名为合伙人的候选人通常需要在新的岗位或项目中经受一段时间的实践检验，证明自己确实具备合伙人应有的品质和能力。

3. 评论：

阿里巴巴的合伙人制度，反映了公司对内部文化和长期发展的高度重视。这种制度确保了公司在迅速扩张的同时，仍能够保持其独特的企业文化和管理风格。此外，通过鼓励内部员工努力、表现，并有机会成为合伙人，阿里巴巴为员工提供了明确的职业晋升路径，增强了员工的归属感和忠诚度。

然而，这种制度也可能带来风险，例如内部竞争过于激烈，或者过于强调文化和价值观而忽视业务的实际需求。但总体而言，阿里巴巴的合伙人制度是其成功的重要支柱之一。

此外值得一提的是，阿里巴巴合伙人的奖金分配，是税前列支项目，区别于股东分红权从税后利润中提取，而合伙人奖金分配是作为管理费用处理的。因此合伙人的分红一方面属于绩效奖金的范畴，可以减少公司的所得税的支出;另一方面不需要股东大会讨论，直接由董事会决定就可以执行，马云合伙人团队在董事会拥有多数席位，可以左右合伙人的奖金分配。

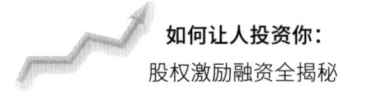

6.4 各种股权、股份比例迷人眼，详解1%—67%的背后意义

对于众多初创公司，尤其是那些有巨大市场潜力的，首席创始人在成长过程中需要稀释自己的股权、股份来吸引合伙人、关键员工和外部投资者。然而，为了保证公司的长远健康发展，首席创始人通常需要确保自己仍对公司的决策和未来有一定的控制权。

股权是指股东对公司的所有权，通常基于其持有的股份比例。控制权则涉及公司决策的权利，如对公司策略的决定权和对公司管理团队的选择权等。

为了吸引和留住关键员工发展成为合伙人，首席创始人通常需要为他们提供股票期权或股权激励。为了扩大规模、开发新产品或进入新市场，初创公司通常需要外部资金，这意味着创始人需要将一部分公司的股权、股份卖给风险投资机构或其他投资者。

首席创始人在创业路上需要不断地权衡股权和控制权，确保公司的长期成功，同时保留对公司的核心决策的影响力，做到分股不分权，保障自己掌握公司的控制权。

许多创业者在设立公司之时，对于公司的绝对控股权、相对控股权、一票否决权、重大影响权、申请公司解散权、知情权等一无所知，其实这些权利就隐藏在67%、51%、34%、20%、10%、1%等比例之后，这些数字以及背后的意义，对于一个公司创始人至关重要！许多创业者在创业之初对于股权比例没有一个清晰完整的概念，在初始股权分配时较为随意，就此为公司控制权旁落埋下隐患。一个公司发展到一定阶段时，尤其是合伙人、风险投资人获得股权之后，因初始顶层股权构架设置不合理，首席创始人就失去了对公司的掌控权，创始股东与合伙人之间、创始股东与风险投资人之间常因战略选择、管理机制、利益分配等理念差异开始争斗，争斗一起，往往难以善了，最终将公司整垮整倒，一个极有发展前途的公司就此折戟沉沙，这样的案例不计其数，不胜枚举。因此创业之前，就应该知悉1%到67%之间数字背后的意义。

6.4.1 有限公司的股权比例意义

有限责任公司是指公司的全部股东按照其出资额度对公司承担有限责任，公司的财产独立，承担独立的债务责任的企业。也就是说，股东的责任限于其对公司的出资，而公司的负债由公司的全部资产承担。

股东持有不同股权比例的意义：

- 67%：绝对控股权；拥有通过所有股东会决议的权利。
- 51%：相对控股权；除7类（修改公司章程、增加或者减少注册资本的决议，以及公司合并、分立、解散或者变更公司形式）事项外，拥有决策权。
- 34%：一票否决权；持股超过1/3的股东拥有对股东会的7类（修改公司章程、增加或者减少注册资本的决议，以及公司合并、分立、解散或者变更公司形式）事项决议的一票否决权。
- 20%：重大影响权；根据会计准则，当股东持股比例超过20%但低于50%时，被认为对被投资公司有重大影响，投资方将被要求以"权益法"对该项投资进行会计核算。
- 10%：申请解散权；拥有向人民法院请求解散公司的权利和召开临时股东会的权利。
- 1%：股东知情权；持股1%是指只要持有有限责任公司股权的

股东，即使持有很少比例，也有拥有对公司的知情权，该知情权指股东有权查阅、复制公司章程、股东会会议记录、董事会会议决议、监事会会议决议和财务会计报告。

【法条链接】见附录E

6.4.2 上市公司股份比例意义

上市公司是指其股票或其他证券已经在证券交易所上市交易的公司。上市公司相比于有限责任公司，需遵循更为严格的公开信息披露制度。例如，定期披露年报、半年报、季报等。上市公司的股份可以在证券交易所公开交易，其股价受到市场供求、公司业绩、宏观经济环境等多种因素的影响。上市公司需满足更为严格的财务和非财务标准，如盈利能力、公司治理结构、信息披露制度等。上市公司的高级管理人员和大股东的买卖行为受到严格监管，如内幕交易的监控。上市公司在发行股票、债券或进行资产重组等方面受到严格的法律和监管规定的限制。

有限责任公司更多的是对公司责任的定义和股东的权利、义务的划定。而上市公司则在有限责任公司的基础上，增加了一系列的规范和要求，这些要求旨在确保公开市场上的投资者可以公平、公正、公开地获取公司的财务和经营信息，从而做出明智的投资决策。

股东持有不同股份比例的意义：

- 67%：重大事项通过线；对公司章程修改的决议、增加或减少注册资本的决议、公司合并、分立、解散或变更公司形式以及重大担保、重大重组、股权激励等事项须经出席股东会议的股东所持表决权的2/3以上通过。
- 30%：
  - 实际控制认定线：一个自然人、法人或其他组织直接或间接持有上市公司超过30%的股份，可以被认定为实际控制人；

- 要约收购线：收购人通过二级市场交易、协议转让、竞价交易、私募等方式，直接或间接持有的上市公司已发行股份的比例累计达到或超过30%，则应当对全体股东发出要约收购的要求。

● 25%：首发公众股比线；首发公众股比线通常是指上市公司在首次公开发行（IPO）时，面向公众投资者发行的股份所占的最低比例。

● 20%：

- 权益变动报告线：权益变动报告线是指上市公司的股东或者实际控制人在其持股比例或者持股数量发生变化后，需要向公司、中国证监会和证券交易所报告的股份变动情况的触发线。当上市公司的股东或实际控制人的股份在达到5%后，每次变动达到5%时，应当在二个交易日内向公司、中国证监会和证券交易所报告并公告；

- 科创板激励上线：科创板上市公司股权激励总量不能超过20%。

● 10%：

- 子公司关联方认定线：这里的10%是一个重要的标准，一旦达到或超过这个比例，就可能触发关联方的认定。需要注意的是，关联方认定不仅仅基于股权比例，还包括其他因素，往往采用实质重于形式的原则；

- 股权激励总量控制线：上市公司进行股权激励时，其授予的股权激励总数（包括股票期权、股票奖励、限制性股票等）不得超过公司总股本的10%；

- 股份回购的最高线：上市公司回购自己已发行的股份的最高限额为公司总股本的10%；

- 特别表决权股东限制线：上市公司特别表决权股东限制线10%是指特别表决权（即超级投票权）股东所持有的普通股股份不能低于公司总股本的10%。这是为了确保特定股东对公司的实际控制，并保护其他股东的权益；

- 科创板非公众股界定线：持有科创板上市公司10%以上的股东及其一致行动人以及上市公司的董监高及其关联人，不被认定为社会公众股东。

● 5%：

- 股东披露线：股东及其一致行动人持有上市公司股份达到5%时，应当在三日内向中国证监会和交易所报告，并公告其持股情况、目的、未来计划等信息。超过该比例后，每增加或减少1%都需要进行相应的报告和公告；

- 关联方认定线：公司和持有公司股份5%以上的股东、实际控制人、高级管理人员、董事、监事等均视为关联方；

- 内幕知情人认定线：一个股东持有上市公司5%以上的股份，那么该股东，以及该股东的董事、监事、高级管理人员等都会被视为公司的内部知情人。这些人需要对自己的交易行为进行登记、报告和监管，以防止内幕交易和保护市场公平性；

- 举牌红线：投资者当持有上市公司的股份达到5%时，需在两个交易日内向公司和中国证监会报告其持股情况，并

需要在公开媒体上披露该信息。这个5%的门槛就是所谓的"举牌红线";

- 短线交易认定线:特定短线交易,是指上市公司、新三板挂牌公司持有5%以上股份的股东(以下简称大股东)、董事、监事、高级管理人员(以下简称董监高)在6个月内,将本公司股票或者其他具有股权性质的证券买入后又卖出,或者卖出后又买入的行为。上市公司及新三板挂牌公司大股东、董监高等特定主体有短线交易行为的,其所得收益归该公司所有,公司董事会应当收回其所得收益;

- 非科创板激励控制线:持股5%以上的股东不能成为非科创板上市公司股权激励的对象;

- 科创板激励对象持股线:科创板规定,持股5%以上的股东、实际控制人及其配偶、父母、子女,以及上市公司外籍员工,可以成为股权激励对象,但应在上市公司担任主要管理人员、核心技术人员或核心业务人员;

- 科创板契约型股东穿透线:持有科创板上市公司5%股份的契约型基金、信托计划或资产管理计划,应当披露支配股份表决权的主体;

- 科创板股份质押披露线:持股5%以上股东质押股份,应当在2个交易日内通知上市公司;

- 激励表决时不单独披露:上市公司董监高、5%以上股东无须披露投票情况,其他股东的投票情况应当单独统计并予以披露;

- 外资备案线:外商投资的上市公司可仅在外国投资者持股比例变化累计超过5%以及控股或相对控股地位发生变化

时，办理备案手续。

- 2%：股东减持限制线：大股东减持或特定股东减持，采取大宗交易方式的，在任意连续90日内，不得超过公司总股份的2%；科创板上市公司，公司上市时未盈利的，实现盈利前，控股股东、实际控制人上市之日起3个完整会计年度不得减持首发前股份；第4、5个会计年度，每年减持不得超过2%。

- 1%：
    - 独立董事提议线：持股1%以上，可提出独立董事人选，并经股东大会选举决定；
    - 单个对象股权激励上限：非经股东大会特别决议批准，任何一名激励对象通过股权激励计划获授的股份不得超过1%。

【法条链接】见附录F

6.5 分股不分权，善用持股平台，实现强力掌控

在创业过程中，资本和权力的分配与均衡是一个十分关键的议题。创始人或者创始团队可能会面临资金短缺、技术研发、市场拓展等多种挑战，而为了应对这些挑战，他们可能需要引入外部投资者或合作伙伴。这时，创始人就面临一个问题：如何确保在公司的股权被稀释的同时，仍然保持对公司的控制权？

所谓"分股不分权"，意味着尽管创始人将部分股权转让给了外部投资者或合作伙伴，但仍然能够确保对公司的重大决策拥有决定性的发言权。这种做法可以帮助创始人在引入资金和资源的同时，保持对公司的核心战略和方向的控制。

创业中，创始股东需要具备一定的战略眼光和手段，善于利用各种工具和策略、持股平台，确保在稀释股权的同时，仍能对公司保持强大的控制权，从而确保公司能够按照创始团队的愿景和策略发展。

6.5.1 多层控股公司构架

多层控股公司构架是一种复杂的公司控制和管理体系，它通常被实际控制人用来加强对公司的控制、优化资本结构或进行资产配置。这种构架的基础是通过间接持股实现对下游公司的控制，形成一个多层级、多链条的集团控制结构。

在这种构架下，实际控制人可以通过控制第一层公司，再通过第一层公司控制第二层公司，以此类推。每一层公司都可能控制下一层公

司，形成一个复杂的公司网络。在这种结构中，实际控制人通常只需要控制最上层公司的绝对多数股权，就可以对整个集团实现控制。

这种构架有以下几个特点：

（1）层级多、链条长：整个控股体系包含多层公司，每一层公司都可能有多个下属公司，形成一个复杂的网络结构。

（2）控制效应放大：实际控制人只需控制最上层公司的相对较少股权，就能对整个集团实现控制。

（3）资本优化：多层控股结构可以使实际控制人通过不同层级公司进行资本运作，优化资本结构，提高资本利用效率。

（4）风险隔离：每一层公司都是独立的法人实体，可以实现风险隔离，降低集团的整体风险。

（5）资产保护：实际控制人可以通过这种结构将不同类型的资产分配到不同的层级公司，实现资产保护。

然而，这种构架也存在一定的问题和风险：

控股比例不足将导致失控：如果实际控制人在控制链中某一公司的股权未超过50%，将有可能导致对链条之下的公司丧失控制权。

（1）信息不透明：多层控股结构使公司关系变得复杂，导致信息不透明，增加了投资者和监管机构的信息成本。

（2）影响公司治理：复杂的控股结构可能导致公司治理结构混乱，影响公司治理效果。

总体而言，多层控股公司构架是一种具有一定优势但也存在风险的公司控制和管理体系，适用于特定的业务和市场环境。在使用这种构架时，需要充分权衡其优缺点。

6.5.2 有限合伙构架

有限合伙构架是区别于多层控股公司构架的公司控制和管理体系，特别是在投资公司、私募股权投资和风险投资中较为常见。在这种构架下，公司的实际控制人会将投资者、员工等放置到多个有限合伙企业中，形成一个持股平台模式来控制上市公司。有限合伙构架具有以下特点：

1. 特点

法人与非法人身份的结合：在有限合伙构架中，合伙人分为有限合伙人和普通合伙人。有限合伙人通常为投资者，只对外承担有限的责任，而普通合伙人则负责管理和运营，面临更高的责任。

灵活性：与传统公司结构相比，有限合伙企业提供更大的运营和管理灵活性，允许合伙人根据实际情况调整参与度和责任。

2. 优势

股权激励：将员工纳入有限合伙企业中，使他们成为合伙人，可以实现真正的股权激励，有效提高员工的积极性和归属感。

税务优势：在某些情况下，有限合伙企业可能享受到税务上的优势，比如通过透明的税务处理方式避免双重征税。

风险分散：有限合伙人的责任受到限制，这为投资者提供了一定程度的风险保护。

3. 应用

投资平台：许多私募基金、风险投资和股权投资基金采用有限合伙构架，这为投资者和基金管理人提供了高度的灵活性。

持股平台模式：上市公司实际控制人可以通过有限合伙企业间接持股，实现对上市公司的控制，同时分散风险。

4. 挑战与考量：

复杂性：相比传统的股份公司，有限合伙构架在运营、管理和法律层面上都更为复杂。

权益关系调整的困难：一旦构建了有限合伙结构，对其进行调整可能会面临更多的法律和税务障碍。

信息透明度：由于其特殊的构架，可能导致外部投资者和其他利益相关者难以获取完整的信息，影响其对公司的判断。

总之，有限合伙构架为企业带来了新的运营和投资方式，有限合伙构架的本质是创始股东将投资人以及受激励员工整合到以有限合伙企业为载体的持股平台模式，创始股东通过控制有限合伙企业中普通合伙人角色，行使执行事务合伙人的权利，隔离了有限合伙人对于标的公司直接管理权利，有限合伙人对于标的公司的持股是间接持股模式。

6.5.3 多层控股公司构架与有限合伙构架的比较

对于上市公司，多层控股公司构架和有限合伙构架都是实际控制人为了实现对上市公司的控制而采用的策略。这两种构架有其各自的特点和应用场景，具体差异有：

1. 控股模式

- 多层控股公司构架：

该模式下，实际控制人通过控制第一层公司，然后该公司再控制第二层公司，以此类推，形成一个多层次的持股结构。

这种模式可以使实际控制人以较小的资本投入实现对上市公司的控制。

- 有限合伙构架：

实际控制人将投资者和员工纳入多个有限合伙企业中，形成持股平台模式控制上市公司。

这种模式下，合伙人可以是有限合伙人也可以是普通合伙人，前者主要是投资者，后者则参与管理。

2. 机制的弹性

- 多层控股公司构架：

相对较为固定，一旦建立起多层控股结构，任何调整都可能涉及多个公司，增加了复杂性。

- 有限合伙构架：

提供更大的运营和管理灵活性，允许合伙人根据实际情况调整参与度和责任。

3. 税负的差异

- 多层控股公司构架：

可能存在双重征税的风险，当资金在多层控股链条中流动时，每一层都可能产生税务。

- 有限合伙构架：

在某些情况下，有限合伙企业可能享受到税务上的优势，如透明的税务处理方式避免双重征税。

4. 风险管理

- 多层控股公司构架：

若某一层的公司发生经营风险或法律纠纷，可能会影响整个控股链条，加大风险传递。

- 有限合伙构架：

有限合伙人的责任受到限制，为投资者提供了一定程度的风险保护。但同时，普通合伙人面临的法律责任则更大。

鉴于税负问题在这两种构架的选择上关注度相对较高，下面，我们

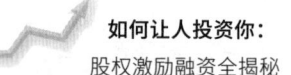

对这两种构架在税负方面的差异再进行详细分析：

1. 多层控股公司构架：

- 企业所得税：当上市公司在链条中的各级子公司之间进行资金或资产转移时，可能需要支付企业所得税。例如，当一个子公司将其利润分配给上一层的母公司时，这一操作可能被视为利润分配，并可能产生企业所得税。

- 印花税：在子公司之间进行资产转移时，可能需要支付印花税。例如，当股权、房地产或其他固定资产在链条中的公司之间进行转移时，都可能产生印花税。

- 增值税：在子公司之间提供服务或转移商品时，可能需要支付增值税。

2. 有限合伙构架：

- 透明税制：有限合伙企业在中国通常采用所谓的"透明税制"。这意味着合伙企业本身不需要缴纳企业所得税，而是将其所得按合伙比例分配给合伙人，合伙人根据其所得缴纳个人所得税。这通常对于那些希望通过合伙企业进行投资的高净值个人或机构来说是有利的，因为他们可以利用个人所得税的优惠政策。

- 资本利得：与多层控股公司构架相比，有限合伙构架在资本利得方面可能会更有优势。因为在某些情况下，合伙人可能能够利用某些税务条款减少或避免资本利得税。

- 避免双重征税：由于合伙企业的税务透明性，利润在分配给合伙人之前不会被征税，从而避免了多层控股公司构架中的双重征税。

对比分析：

- 税务透明性：有限合伙构架的税务透明性为合伙人提供了更多的税务筹划空间，而多层控股公司构架由于其复杂性，可能面临双重或多重税务。
- 税务优惠：根据不同的税务法规，有限合伙构架可能为合伙人提供更多的税务优惠。
- 税务复杂性：由于多层控股公司构架的多重结构，税务计算和筹划可能更为复杂，而有限合伙构架由于其简单性，税务筹划和计算可能更为简单。

总结：

两种构架各有优势和劣势。多层控股公司构架允许实际控制人以较小的资本投入实现对上市公司的大范围控制，但在税务和风险管理上存在挑战。而有限合伙构架在税务和风险管理方面有其优势，但在控制实现方式和责任承担上与多层控股公司构架存在显著差异。选择哪种构架取决于公司的具体情况、资本结构、业务模型以及税务筹划目标。

6.5.4 其他控制公司的方式

1. 公司章程控制

在中国资本市场中，"公司章程控制"模式主要是通过公司章程这一法律文本，对公司的决策、管理、操作等方面进行详细约定，从而让某些股东或集团能有效地对公司进行控制，即使他们的持股比例未必非常高。下面详细阐述采用"公司章程控制"模式控制公司的方式：

- 设定特殊表决权：

公司章程可以约定某些重要决策需超过三分之二以上表决权通过，甚至达到更高的比例，从而确保某一股东或股东集团有决策的实质控制权。

- 设定表决权上限：

对某些大股东的表决权设定上限，即使其持股比例超过这一上限，但在股东会上的表决权仍然受到这一上限的限制。

- 设定特别表决权股票：

通过发行特定的表决权股票，允许某些股东在公司决策中有更大的权重，例如：每股10票的超级表决权股票。

- 对董事会构成进行特定约定：

在公司章程中明确规定董事会中的某些席位由某一股东或股东集团指定，确保对公司战略和管理有实质影响。

- 限制其他股东的权利：

公司章程可以规定，只有持有公司股票超过一定时间的股东才有提名董事或者对某些特定议题进行投票的权利。

- 规定特定的阈值决策：

对公司的某些重大决策，如重大资产重组、合并、收购等，设置更高的决策门槛，要求更高的同意比例。

- 防御性条款：

在公司章程中加入"毒丸计划"或其他类似条款，防止不友好的收购。

- 禁止或限制转让股份：

为防止公司控制权发生变化，可以在公司章程中规定对股份的转让进行限制或者需要其他股东或公司的同意。

这种"公司章程控制"模式在中国的资本市场中并不鲜见，尤其是在某些家族企业和控股集团中。这种模式的优点是能够确保稳定的控制权，但缺点是可能会抑制股东活跃度和流动性，甚至可能导致潜在的利益冲突和公司治理问题。

2. 优先股

在中国资本市场中，优先股是一种较为特殊的股票种类，相较于普通股，其具有不同的权利与义务。采用"优先股"模式来控制公司，实际上是通过发行优先股来达到某些特定的公司治理目的：

- 权益优先：

优先股股东在公司分红时有权优先于普通股股东获得利润分配。

在公司破产清算时，优先股股东在资产分配中的权益也优先于普通股股东。

- 无或有限的表决权：

优先股通常没有表决权或仅在某些特定情况下才有表决权，例如公司未按约定分红，或对公司章程进行修改时。

- 稳定的收益：

优先股的分红通常是固定的或与特定的基准挂钩，这为投资者提供了一定的收益保障。

- 转换权：

一些优先股具有转换权，允许持有者在特定条件下将优先股转换为普通股，从而获得普通股的权利。

- 控股权的稀释：

通过发行优先股而非普通股，公司可以筹集资金而不显著稀释现有普通股股东的控股比例。

如何运用"优先股"模式控制公司：

- 增加资本筹集的灵活性：

通过发行优先股，公司能够在不改变控制权平衡的前提下筹集资金。

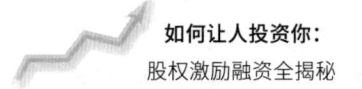

- 家族企业或控股集团的持续控制：

家族企业或大股东可以通过保持大量普通股（具有表决权）和发行优先股（无或有限的表决权）的方式来维持对公司的控制。

- 吸引稳定的投资者：

固定或优先的分红权利可能吸引那些追求稳定收入的投资者，如退休基金或保险公司。

- 激励和保留关键人才：

通过给予员工可转换的优先股作为激励，公司可以在不立即给予表决权的同时，为他们提供未来的增长潜力。

然而，在中国资本市场中，优先股的应用仍然相对有限，并受到多种法规与监管政策的限制。在使用"优先股"模式时，公司需仔细评估其筹资、控制和公司治理的需求，并确保符合相关的法律与监管要求。

3. AB 股

"AB股"模式，也称为"双重股票制度"或"不同表决权结构"，是近年来在全球多个资本市场上受到关注的公司控股模式。这种模式在美国硅谷尤为常见，许多科技巨头如Facebook、Google的母公司Alphabet等都采用了这种结构。在中国资本市场，尤其是在科创板上市的公司中，此模式也受到一定的关注和采纳。

"AB股"模式主要特点是公司发行两种或多种股票，这些股票在经济利益上可能是相同的，但在表决权上存在差异。通常，A类股票的表决权高于B类股票，这使得A类股票的持有者可以维持对公司的控制，即使他们的经济利益被稀释。

下面详细阐述如何通过"AB股"模式来控制公司：

- 创始人或核心团队控制：

通过持有更高表决权的A类股票，创始人或核心团队可以确保对公司战略决策的影响力，即使他们的经济持股比例减少。

- 筹资和增发股票：

当公司需要通过发行股票筹集资金或进行股权融资时，可以选择发行B类股票或其他低表决权股票，以保持创始人或核心团队的控制权。

- 吸引和激励员工：

公司可以通过发放低表决权的B类股票或股票期权，作为员工激励，既给予员工股权激励，又不削弱公司的控制权。

- 抵御敌意收购：

当外部投资者试图收购公司并对其进行控制时，高表决权的A类股票使得创始人或核心团队有更大的话语权，能够更容易抵御不受欢迎的收购。

然而，这种模式在中国资本市场上也引起了一些争议：

- 公司治理风险：

"AB股"模式可能导致公司治理结构中的权利和责任失衡，使得创始人或管理层对外部监督缺乏足够的制约。

- 对小股东利益的削弱：

由于持B类股票或其他低表决权股票的股东在表决中的权力较小，可能导致其利益在某些决策中被忽视或牺牲。

- 市值和股价影响：

有研究表明，"AB股"模式的公司股票可能面临更大的折价风险，因为投资者可能不愿为较低的表决权支付高价。

4. 一致行动人

"一致行动人"这一概念在中国资本市场有着特定的法律定义和框

架。简单来说,当两名或多名股东在行使对某一上市公司的投票权时采取共同行动,或达成某种共同协议或者安排时,他们可能会被视为"一致行动人"。

"一致行动人"模式对于上市公司控制的方式如下:

● 增加对公司的控制力量:

当几名大股东联合起来作为"一致行动人"时,他们的总体持股和投票权显著增加,这使得他们对公司的战略方向、管理层人选、重大事项决策等都具有更大的控制力。

● 防御手段:

在面临潜在的敌意收购时,"一致行动人"模式可以作为防御手段。当几名大股东结为一致行动人,他们可以共同对抗可能的敌意收购者。

● 共同的利益目标:

"一致行动人"通常有共同的利益目标或策略目的,如推动某一业务策略、更换管理团队或其他重大事项。

● 提高议事效率:

当几名大股东作为"一致行动人"共同行动时,他们可以更快速、更高效地在股东大会等场合中推动其意图。

然而,基于中国的法律规定,当股东成为"一致行动人"后,他们需要承担的责任和义务也会发生变化:

● 信息披露:

在达成"一致行动人"关系后,相关股东必须在特定时间内向公众和证券监管机构披露其关系和意图。

● 收购规则:

"一致行动人"的持股总和可能触及某些收购的关键线,例如触及一定比例时可能需要发起全面要约收购。

- 限制与规范：

"一致行动人"的行为在证券法等相关法规中受到规范，其行为需要严格遵循相关法律和规定，避免违法违规。

总的来说，"一致行动人"模式是一把双刃剑。它可以增强股东对上市公司的控制，但同时也带来了额外的法律责任和义务。在采取此策略时，必须小心谨慎，确保所有行动都在法律允许的范围内。

5. 委托投票权

在中国资本市场，"委托投票权"是一个常用的机制，允许股东将其在股东大会上的投票权委托给另一个实体或个人，通常是公司管理层或其他关键股东。这种机制的存在是为了确保股东大会可以顺利召开，同时也是一种控制公司的策略。以下将详细阐述"委托投票权"模式及其在控制公司中的应用：

- 确保决策通过：

通过"委托投票权"，关键股东或管理层可以集中更多的投票权，以确保关键决策在股东大会上得到通过。例如，公司可能面临重要的战略决策或收购提案，这时，获得更多的投票权可以确保决策符合管理层或主要股东的意图。

- 对抗敌意收购：

当上市公司面临敌意收购威胁时，"委托投票权"可以作为一种防御机制。通过委托投票，公司内部的关键股东和管理层可以集中投票权，从而阻止敌意收购者的提案。

- 提高议事效率：

在某些情况下，大量的小股东可能不愿参与股东大会或对议题进行投票。在这种情况下，"委托投票权"可以提高议事效率，使得决策过程更为迅速和高效。

- 代表小股东的权益：

在某些情况下，小股东可能认为，他们独自投票的影响力有限，因此可能会选择委托其投票权给具有更大持股的股东或专业的代理投票公司，以更好地维护其权益。

然而，使用"委托投票权"也有其风险和限制：

- 信息披露和透明度：

根据中国的资本市场规定，委托投票的股东必须进行适当的信息披露，包括委托方、受托方以及委托的具体内容和期限等。

- 可能的利益冲突：

受托方在行使投票权时可能存在与委托方不一致的利益，这可能导致决策不符合所有股东的最佳利益。

- 法律和监管限制：

在中国，委托投票也受到了一定的法律和监管限制，确保了该机制的透明度和公正性。

6.6 股权激励不是白送，激励须有门槛

对于企业来说，股权激励是一种重要的策略，旨在吸引、激励并留住高管和核心员工。然而，纯粹的"白送"股权可能不会实现激励的目标，反而可能导致一些潜在的问题。因此，为了确保股权激励达到其预期的效果，为其设置合理的门槛和条件是至关重要的。从以下几个维度可见其重要性：

维护公司价值：如果公司随意分发股权，可能导致公司的股权被过度稀释，从而影响到现有股东的权益。通过设置门槛，公司可以确保只有真正对公司有贡献的员工能够获得股权，从而维护公司的价值。

提高员工承诺度：当股权激励与某些目标或条件挂钩时，员工更有可能对公司产生强烈的承诺感，从而更加努力工作。例如，某些股权激励可能与公司的业绩、员工的个人绩效或服务年限等因素挂钩。

长期视角：设置门槛可以鼓励员工持有长期的观点。例如，通过设置"锁定期"，员工必须在一定的时间内持有股权，这鼓励员工关心公司的长期发展，而不仅仅是短期的业绩。

减少潜在的道德风险：如果员工知道他们可以轻易获得股权而不需要做出实质性的贡献，这可能会产生道德风险，导致员工缺乏激励努力工作。通过设置门槛，公司可以确保员工必须付出实质性的努力才能获得股权。

增加激励效果：合理的门槛可以确保员工看到自己的努力与其获得的股权之间存在直接的关联，从而增加股权激励的效果。

保护创始人和早期投资者的利益：为股权激励设置门槛可以确保创始人和早期投资者的权益不被不当稀释，同时确保新加入的成员为公司的增长做出实质性的贡献。

为了有效地实施股权激励计划，企业应该从法律以及财务的角度，整体规划，设置合理门槛，避免出现"白送"的局面，确保股权激励方案既可以吸引和激励员工，又不会损害公司的长期利益。

6.6.1 如何确定激励模式

在中国资本市场，股权激励是上市公司吸引、激励和留住关键人才的重要方式。其中，限制性股份、期股和期权是最常见的三种典型的股权激励模式。

1. 限制性股份（Restricted Stock）

定义：限制性股份是公司向员工授予的股份，但受到一定的时间或绩效的限制。员工必须满足某些条件（如服务年限或绩效目标）才能获得这些股份的完全所有权。

特点：员工在被授予股份时不需要支付购买价格，但在满足条件之前，他们不能转让或出售这些股份。满足条件后，股份成为无限制股份，员工可以自由处理。

税务：在员工获得股份所有权时，其市值会作为员工的所得进行税收征收。

2. 期股（Stock Appreciation Rights, SARs）

定义：期股允许员工获得等于股票在一定期间内增值的金额，这通常以现金支付，而不是实际的股票。

特点：员工无须支付执行价格即可获得公司股票的经济增益，从而避免了持有实际股票的潜在税务问题或流动性问题。

税务：当员工行使期股并获得现金支付时，这部分所得需要缴纳个人所得税。

3. 期权（Stock Options）

定义：股票期权是给予员工购买公司股票的权利，但不是义务，价格为事先确定的执行价格，通常为授予日的市场价格。

特点：员工只有在股票的市场价格高于执行价格时才会行使期权。期权的有效期通常有时间限制，例如5—10年，过了有效期，期权就会失效。

税务：当员工行使期权购买股票时，购买价格与执行价格之间的差额需要缴纳个人所得税。在后续的股票转让中，员工还需要为资本收益缴税。

在选择股权激励模式时，上市公司需要根据自身的具体情况和目标来决定。每种模式都有其独特的优缺点和税务影响，因此在实施前需要进行详细的规划和咨询。

对于非上市的中小型民营企业，确实有更多灵活的股权激励方式可供选择，与上市公司相比，它们在制度和流程上拥有更大的灵活性。以下对六种模式进行分析：

1. 分红权模式：

定义：在这种模式下，员工并没有真实的公司股权，而是享有公司分红的权利。

特点：员工可以在规定的时间内按照约定的比例分享公司的利润，但并不享有公司股东的其他权益，如表决权或公司资产的所有权。

2. 增值权模式：

定义：员工有权分享公司的增值部分，但不持有实际股权。

特点：当公司的估值或资产增长到一定程度时，员工可以按照预先

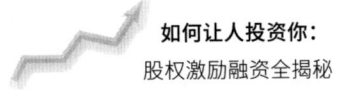

约定的比例分享增值部分。这通常与公司的业绩和估值提高有关。

3. 虚拟股份模式：

定义：给予员工的并不是真实的股份，而是一种"虚拟"股份，其价值与公司的真实股份挂钩。

特点：员工只享有经济权益，如分红和公司增值部分，但不享有其他股东权益。当公司被收购或上市时，员工可以按照"虚拟"股份获取相应的经济回报。

4. 业绩股份模式：

定义：员工获得的股份是基于他们达到某些业绩目标或贡献。

特点：员工必须满足某些业绩标准才能获得或完全享有股份。这种模式激励员工追求更好的业绩。

5. 延期支付模式：

定义：员工根据与公司的协议，延期获得一部分薪酬。这部分薪酬通常与公司的业绩和员工的贡献挂钩。

特点：员工的收入与公司的长期发展和业绩紧密相关，从而鼓励员工为公司的长期成功而努力。

6. 员工持股计划模式：

定义：公司为员工设立专门的持股平台或基金，员工可以选择购买或获得公司股份。

特点：员工成为公司的真正股东，分享公司的所有权益。通常，员工可以按优惠价格购买股份，但可能需要满足一些条件，如服务年限。

对于中小企业来说，选择适合的股权激励模式需要考虑公司的具体情况、业务模式、员工期望以及税务和法律因素。每种模式都有其优点和局限性，选择合适的模式可以更好地激励员工，推动公司发展。

为了确保股权激励能够达到预期的效果，上市公司和非上市的中小民营企业应该根据公司的实际情况、员工期望以及长远的战略目标选择合适的模式。以下是从构成实股的"分红权、增值权、决策权、处置权"等方面进行分析：

1. 分红权：

上市公司：由于公开透明的股息政策和分红习惯，上市公司通常会为其员工提供实际的分红权，如限制性股份和期股。

非上市公司：可选择分红权模式和虚拟股份模式，使员工享受公司盈利时的经济利益，但无须实际涉及股东权益的其他方面。

2. 增值权：

上市公司：期权激励是一个经典的方法，使员工在公司估值增长时获得收益。

非上市公司：增值权模式和虚拟股份模式较为适用，员工可以分享公司价值的增长，但不拥有真正的股权。

3. 决策权：

上市公司：由于上市公司的决策流程更为公开和标准化，给予员工实际的决策权较为困难，但可以通过员工持股计划让员工参与某些决策。

非上市公司：业绩股份模式可以用来给予对公司有重大贡献的员工更多的话语权。此外，延期支付模式和员工持股计划模式也可以给予员工一定的决策权。

4. 处置权：

上市公司：员工持有的股权有真实的市场价值，因此通常具备较强的处置权，如期权和限制性股份。

非上市公司：虚拟股份模式和业绩股份模式通常不提供实际的处置权，但在特定的时间节点或事件（如公司被收购）上可能会有一定的处置机制。

在选择股权激励模式时，公司应首先明确其目的。如果是为了鼓励员工的长期忠诚和对公司的长期贡献，那么给予员工更多的分红权和增值权可能是合适的。而如果是为了鼓励短期的业绩和创新，那么提供更多的决策权和处置权可能更为有效。总之，适合公司自身状况的模式才是最佳的模式，公司需要根据自己的实际情况和员工的期望来灵活地选择和调整股权激励模式。

案例：阿里巴巴的股权激励

背景

阿里巴巴自成立之初，就非常重视团队的建设和维护。为了鼓励员工的长期忠诚和持续投入，公司采取了一系列的股权激励计划。

股权激励结构

分红权：阿里巴巴在其内部采取的"合伙人制度"中，为合伙人提供了一定的分红权，使得他们可以从公司的盈利中直接受益。

增值权：通过股权激励，员工可以期望在公司价值增长时，他们持有的股权也随之增值。例如，2014年阿里巴巴在纽交所上市后，很多早期员工因为持有的股权而获得了巨大的财富。

决策权：阿里的合伙人制度不仅是一个经济奖励，还是一个决策机构。合伙人拥有对公司关键决策的投票权，这意味着他们在公司的战略方向和关键决策上有重要的话语权。

处置权：员工获得的股权通常有一定的锁定期。但过了这个期限后，员工可以自由决定如何处理他们的股份，比如选择出售。

通过上述股权激励模式，阿里巴巴成功地留住了大量的关键员工，他们在公司的初创期和成长期为公司做出了巨大的贡献。这种深度的员工参与和奖励机制,帮助阿里巴巴建立了一个与其他公司截然不同的公司文化,这种文化促进了创新和卓越的执行。

这个案例显示,股权激励不仅仅是为了经济上的奖励,还是为了建立和维护一个高度投入和忠诚的团队,以推动公司的长期成功。

案例:字节跳动的股权激励

背景

字节跳动是张一鸣在2012年创立的,主要致力于推荐算法和社交媒体技术的开发。公司最为人知的产品是今日头条(一个新闻推荐应用)和TikTok(国内版本为抖音)。随着其技术和产品的日益成熟,字节跳动迅速成为全球最有价值的初创公司之一。

股权激励结构

实际股权:字节跳动在初创阶段就给予核心团队和关键员工实际股权作为激励。这不仅激发了员工的工作热情,而且确保了公司和员工的目标一致。

限制性股票单元(RSU):随着公司的成长和扩张,字节跳动开始向员工提供限制性股票单元作为一种长期激励。员工会在满足某些条件后获得这些股票,如工作年限或公司的绩效指标。

期权:在某些关键时刻,字节跳动还向一些高级管理人员和关键人才授予期权,作为其加入或留在公司的诱因。

绩效评估:除了上述激励措施,字节跳动还建立了一套严格的绩效评估体系。只有当员工达到了既定的绩效目标时,他们才能获得相应的股权激励。

通过这种深度的员工参与和激励策略,字节跳动成功吸引和留住了一大批顶尖的技术和业务人才。这不仅加速了公司产品的开发和创

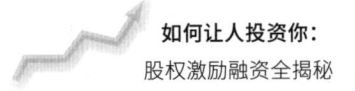

新,还建立了一个强大的企业文化,使公司在全球市场上取得了巨大的成功。

字节跳动的股权激励策略再次证明了,通过合理的激励机制,公司可以有效地与员工建立长期、互惠的关系,推动公司向更高的目标迈进。

6.6.2 如何设置股权激励附加条件

在当代的企业经营管理中,股权激励已逐渐成为激发员工积极性、提高公司竞争力的核心策略。然而,纯粹的股权授予可能并不总是产生预期的效果,因为它可能并没有真正激励员工去超越自我,为公司的长期利益而努力。这就像是给予一个人钥匙,但没有给他方向,他可能不知道应该走向哪里。因此,"附加条件技术方案"应运而生,它的目的是为股权激励提供一个明确的、方向性的框架,确保激励的每一分投入都能产生最大的价值回报。通过设置明确的附加条件,技术方案确保了股权激励的方向性、针对性和长期性,使其真正成为推动公司持续发展的动力源泉。

股权激励方案设置附加条件是为了确保公司的长期稳定发展,保护股东的利益,并鼓励员工与公司的目标一致:

绩效导向:股权激励的核心目的是为了激励员工提高业绩,使其更加专注于公司的长期成功。附加条件,如业绩目标,确保员工或管理层为实现这些目标而努力,而不是仅仅因为得到了股权而满足。

防止短期行为:没有条件的股权激励可能鼓励短期风险行为,因为员工可能为了短期内提高股价而做出风险决策。设置条件可以确保员工关注公司的长期健康和成功。

员工留存:通过设置如"服务年限"等条件,鼓励员工在公司中长期服务，这有助于减少人才流失，维护公司稳定的运营。

公司与员工目标对齐：附加条件确保公司与受激励的员工或管理层的目标一致。这鼓励团队合作，加强了公司文化和价值观。

保护公司和现有股东的利益：没有条件的股权激励可能会导致股权过度稀释，损害现有股东的利益。附加条件如绩效门槛和时间限制可以防止这种情况。

透明性和公平性：明确的条件为所有受激励的员工提供了清晰的指导和预期，确保激励方案的公平性和透明性。

风险管理：通过对股权激励设置条件，公司可以更好地管理与员工和管理层的关系风险，确保激励方案与公司的整体风险管理策略一致。

增加员工的奉献度：当员工知道他们必须达到某些目标或维持一定的绩效水平才能获得奖励时，他们可能会更加努力工作。

激励和约束的统一：设置条件不仅为员工提供了奖励，同时也为未达到预期的情况设置了相应的惩罚措施。

下面我们来看一个具体的股权激励附加条件设计方案：

案例：段先生加入 A 公司

背景

A公司，一家上市公司，正处于快速扩张的阶段。为了进一步加强运营管理，公司决定聘请段先生为运营总监，与此同时，公司提供了一套股权激励方案，希望通过这种方式，鼓励段先生实现公司的长期目标。

股权激励附加条件方案

股票期权：

数量：授予20000股的股票期权，行使价格为聘任当日的市场价格。

解禁条件

时间条件：期权将在4年内逐步解禁，每年解禁25%。

业绩条件：A公司的年度营收增长率达到10%及以上。若增长率为20%及以上，当年可额外解禁10%的期权。

个人绩效条件：段先生领导的运营团队完成了预定的年度KPI，这一条件对应每年的解禁期权的10%。

团队稳定性条件：若运营团队的员工流失率低于5%，则对应的年度解禁期权额外解禁5%。

约束作用：此方案确保段先生必须与公司的长期目标保持一致，同时鼓励其领导下属团队以实现年度KPI。

其他条款

若段先生在3年内因为个人原因主动离职，其尚未解禁的股票期权将全部作废。

如果A公司在4年内被其他公司收购或合并，所有段先生的未解禁的股票期权将立即全部解禁。

段先生在行使期权后，必须持有公司股票至少1年，以保证其长期对公司的承诺。

解析：

这一股权激励方案综合考虑了时间、业绩、个人绩效以及团队稳定性等多维度条件，以期实现公司的长期战略目标。通过为段先生提供强有力的激励，同时加以合理的约束，A公司期望确保段先生和他领导的团队能够持续地为公司创造价值，实现共同成长。

第 7 章

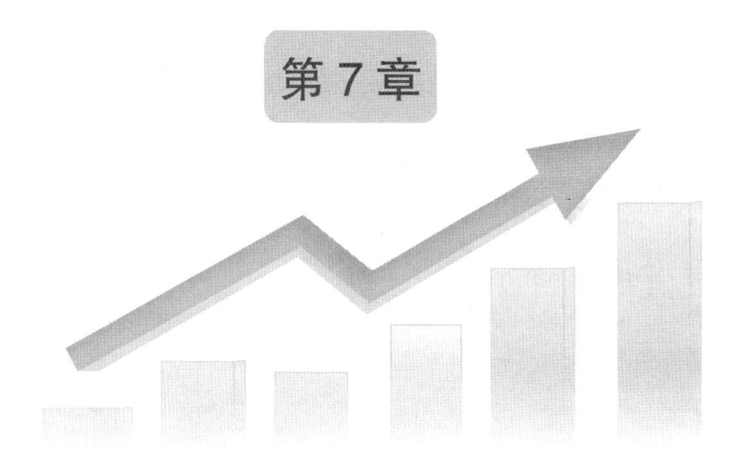

沪深上市

冲破雾霾，拥抱金融的殿堂——沪深上市的舞台与你不再遥远。

对于绝大多数企业家而言，能够在沪深两市上市，既是一种资本的认可，也是公司发展到一定阶段的里程碑。而对于投资者而言，这意味着一个成功的退出机会，也预示着企业即将开启新的成长征程。

但是，沪深上市并不是一个简单的过程。它不仅需要满足严格的财务和运营条件，还要经历复杂的审核流程。而在这背后，是一系列的策略考量、团队合作和时间竞赛。

为什么要在沪深两市上市？上市会带来哪些机会与挑战？在整个上市过程中，企业应该如何筹划，如何优化资源，如何与各方沟通与协调？这一章，我们将深入解析这些问题，为你揭示沪深上市背后的细节。

更重要的是，上市并不是终点，而是新的开始。它将为企业带来更广阔的市场、更多的资本和更高的期望。如何在上市后继续保持增长，如何面对来自公众和资本市场的压力，如何确保公司文化和价值观在扩张中不被稀释，都是每一个上市公司必须面对的问题。

沪深上市，是每一个企业家的梦想，也是每一个企业发展的新起点。让我们一起走进这章，探索这条充满挑战和机会的道路。

第 7 章
沪深上市

7.1 科创板

在中国的资本市场历程中,科创板无疑是一个标志性的创新。它不仅代表着中国对于创新企业的高度重视,更是对于传统上市机制的一次积极的探索和突破。科创板的出现,使得许多先进的技术公司和高科技创新型企业看到了在国内市场上市的可能。

不同于其他的交易板块,科创板更加注重企业的技术和创新能力,而非纯粹的盈利表现。这为许多尚未盈利,但拥有前沿技术和巨大市场潜力的企业提供了一个展示自己、获取资本的舞台。同时,投资者也能在此处发现那些未来可能颠覆行业的"独角兽"。

然而,科创板的出现也带来了新的挑战和问题。如何评估一个尚未盈利的企业的价值?技术创新与商业模式创新,哪个更为重要?在没有传统财务标准的约束下,企业如何向投资者展示自己的潜力和价值?

在本节中,我们将深入探讨科创板的诞生背景、上市标准、运作机制,以及它给创业企业和投资者带来的机会与挑战。

7.1.1 科创板的定位与意义

科创板,正式名称为上海证券交易所科创板,是中国资本市场的一次重大创新,其背后体现的是中国对于技术和创新的高度重视,以及对于资本市场深化改革的坚定决心。

1.科创板的特殊定位

传统的A股市场,尽管为大量企业提供了资本,但其上市标准的严

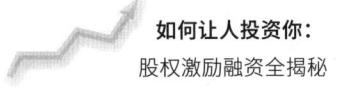

格性使得许多新兴、创新型企业难以满足上市条件。相较于此，科创板放宽了盈利要求，允许尚未盈利的企业上市，更加注重企业的技术创新能力和市场潜力。此外，科创板在信息披露、交易制度、退市制度等方面也有所创新，更加适应创新型企业的特点。

2. 推动科技创新与市场深化改革

科创板的出现，对于推动我国的科技创新具有重要意义。它提供了一个展示和验证技术成果的平台，使得创新企业可以通过资本市场获得更多的资源和支持。同时，它也促进了我国资本市场的深化改革，引导市场从过度关注短期利益转向重视长期价值创造。

3. 拉动产业链升级

科创板对于支持创新型企业有着直接的助力，这进一步拉动了整个产业链的升级。当先进的技术企业获得更多的资金支持时，它们在产业链中的地位和影响力也随之增强，从而带动整个产业链向更高的技术水平迈进。

4. 为投资者提供新的机会

对于投资者而言，科创板提供了一个探索和发现新兴创新企业的机会。尽管与此同时伴随着更高的风险，但那些真正理解并看好某个技术领域或企业的投资者，有机会在这里获得超额的回报。

总结而言，科创板不仅仅是一个新的交易板块，它更是中国资本市场改革和国家创新战略的重要组成部分。对于创业者、投资者，以及整个社会来说，理解科创板的定位与意义，将有助于更好地把握其中的机会与挑战。

7.1.2 科创板的上市标准

科创板作为中国资本市场的新生力量，其上市标准自然与传统A股有所区别。这些特定的标准旨在容纳更多尚处于技术研发阶段、尚未实现盈利但具备巨大发展潜力的创新型企业。

1. 盈利与市值的灵活性

不同于主板的严格盈利要求，科创板允许尚未实现盈利的企业上市。这给了那些投入大量资源在研发上、短期内尚未盈利但前景可期的企业一个展示自己的平台。但这并不意味着所有非盈利企业都可以轻易上市，科创板设定了多套上市标准，其中涉及的盈利、收入和估值等关键指标，企业需要满足其中的某一套标准才能申请上市。

科创板提供了多种上市标准供企业选择：

- 同股同权标准一：预计市值不低于人民币10亿元，最近两年净利润均为正且累计利润不低于人民币5000万元，或者预计市值不低于人民币10亿元，最近一年净利润为正且营业收入不低于人民币1亿元。
- 同股同权标准二：预计市值不低于人民币15亿元，最近一年营业额收入不低于人民币2亿元，且最近3年累计研发投入占最近三年累计营业收入的比例不低于15%。
- 同股同权标准三：预计市值不低于人民币20亿元，最近一年营业额收入不低于人民币3亿元，且最近3年经营活动产生的现金流量净额累计不低于人民币1亿元。
- 同股同权标准四：预计市值不低于人民币30亿元，且最近一年营业收入不低于人民币3亿元。
- 同股同权标准五：预计市值不低于人民币40亿元，主要业务或产品需经国家有关部门批准，市场空间大，目前已取得阶段性成果。医药行业企业需至少有一项产品获准开展二期临床试验，其他符合科创板定位的企业需具备明显的技术优势并满足相应条件。

- 同股不同权标准一：预计市值不低于人民币100亿元。
- 同股不同权标准二：预计市值不低于人民币50亿元，且最近一年营业收入不低于人民币5亿元。

2. 技术和研发能力的重视

科创板特别强调企业的核心技术和持续研发能力。这意味着即使企业短期内没有盈利，只要它拥有核心技术、技术壁垒以及清晰的研发路线图，仍然有机会被资本市场所认可。

3. 财务报告的透明性

尽管科创板在盈利要求上给予企业更多的宽松，但在财务报告的透明性和真实性上有着严格的要求。所有申请上市的企业都需要提交近几年的财务报告，并且接受证监会的严格审查。

- 必须提供最近三年的经审计的财务报告。
- 不得存在重大会计信息错误或财务违规情况。

4. 信息披露制度

信息披露是科创板的另一重要环节。企业不仅需要在上市前提供完整的信息，而且在上市后也需要持续、真实、及时地披露与公司经营相关的所有重要信息，确保投资者能够基于完整的信息做出投资决策。

5. 公司治理结构

科创板还对上市企业的公司治理结构提出了一系列要求，旨在确保这些企业具备良好的内部管理机制和决策程序，确保公司的持续稳健发展。

- 公司应设立董事会，并至少有三名独立董事。
- 应设立审计委员会、提名委员会和薪酬及考核委员会。

从整体上看，科创板的上市标准相对宽松，但更加注重企业的技术创新能力和长期发展潜力，为创新型企业提供了更加合适的资本市场平台。

7.1.3 科创板的上市流程

科创板的设立旨在为科技创新型企业提供一个更为直接、高效的资本市场平台。对于许多企业家和投资者来说，了解科创板的上市流程是非常重要的。以下是科创板上市流程的详细描述。

1. 初步准备

企业自评估：企业需要对自己的经营状况、财务数据、研发能力等进行全面评估，确保符合科创板的上市要求。

选择保荐人：企业需要选择合适的证券公司作为其保荐人，并与之签订保荐协议。

编制招股说明书：在保荐人的协助下，企业开始编制招股说明书和其他相关上市文件。

2. 递交上市申请

企业和其保荐人将上市申请文件、招股说明书以及其他相关文件提交给上海证券交易所进行审核。

3. 审核过程

受理：上海证券交易所在接收到材料后，会在5个工作日内确定是否受理申请。

审核：受理后，交易所将组织专家进行审核，重点评估企业的财务状况、公司治理、信息披露等方面。

答辩：企业有机会在专家组前进行答辩，以解释和阐述其上市资格和发展潜力。

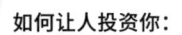

4. 注册确认

完成交易所的审核后，企业的上市申请将提交至中国证券监督管理委员会（CSRC）进行注册。CSRC主要基于交易所的审核结果决定是否批准企业的上市。

5. 定价和发行

经CSRC批准后，企业可以开始其IPO定价，并确定最终的发行量。

6. 上市交易

完成所有前期工作后，企业的股票将在科创板上正式开始交易。

科创板的上市流程旨在确保上市企业的透明度、合规性以及质量，从而为投资者提供一个更为安全、高效的投资环境。

7.1.4 科创板上市后的机会与挑战

科创板，作为中国资本市场的创新尝试，旨在为科技创新型企业提供一个更为便捷和专业的上市通道。但同时，这一创新性的板块也带来了其独特的机会与挑战。让我们深入探讨科创板上市后企业可能面临的特色机会与挑战。

1. 机会

（1）更为宽松的上市标准：与其他板块相比，科创板对企业的盈利要求更为宽松，允许尚未盈利的创新企业进入市场，为其提供融资机会。

（2）对创新的高度认可：科创板重视企业的技术研发能力和创新性，上市后的企业将在资本市场获得对其技术和研发能力的高度认可。

（3）灵活的定价机制：科创板实行了注册制，为企业提供了更为灵活的定价和募资方式，使其能够更好地满足融资需求。

（4）吸引国内外投资：科创板的设立受到了国内外投资者的广泛关注，上市企业将吸引更多高质量的资本进入。

2. 挑战

（1）更高的信息披露标准：尽管上市标准相对宽松，但科创板在信息披露方面要求更为严格，特别是关于研发、技术和知识产权的信息。

（2）市场波动性：由于大量投资者对科创板持有较高的期望，这也可能导致股价出现更大的波动性。

科创板的涨跌幅限制分为以下几种情况：

- 开盘首小时内，涨跌幅限制为 ± 20%。
- 开盘首小时后，涨跌幅限制为 ± 10%。
- 当日最后五分钟，涨跌幅限制为不超过当日收盘价的 ± 5%。
- 除了上述情况，如果股票价格涨跌幅超过10%，则有可能会触发熔断机制。

（3）创新的双刃剑：科创板鼓励创新，但如果企业的研发项目失败，或其核心技术受到挑战，可能会面临巨大的市值损失。

（4）监管层面的不确定性：作为一个新设板块，科创板允许同股不同权股权机制，科创板的监管政策和实践可能还在不断调整和完善，企业需密切关注政策动态，确保合规。

在科创板这块热土上，创新型企业有机会腾飞，但也需要为可能出现的挑战做好充分准备。理解并把握这些机会与挑战，将帮助企业在科创板上获得更大的成功。

7.1.5 创新企业如何选择科创板

随着中国资本市场的不断创新与演进，科创板成为众多创新型企业关注的焦点。对于这些企业来说，选择在科创板上市，是否真的适合它们？在这一小节中，我们将继续探讨创新型企业如何判断并决定是否选择科创板作为其上市之路。

1. 公司的发展阶段

首先，企业需要确定自己的发展阶段。科创板主要针对中早期、成长型、尚未盈利但具有强烈技术创新能力的企业。如果企业处于初创期或已经是一个成熟的企业，可能需要考虑其他的上市板块。

2. 技术创新能力

科创板高度重视企业的技术研发与创新能力。如果企业拥有核心技术、持续研发的能力，或者在其领域内持有大量的知识产权，那么科创板将是一个很好的选择。

3. 融资需求

由于科创板对上市标准的宽松设定，企业可以更灵活地满足其融资需求。但企业也应该评估自身的融资需求大小和用途，确保在科创板上能够获得足够的资本支持。

4. 风险承受能力

选择在科创板上市，企业需要对更高的市场波动性和监管不确定性有所准备。企业应该评估自己的风险承受能力，确保在面对可能的市场和政策挑战时有足够的缓冲。

5. 信息披露与透明度

科创板对信息披露标准非常严格，特别是在技术研发和知识产权方面。企业需要确保自身在信息披露上能够达到科创板的要求，持续保持高度的透明度。

选择在哪个板块上市，对于每个创新企业都是一个至关重要的决策。企业应当全面评估自身的特点与需求，同时深入了解各个板块的特色与要求，以确保做出最适合自己的选择。科创板，作为中国资本市场的一颗新星，为创新型企业提供了一个全新的舞台，但这也意味着更多的机会与挑战并存。

7.2 创业板

自2009年创业板正式开板以来,它已经成为中国资本市场的重要组成部分,吸引了众多成长性强、创新型高的中小企业前来上市。

创业板的存在,不仅是为了满足这些企业融资的需求,更重要的是为中国的经济增长注入新的活力,推动技术创新和产业升级。它的出现,标志着我国资本市场逐步走向成熟,为更多的创新型企业提供了更为宽松和灵活的融资渠道。

与主板相比,创业板在上市条件、信息披露、交易制度等方面都有所不同,更倾向于服务于成长性更为明显、但规模不大的企业。这为许多原本在主板面临门槛问题的企业提供了机会,同时也带来了更高的投资风险和更大的投资机会。

7.2.1 创业板的定位与特色

创业板的出现,标志着中国资本市场对中小创新型企业的进一步关注和扶持。作为一个为中小创新型企业服务的资本平台,创业板有其鲜明的特色和定位。然而,近年来,随着科创板的推出,许多人可能会对两者的定位和特色产生疑惑。以下,我们将对创业板的特色进行深入探讨,并与主板和科创板进行比较。

1. 创业板的定位

创业板旨在为我国的中小企业,尤其是那些拥有核心技术、高增长潜力但尚未实现规模化盈利的创新型企业,提供一个公开、透明的资本市场平台。在这里，这些企业可以更容易地获得融资，推进技术研发和市场拓展。

2. 创业板的核心特色及其与其他板块的区别

上市条件的相对宽松：相较于主板，创业板在企业盈利、营收和净资产等方面的要求更为灵活。这使得许多尚处于快速成长阶段，但尚未实现持续盈利的企业也有机会上市。

交易特性活跃：由于上市企业的业务不确定性较高，创业板的股价波动性亦相对较大，为投资者提供了高回报的机会，但也伴随着相应的风险。

信息披露要求严格：为保障投资者权益，创业板对上市公司的信息披露要求颇为严格，要求企业提供更加详尽和真实的信息，帮助投资者做出更为明智的决策。

与主板的区别：

- 主板上市的企业往往规模较大，业务模型成熟，而创业板更偏重于小型、成长性强的企业。
- 主板上市条件更为严格，要求企业具有一定的盈利能力和业务规模，而创业板则更注重企业的成长潜力。

与科创板的区别：

- 科创板更加重视企业的创新能力，特别是在高新技术领域。而创业板则更多地看中企业的整体成长性。
- 科创板允许尚未盈利的企业上市，而且在某些特定领域如生物医药，更注重企业的研发能力和市场前景，与创业板存在一定的重叠，但两者的核心关注点略有不同。

创业板作为沪深交易所的一部分，为中小创新型企业提供了宝贵的上市机会。与主板和科创板相比，它有自己独特的定位和特色，为投资者提供了丰富的投资机会。

7.2.2 上市的标准与流程

创业板，作为沪深交易所的重要组成部分，为中小创新型企业提供了上市的机会。但与科创板和主板相比，其上市标准与流程有所不同。以下，我们详细探讨这些区别，并为希望上市的企业提供指导。

1. 上市标准

- 上市标准一：最近两年净利润均为正，且累计净利润不低于人民币5000万元；
- 上市标准二：预计市值不低于10亿元，最近一年净利润为正且营业收入不低于1亿元；
- 上市标准三：预计市值不低于50亿元，且最近一年营业收入不低于3亿元。

与主板相比，创业板的上市条件显然更加灵活和宽松，更偏重于企业的成长性，而不是规模。

与科创板相比，科创板更注重技术和创新，允许尚未盈利的企业上市。而创业板则要求企业有一定的盈利表现。

2. 上市流程

- 申请前准备：完成财务审计、法律尽职调查等前期工作。
- 提交申请：向创业板提交首次公开发行股票并上市的申请文件。
- 审核过程：证监会及相关机构对企业的申请文件进行审核。
- 发行定价：完成发行价的确定。
- 正式上市：在创业板正式交易。

与主板的上市流程大体相同，但在某些细节上，如审核标准、信息披露要求等方面，可能存在差异。

与科创板相比，科创板更注重企业的科技含量和创新能力，在审核过程中，对企业的技术和研发能力给予更高的权重。

3. 与科创板、主板的差异性

- 创业板更注重中小企业的整体成长性和盈利能力，而科创板则更偏重于企业的技术研发与市场前景。
- 创业板的上市标准相对宽松，对企业的盈利要求不如主板严格，但相比科创板有明确的盈利要求。
- 在上市流程中，创业板的审核可能更加注重财务状况和盈利模型，而科创板则更加注重企业的技术及研发项目。

创业板为中小创新型企业提供了宝贵的上市机会，但与科创板和主板相比，它在上市标准和流程上有自己的特色和要求。希望上市的企业需要根据自己的实际情况，选择最适合自己的上市板块。

7.2.3 创业板的机会与挑战

当中小企业面临资金缺口时，创业板似乎是一个理想的解决方案。它提供了融资机会，同时也给予企业展现自己成长性的平台。然而，每枚硬币都有两面，选择创业板上市也带有其特定的机会和挑战。这些机会和挑战，与科创板和主板，有着鲜明的差异。

1. 机会

- 更多的关注度：由于创业板对企业规模的宽松限制，中小企业可以获得与大型企业类似的关注度和媒体曝光，进一步提升品牌形象。
- 灵活的融资策略：与主板相比，创业板的融资门槛更低，使得企业可以根据自身需求制定更加灵活的融资策略。

- 与科创型企业的区分：与科创板相比，创业板更注重企业的成长性，而不仅仅是技术创新。这使得非科技型的中小企业也有机会展示自己。

2. 挑战

- 波动性大：创业板市值普遍较小，流动性较差，使得股价更容易受到市场情绪的影响，造成较大的价格波动。

- 信息披露压力：尽管创业板的上市要求较宽松，但对信息披露的要求并不亚于主板，这对于一些中小企业来说可能是一大挑战。

- 与科创板的竞争：科创板的出现使得创业板面临了直接的竞争。对于一些科技创新型企业，可能会更倾向于选择科创板，而非创业板。

3. 与科创板、主板的差异性

- 投资者结构：创业板的投资者主要为散户，而科创板和主板则有更多的机构投资者参与。这也导致创业板股价的波动性比其他两个板块要大。

- 对企业类型的侧重点：创业板更偏向于有成长性的中小企业，科创板则更偏重于具有技术创新的企业，而主板则更看重企业的规模和稳定性。

创业板为中小企业提供了珍贵的上市机会，但与此同时也带来了一系列的挑战。企业需要清晰地认识到这些机会与挑战，并结合自己的实际情况，制定出合适的策略。

7.3 沪深主板

随着一家公司的成长和发展,其最终的梦想往往是在金融市场的中心——沪深主板上市。作为中国资本市场的核心部分,主板历史悠久,声誉卓著。它吸引了众多国内外知名企业,成为它们的资本之家。

主板是中国最早的股票市场板块,它见证了中国资本市场的起步、成长和繁荣。许多知名的行业巨头都选择在主板上市,它们的成功故事激励着更多的企业家和创业者。

然而,主板并不是每一个企业的终极选择。它有其严格的上市标准,也带有一系列的责任和义务。沪深主板是一个充满机会的地方,但也充满了竞争和挑战。

7.3.1 沪深主板的定位与特色

自1990年中国证券市场建立以来,沪深主板便起到了承载国家重大战略、展示中国经济魅力的作用。作为最早设立的交易板块,主板承载着中国资本市场的历史与传统,同时也是最成熟、最稳定的板块之一。

市场定位:沪深主板主要服务于大型、成熟、稳定的企业。与科创板和创业板针对初创及高科技、高成长性的企业不同,主板更注重企业的稳定性和业绩持续性。

严格的上市标准:主板的上市条件相对严格,不仅要求企业具有稳定的盈利能力,还对公司的治理结构、内部控制等方面提出了高标准要求。这也意味着能在主板上市的企业,通常都经过了市场的严格筛选。

高度的市场关注度：由于主板汇聚了大部分的大型上市公司，因此其交易活跃度、媒体关注度都相对较高。这为上市公司带来了更多的市场曝光和资本关注。

与其他板块的区别：

- 与科创板的区别：科创板更偏重于支持创新驱动的企业，允许尚未盈利的企业上市。而主板则更注重企业的盈利持续性。
- 与创业板的区别：虽然创业板同样服务于小型、成长性企业，但其对企业的盈利要求相对较低，且风险性更高。主板的企业规模、治理结构、市场认知度都相对更高。

沪深主板作为中国资本市场的中坚力量，既为大型成熟企业提供了资本平台，也为投资者提供了稳健的投资机会。对于许多企业来说，能在主板上市，不仅是对其过去业绩的认可，更是对其未来发展的期待。

7.3.2 上市标准与流程

沪深主板的上市标准与流程，从其设立伊始就维持了一贯的严格与稳定。此板块的目标是为大型、成熟的企业提供一个展示其实力与获取资本的平台。在此，我们将解析沪深主板的上市标准与流程，并与创业板和科创板进行对比。

上市标准：

- 上市标准一：最近3年净利润均为正，且最近3年净利润累计不低于人民币1.5亿元，最近一年净利润不低于人民币6000万元，最近3年经营活动产生的现金流量净额累计不低于人民币1亿元或者营业收入累计不低于人民币10亿元。
- 上市标准二：预计市值不低于人民币50亿元，且最近一年净利润为正，最近一年营业收入不低于人民币6亿元，最近3年经营活动产生的现金流量净额累计不低于人民币1.5亿元。
- 上市标准三：预计市值不低于人民币80亿元，且最近一年净利润为正，最近一年营业收入不低于人民币8亿元。

上市流程：
- 提交申请：首先，企业需要向沪深交易所提交上市申请材料。
- 审核与反馈：交易所对提交的材料进行审核，并给予反馈。
- 发布招股说明书：完成材料审核并修正后，企业将发布招股说明书。
- 定价与集资：然后，企业会确定发行价格，并进行首次公开募股。
- 正式上市：完成上述步骤后，企业的股票将正式在沪深主板上市交易。

与其他板块的差异：

与科创板的区别：两者都实行注册制，但科创板更倾向于科技和创新型企业，且允许未盈利的企业上市，而主板则更注重企业的持续盈利能力。

与创业板的区别：创业板的上市门槛较低，注重中小型、成长性强的企业。虽然都走向了注册制，但创业板相对于主板在盈利和规模要求上更为宽松。

沪深主板上市标准与流程体现了其对大型、成熟企业的定位。相比创业板和科创板，主板的标准更为严格，流程更为稳健，确保了上市企业的高质量。

7.3.3 沪深主板的机会与挑战

沪深主板作为中国股市的核心，长久以来都是许多企业梦寐以求的上市之地。它承载了众多传统、大型、资历深厚的公司，但在新的金融背景下，沪深主板同时面临着不少机会和挑战。

1. 机会

（1）稳定的投资者基础：沪深主板的投资者大多具有长期投资理念，相对稳定。这与创业板的投资者相比，更少受短期市场波动的影响，为上市公司提供了一个更加稳定的资金环境。

（2）品牌与信誉：在主板上市是对企业规模和管理水平的一种认可，这有助于企业提高在行业中的地位，获得更多市场机会。

（3）更大的融资空间：与创业板和科创板相比，主板上市公司通常能获得更高的市值和更大的融资规模。

2. 挑战

（1）更高的上市标准：即便在注册制的背景下，主板对企业的盈利能力、公司规模和治理结构要求仍然较高，与科创板和创业板相比，这使得不少企业难以满足上市要求。

（2）竞争压力：主板汇集了大量的优质上市公司，新入驻的企业需要面对来自行业巨头的竞争压力，这对中小企业尤为明显。

（3）投资者的期望值：主板的投资者往往对上市公司有更高的期望，这意味着公司需要持续地提供稳定且较高的业绩增长来满足投资者的期望。

3. 与创业板、科创板的差异性

（1）投资者结构：与科创板的创新导向和创业板的成长性定位不同，主板更多地吸引了稳健型、长期的投资者。

（2）上市定位：科创板强调技术创新和企业的研发能力，允许未盈利的公司上市；创业板则着眼于中小企业的成长潜力；而主板则更看重企业的稳定性、盈利能力和规模。

（3）监管与政策导向：虽然各板块都在走向注册制，但主板在政策导向和监管尺度上，仍相对更为严格和稳健。退市的风险较之前大大提升。

沪深主板对于众多企业而言，既是一个机会也是挑战。选择在主板上市，企业需要仔细权衡其自身条件，结合市场背景，制定出适合自己的上市策略。

7.4 红筹构架的定义及起源

在全球化的金融市场上，企业经常追求更为广阔的资本市场以扩大其融资渠道和提高公司的国际知名度。然而，某些国家或地区的法律与监管制度可能对企业的上市或融资活动设有限制，尤其是在高科技和互联网等特定领域。为了绕开这些障碍，不少企业选择了一种被称为"红筹构架"的特殊模式，将其业务定位到海外资本市场，特别是美国。

红筹构架，起初是一种为中国企业服务的金融创新，但随着时间的推移，它逐渐引发了全球的关注，因为它在公司治理、投资者权益保护、法律挑战和市场估值等多个方面都存在争议和讨论。而作为投资者或企业家，理解红筹构架的运作机制和潜在风险，对于做出明智的投资决策和战略选择至关重要。

在本节中，我们将深入探讨红筹构架的起源、核心要素、优劣势，以及与此相关的谈判策略和风险预防。无论你是希望为公司融资，还是作为投资者寻找机会，对红筹构架的了解都将为你带来不可估量的价值。

红筹构架是一种金融和法律上的创新模型，主要用于帮助那些因为某些原因无法在海外直接上市的公司，通过设立一个海外控股公司，间接在外国交易所上市。此模型的核心在于将公司的实际运营资产与上市实体分离，但同时仍然保持其经济利益和控制权的联结。

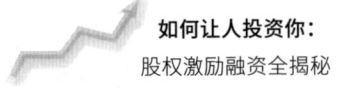

红筹构架的名称起源于中国。在中国，"红筹"通常用于指代那些在海外注册但主要在中国运营的公司。这种结构的诞生是为了解决中国的特定法律和政策制约，使得某些行业或公司在直接海外上市时面临挑战。

20世纪90年代末至21世纪初，随着中国经济的快速增长，越来越多的中国企业希望通过海外上市获取资本和国际知名度。然而，由于当时的中国法律对直接海外上市有所限制，尤其是在高科技、互联网和某些关键领域，这为这些企业带来了难题。

为了绕过这些法律障碍，企业家和律师联手开创了红筹构架。具体来说，中国的企业家会在海外，如开曼群岛或英属维京群岛，设立一家控股公司。这家公司并不直接拥有在中国的实际运营资产，而是通过一系列合同安排来控制和获取中国运营实体的经济利益。随后，这家海外控股公司会在美国或其他国家上市，从而达到间接上市的目的。

总的来说，红筹构架是为了适应和突破某些法律和政策限制而产生的，它允许公司在保持其在中国的业务运营的同时，还能在海外资本市场上融资。但与此同时，这种模式也带来了一系列的法律、金融和道德问题，值得我们深入探讨。

7.5 VIE 结构的运作机制

VIE（Variable Interest Entity）结构是红筹构架中的核心组成部分，也是其成功实现的关键。简单地说，VIE结构允许海外上市公司间接控制和享有其在中国的实际运营实体的经济利益，但不拥有这些实体的法定所有权。

1. 构建 VIE 结构

首先，中国的企业家或公司创始人会在一个海外司法管辖区（如开曼群岛）设立一家控股公司。这家公司并不直接拥有中国的运营实体，而是通过另一家在中国注册的全资子公司（WFOE，Wholly Foreign-Owned Enterprise）与运营实体建立关系。

2. 合同安排

WFOE与中国运营实体之间不是通过股权转让建立关系，而是通过一系列合同安排。这些合同通常包括：

经营权合同：授权WFOE管理并运营实体。

利润调拨合同：确保所有利润从实体转到WFOE。

股权质押合同：虽然WFOE不能直接持有实体的股权，但可以要求实体的所有者为其利益质押他们的股权。

独家购买权合同：允许WFOE在满足某些条件时购买实体的股权，尽管这在现实操作中可能面临法律风险。

这些合同合起来，使WFOE可以控制并获得实体的经济利益，但在法律上不直接拥有实体的股权。

3. 海外上市

随后，海外控股公司（即红筹公司）在外国交易所上市，例如美国的纳斯达克或纽约证券交易所。投资者购买的是红筹公司的股票，而非实际运营实体的股权。

4. 资金流向

当红筹公司在海外筹集资金后，资金会通过多层结构流向中国，通常首先进入WFOE，再通过合同安排转给实际运营实体。

VIE结构是红筹上市模式的核心，它允许中国公司间接地在海外上市和筹资。但它也是一个复杂且风险较高的结构，涉及多个司法辖区和众多合同，因此在实践中需要高度的专业知识和经验来操作和维护。

7.6　红筹构架的优势与劣势

红筹构架作为一个专为中国企业设计的海外上市机制，自然具有一系列的优势。然而，与此同时，这一模式也带有不少固有的风险和劣势。为了做出明智的决策，投资者和企业家们需要深入了解这两方面。

1. 优势

绕开法规限制：由于某些行业在中国不允许或限制外资进入，红筹构架使企业能够绕过这些法规，间接实现海外上市和资金募集。

资本市场的吸引力：与成熟的国际资本市场如美国相比，中国的资本市场可能相对不够成熟。红筹构架允许企业接触到更广泛的投资者群体，并享受到更高的估值。

资金筹集能力：在国际资本市场上，企业通常能够筹集到更多的资金，这对于扩张和研发活动至关重要。

2. 劣势

法律与合规风险：红筹构架涉及复杂的法律结构和跨境操作，这使得其面临众多的法律和合规风险。若中国法律发生变化，可能会对此构架产生不利影响。

公司治理挑战：由于红筹构架的复杂性，它可能导致公司治理的问题，如信息不对称、管理层和股东的利益冲突等。

潜在的税务风险：跨国运营往往伴随着税务问题，企业需要确保其遵守各个国家的税务法规，否则可能面临罚款或其他法律后果。

投资者信心问题：由于VIE结构的复杂性和不确定性，某些投资者

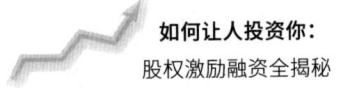

可能对此表示担忧，对红筹企业的投资信心可能不如对传统上市公司那样强。

红筹构架为中国企业提供了一个独特的海外上市和资金筹集渠道。然而，这也带来了不小的挑战。对于考虑采用此构架的企业，深入了解其优劣势并制定相应的风险管理策略至关重要。

7.7 法律与监管的挑战

境外上市的红筹构架在近年来引起了许多关注,特别是其涉及的VIE结构。这种独特的上市结构带来了一系列的法律和监管挑战,这对于想要利用此构架上市的企业以及投资者来说都是至关重要的考量因素。

1. 法律的不确定性

中国内地的限制：虽然红筹构架可以绕过中国对特定行业的外资限制,但该结构是否得到中国监管机构的明确支持仍是不确定的。一些法律专家认为,如果中国的监管态度发生变化,红筹企业可能会面临法律风险。

海外法规的变动：在境外市场,如美国,由于对中国上市公司的监管趋严,红筹构架也可能受到更多的法律挑战。

2. 合同执行的问题

合同替代股权：在VIE结构中,由于不能直接持有公司的股权,外部投资者和红筹公司之间的关系主要是基于合同的。但合同在实际执行中可能存在风险,特别是当与中国法律产生冲突时。

3. 监管的复杂性

多重监管体系：红筹构架涉及多个国家的法规和监管机构,企业需要应对不同国家的监管要求,这增加了合规的复杂性。

信息披露标准的差异：在不同的资本市场,对于信息披露的要求可能存在差异。红筹企业需要确保其满足各个市场的披露标准,同时避免披露可能损害公司利益的敏感信息。

4. 法律纠纷的风险

跨国法律纠纷：由于红筹构架涉及跨境运营，企业可能面临跨国法律纠纷的风险。解决这些纠纷可能需要大量的时间和资金。

红筹构架为中国企业提供了海外上市的机会，但其带来的法律和监管挑战也不容忽视。对于投资者和企业家，深入了解这些挑战并制定相应的策略是确保成功的关键。

7.8 融资与投资者的视角

海外上市的红筹构架不仅改变了企业的法律和财务结构，还对其与投资者的关系产生了深远的影响。在这种背景下，如何进行融资，以及投资者如何看待红筹企业，显得尤为关键。本节将深入探讨融资与投资者在红筹构架下的独特视角。

1. **融资的变革**

更广的资金来源：红筹构架为企业打开了国际资本市场的大门。不再局限于国内市场，这为企业提供了更为丰富的融资渠道和更大的融资规模。

融资条件的变化：由于红筹构架的特点和与之相关的风险，企业可能面临与传统融资不同的条件，包括更高的融资成本或更为复杂的合同条款。

2. **投资者的独特视角**

对风险的敏感度：海外投资者可能对红筹构架中的某些风险更为敏感，尤其是与合同和法律结构有关的风险。他们可能需要更多的信息和保障来缓解这些风险。

追求高回报：鉴于红筹构架的复杂性和潜在风险，投资者可能期望从中获得较高的回报，这可能导致他们对企业的业绩和增长潜力有更高的期望。

3. **与传统投资的对比**

投资策略：在红筹构架下，投资者可能需要调整其投资策略，考虑到红筹企业的特点和风险。

风险管理：投资红筹企业可能需要更为严格和专业的风险管理策略，包括对企业的持续监控和合适的对冲策略。

红筹构架为企业提供了新的融资机会，但也带来了新的挑战。对于投资者而言，理解并适应这种结构的特点和风险，将是他们在红筹市场中取得成功的关键。

7.9 红筹构架的未来展望

红筹构架作为一种特殊的海外上市方式，自从它诞生以来，已经经历了几轮的兴衰和变革。在全球化的大背景下，尤其是中国企业日益增长的国际影响力和资本市场的发展，红筹构架的未来将如何发展成为众多投资者和企业家所关心的问题。

1. 全球经济与资本市场的变化

新兴市场的崛起：随着新兴市场，特别是中国市场的逐渐成熟，红筹构架可能会面临更为严格的监管，或逐渐被其他新型的上市方式所取代。

技术进步与资本流动：技术的飞速发展正在改变传统的金融和投资格局。区块链、数字货币等技术可能为企业提供更为灵活和高效的融资方式，这也可能影响红筹构架的未来。

2. 监管环境的调整

更为严格的监管：鉴于红筹构架带来的风险和挑战，未来各国的监管机构可能会对其实施更为严格的规定和限制。

合规成本上升：随着监管趋严，企业可能需要承担更高的合规成本，这将影响其选择红筹构架的决策。

3. 企业与投资者的选择

企业选择多元化：随着其他上市方式的出现和完善，企业在选择上市方式时可能更为多元化，红筹构架可能不再是唯一或首选的方式。

投资者的关注点转移：未来，投资者可能更加关注企业的核心竞争力、治理结构和透明度,而不仅仅是上市的方式。

红筹构架的未来充满了不确定性,但一点是明确的:它将继续随着全球经济、技术和监管环境的变化而演进。无论其最终走向如何,对企业和投资者而言,理解并适应这些变化,始终保持敏锐的市场洞察力,都是至关重要的。

7.10 红筹构架的案例分析

腾讯，作为中国的互联网巨头，拥有众多产品线，从社交平台、在线游戏到金融科技。然而，其上市之路与许多其他中国科技公司略有不同。腾讯在2004年选择在中国香港上市，而没有选择使用红筹构架在美国上市。但是，这一选择背后的动机和经验同样为其他企业提供了宝贵的参考。

1. 背景与上市历程

2004年，腾讯选择在香港股票交易所上市，避开了与美国资本市场相关的复杂性。这也使其成为第一个在中国香港上市的主要中国互联网公司。该决策在当时受到了业界的广泛关注，因为许多人认为美国市场更为成熟，能为互联网公司提供更高的估值。

2. 上市选择的原因

文化与地缘接近：香港与内地文化更为接近，对于中国内地的企业环境和腾讯的业务模式有更深入的理解。

避免红筹复杂性：腾讯选择直接在香港上市，避免了与红筹构架相关的监管风险。

吸引亚洲投资者：香港的位置使其成为亚洲的金融中心，腾讯希望能吸引更多的亚洲地区的投资者。

3. 上市后的发展

腾讯的上市选择被证明是正确的。在随后的几年中，公司的股价持续上涨，市值也迅速增加。其成功的上市经验为其他中国内地互联网公司，如网易和京东，提供了参考，它们后来也选择在香港上市。

4. 投资者视角

对于投资者来说，腾讯提供了一个直接投资于中国互联网市场的机会，而无须担心与红筹构架相关的监管风险。此外，由于香港与内地的接近关系，投资者可以更容易地获取关于腾讯的信息和分析。

腾讯的上市选择强调了每家公司在选择上市地点时都有其独特的考虑。尽管红筹构架为许多公司提供了在美国上市的机会，但直接在亚洲资本市场上市也可能是一个有效的策略，尤其是对于那些希望避免红筹构架相关复杂性的公司。

第 8 章

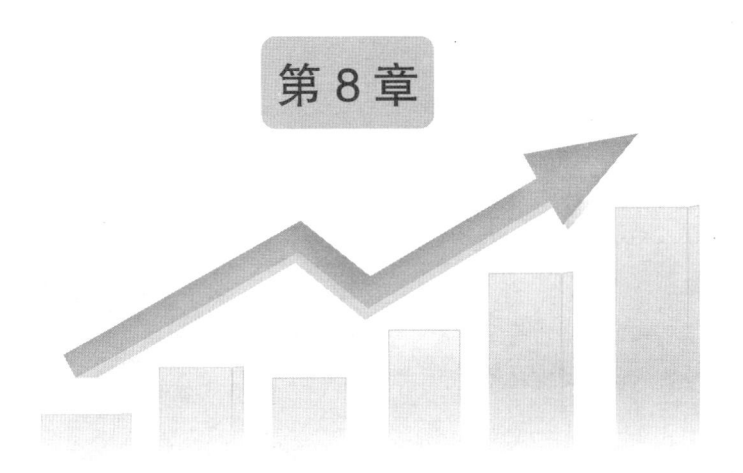

全面合伙的连锁加盟模式，掌控万家门店之秘

在当代商业环境中，如何高效地掌控和运营庞大的门店网络成了不少企业家和管理者关注的核心问题。是否有一种万能的模式适用于所有企业，还是不同的商业模式、市场环境和企业文化决定了不同的控制结构？这个问题没有简单的答案，但有一点是明确的：成功的连锁企业都有着一套独特而成熟的激励管理体系和经营模式。

　　本章节将重点探讨新时代全面合伙的连锁加盟模式如何助力企业成功地掌控上万家门店。每种模式都有其独特的优缺点，适用的场景，以及对企业资源、风险和收益的不同影响。通过深入分析其内在的工作机制、应用实例和实践心得，我们将揭示成功掌控庞大门店网络背后的一些经营秘诀。

　　你将在本章节找到连锁加盟模式的精髓，掌握它们的核心要素，并了解如何根据自身企业的特点和需求来选择和调整最合适的模式。这些信息将为你提供一个全面而深入的视角，帮助你更加明智地做出决策，以推动你的企业在激烈的市场竞争中立于不败之地。

第 8 章
全面合伙的连锁加盟模式，掌控万家门店之秘

8.1 解锁连锁门店的股权激励之秘，白手起家不是梦

在餐饮行业，每一个进入者都面临着巨大的挑战和机会。这是一个拥有无数成功和失败案例的行业，但也是一个充满可能性的空间。要想在这样一个竞争激烈的环境中存活，甚至崭露头角，需要的不仅仅是美味的菜单和高效的服务。在商业生态的多彩画卷中，餐饮行业犹如一块特殊的拼图。这里不仅充满了浓郁的文化和味觉体验，也是高风险和高回报并存的战场。相对于制药或高科技等行业，餐饮业的创业门槛更低。但低门槛带来的是竞争异常激烈，从街头小吃到五星级餐厅，从本土品牌到国际巨头，多元化的竞争格局让每一位餐饮企业家都面临巨大的挑战。这里的成功更多的是依赖于如何吸引、留住并激励你的团队，实现全面的合伙。为表述方便及便于读者理解，本章中的合伙泛指股权激励，明股、干股、期权、分红股等均涵盖其中，与合伙企业法中所定义的合伙不是一致的，并不特指。

特别是当你的目标是将一家小餐馆扩展到全国乃至全球范围的连锁店时，人力资源和管理问题会变得愈发复杂和紧迫。这并不仅仅是一个数量上的扩张，而是一个质的飞跃。而这一飞跃的关键，很可能就隐藏在恰当的股权激励与薪酬机制、全面合伙的模式之中。

1. 餐饮行业：机会与挑战并存

让我们先来看看餐饮行业的特点。首先，这是一个门槛相对较低的行业。与其他行业相比，餐饮业在创业阶段需要的资金和专业知识相对较少。这使得任何有决心和激情的人都可以尝试进入。但这也意味着竞

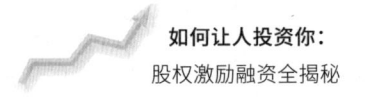

争对手众多，不仅有来自同类型的小店，还有快餐巨头和国际品牌。

其次，人力资源、合伙模式是这个行业成功的关键。这里不仅需要优秀的厨师，还需要敬业的服务人员、专业的管理团队以及一流的战略规划。而人才的吸引、留住和激励，往往是最棘手的问题之一。

2. 餐饮行业的痛点：以店长为例

在扩张的过程中，店长的角色尤为关键。他们是品牌和执行层之间的桥梁，负责确保品牌承诺得以实现，同时还需处理日常的运营问题。传统的薪资结构很难给予店长足够的激励，导致他们或者满足于现状，或者寻找更有利可图的机会。

在这样的背景下，细化到具体的店长角色，他们在这一全面合伙模式下的角色就更加重要了。在传统模式下，店长或许仅仅是一个执行者或管理者，但在全面合伙模式下，他们有可能成为具有股权的合伙人。

这样的变革直接解决了餐饮行业中一个长久以来的痛点：人才流失和激励不足。通过让店长和其他关键员工成为合伙人，不仅能提高他们的积极性和归属感，还能通过股权激励机制，让他们在企业发展中获得更多的收益。

因此，设计一套可以真正触及店长和其他关键员工内心的激励机制就显得尤为重要。这不仅能降低员工流失率，还能极大提升他们的工作热情和效率。

3. 股权激励

阶梯式股权激励：这种模型将员工分为不同的层级，不同层级有不同比例的股权奖励。对于店长而言，随着其在企业中的地位上升，其获得的股权比例也会逐渐增加。

4. 业绩挂钩

除了基本的股权分配，还可以根据店面或团队的业绩给予额外的股权激励。这样做能让员工更加关注业绩指标，也能使企业更快地实现盈利目标。

5. 时间解锁

为了确保长期服务和企业忠诚度，可以设置股权的"锁定期"，只有在达到一定服务年限后，这部分股权才能转为现金。

6. 分红权

除了实际的股权，还可以通过设定分红权来增加员工对企业成功的期望和责任感。

7. 合作伙伴模式

在一些成功的案例中，尤其是那些快速扩张至数千家门店的企业，往往会将店长或区域经理提升为"合作伙伴"，不仅给予股权，还让其参与更高层次的决策。

8. "全面合伙"：超越传统模式的崭新里程碑

要在这样的环境中稳固地立足，甚至实现从一家到一万家的快速扩张，仅仅依靠传统的经营模式和激励体系是远远不够的。比如华莱士，迄今为止华莱士在全国已拥有超过2万家门店，其所采用的"全面合伙"模式就显得尤为引人注目。在这一模式中，品牌方股东出资40%，店面经营团队出资40%，资源方出资20%，共同参与企业运营和价值创造。

这种模式具有革命性的意义，因为它不仅改变了资本与劳动之间的关系，还重新定义了合作和激励的内涵。这里，每一个合伙人都是企业成功的重要推动者，无论是品牌方、经营团队，还是资源方，都有更直接的动力去争取企业的成功。

9. 从一家到一万家：模式的力量

股权激励只是整体战略的一部分。成功的连锁企业往往还拥有一整套成熟的商业模式和运营流程。这包括但不限于品牌建设、供应链管理、财务规划等。而每一个环节都需要不同类型和层次的人才。

一个强大的品牌和企业文化会吸引更多的消费者，但更重要的是，它会吸引那些愿意为之奋斗的员工。而一套有效的激励机制，会让这些员工愿意长期留在公司，与公司一起成长。

"全面合伙"模式犹如一盏灯塔，照亮了餐饮企业在复杂多变的市场环境中前行的道路。通过这一模式，连锁餐饮企业不仅能有效地解决人才流失和激励问题，还能更快地实现规模扩张和品牌升级。

最重要的是，这一模式降低了创业的门槛，使得任何有志于餐饮行业的人都有可能实现他们的梦想。从这个意义上说，白手起家，在餐饮行业也绝非遥不可及的梦想。

在这种环境下，即使是一个没有任何餐饮经验和资本的创业者，也有可能实现从一家小店到一万家连锁店的飞跃。因为他所需要的不仅仅是金钱和资源，更重要的是那些愿意和他一起为这个目标努力的人。

在复杂多变的餐饮行业，人力资源和管理能力常常是制约扩张和成功的关键因素。通过一个多维度、灵活但又具有针对性的股权激励机制及合伙模式，企业不仅能够解决短期的招聘和留住问题，还能在长期中建立起一支高效、忠诚和有创造力的团队。

当你拥有了这样一个团队，无论是资金、技术还是市场，都不再是不可逾越的障碍。因为在这个团队的支持下，你有能力去解决任何问题，战胜任何困难，实现从一家到一万家的梦想。

这不仅是一个商业成功的故事，更是一次人性和价值观的升华。这也是为什么，当你真正理解并应用了这一模式后，你会发现，成功，其实一直都在你手中。

第 8 章
全面合伙的连锁加盟模式，掌控万家门店之秘

8.2 案例：海底捞自营上市之秘

海底捞的成长史：从街边摊到全球火锅巨头

1994年，四位四川人创办了第一家海底捞火锅店，地点仅是四川省成都简阳市的一个不起眼的角落。初创时，他们面临的困难多到几乎无法计数——资金短缺，缺乏管理经验，以及市场竞争激烈。当时的初始资本仅有10万元人民币，店面也仅有几十平方米。

但创始人张勇和他的团队并没有退缩。他们深知，要在众多的火锅店中脱颖而出，单凭味道和价格是远远不够的。于是，他们开始注重服务，甚至可以说是对服务进行了"革命性"创新。在海底捞，你可以免费得到瓜子、水果和饮料，还可以享受免费的美甲、按摩和擦鞋服务。这样极致的服务赢得了大量忠实客户，也让海底捞在口碑营销中大放异彩。

第一家店取得成功后，海底捞开始逐步扩张。但与其他扩张迅速的餐饮品牌不同，海底捞没有选择走加盟的路线，而是坚持自营。这样做有一个明确的目标：确保每一家店的服务质量都能达到标准，不因快速扩张而稀释品牌价值。到2004年，海底捞已在北京、上海等大城市设有多家分店，每家店都因其优秀的服务和口感而备受好评。

2009年，海底捞迎来了一个重要的转折点。在经历了15年的高速成长后，公司决定引入现代企业管理模式，以适应更为复杂和多元化的运营环境。海底捞引进了ERP系统，加强了对供应链和人力资源的管理，也开始着手准备上市。

在准备上市的过程中，海底捞更加强化了内部管理和股权结构。他们引入了一系列激励机制，包括股权激励和合伙人制度，以确保员工与公司的利益能够高度一致。这一系列改革取得了显著效果：2018年，海底捞成功在香港上市，当年营收超过90亿元，净利润达到17亿元。

从公众和媒体的角度来看，海底捞的成功似乎是一夜之间实现的，一个从四川成都起步的小火锅店，突然在全球范围内铺开数百家门店，成为中国餐饮行业的代表性企业之一。然而，这背后的成功并非一蹴而就，而是一系列复杂因素的完美融合，归纳起来，有几个关键的方面值得特别关注。

第一，顾客体验是海底捞成功的最核心因素。对于餐饮行业，食物的口味和质量当然重要，但海底捞却走得更远。他们打破了传统餐饮服务的局限，将"服务"推向了新的高度。从为等位的客人提供免费的美甲和擦鞋，到餐厅内部精心设计的娱乐活动，如面点表演、魔术表演等，这些都是传统火锅店所没有的。这不仅仅是一个餐饮体验，更像是一场娱乐体验。

第二，海底捞紧密跟随并且不断革新科技应用，以提升运营效率和客户体验。例如，他们推行的数字点餐系统、智能化厨房管理，以及应用人工智能和大数据来分析顾客需求和喜好，这一切都大大提升了整体运营效率和客户满意度。

第三，媒体策略也是海底捞能迅速崛起的另一个关键因素。海底捞注重线上与线下的整合营销，有效地运用社交媒体平台来推广其品牌。这不仅提高了品牌的知名度，也为其赢得了极高的客户忠诚度。几乎每一位到过海底捞的顾客，都会在社交媒体上分享他们的体验，这种口碑式的推广为海底捞带来了巨大的市场影响力。

第四，供应链管理也是不可或缺的一环。海底捞注重食材的质量和

第 8 章
全面合伙的连锁加盟模式，掌控万家门店之秘

来源，强调食品安全和可持续性，以确保每一道菜品都能达到最高的标准。这不仅赢得了顾客的信任，也为企业创造了稳健和可持续的利润。

第五，同样重要的是，海底捞从一开始就具有全球化的视野。他们不仅在中国各大城市设有分店，还积极进军海外市场，包括美国、日本、新加坡等地，成功地将中式火锅文化推向了国际舞台。

海底捞能在短时间内在全球范围内获得巨大成功，其实是多重因素共同作用的结果。这些因素包括其对顾客体验的极致追求、科技与创新的紧密结合、精准的媒体策略、健全的供应链管理，以及全球化的战略视野。这些共同构成了海底捞在公众和媒体眼中的"成功密码"，并为其持续发展提供了有力的支撑。

对于公众和媒体来说，海底捞的迅速崛起似乎是源于其出色的食物、优秀的服务和顾客体验。但实际上，这背后的动力源泉是海底捞精心设计的内部管理和激励体系。

海底捞实施的是一种孵化式门店合伙制，这是一种复杂但高效的股权激励体系。公司内部将门店分为A、B、C三类，其中只有A类门店的店长有资格成为股权激励对象。这种激励体系给予店长两个选择，一旦做出选择则不可更改：一是获得所在门店利润的2.8%；二是获得所在门店利润的0.4%，但同时获得开辟"家族店群"的资格。

这个"家族店群"模式是海底捞的独创。店长可以培养20个徒弟，徒弟考核合格后成为店长，徒弟门店利润的3.1%归师傅。而一旦徒弟的门店也成为A类，则徒弟也面临两个选择：一是获得自己门店的利润的2.8%，二是获得自己门店的利润的0.4%，但同时获得开辟家族店群的资格，即可以培养20个徒孙，徒孙考核合格后成为店长，徒孙门店利润的3.1%归徒弟店长，徒孙门店利润的1.5%归最初的店长。

这样的体系设计，使得每一个店长都有极大的动力去培养徒弟，并

且帮助他们成功。因为一旦徒弟成功，店长不仅可以从徒弟的门店中获得利润，而且还有可能从徒弟的徒弟的门店中获得利润。

以此类推，如果一个A类店长成功培养了20个徒弟，而这20个徒弟又各自培养了20个徒孙，那么最初的店长将获得20个徒弟门店的3.1%的利润，总共相当于一家门店62%的利润；同时还会获得400个徒孙门店1.5%的利润，总共相当于一家门店的600%的利润。综上，这名店长可以得到相当于一家门店662%的利润，即相当于6.62家门店的总利润。

从老板的角度来看，这样的激励成本并不高。因为即使一个店长的师傅提取3.1%的利润，店长的师傅的师傅提取1.5%的利润，加上店长自己提取的0.4%，总共也只有5%。也就是说，老板只需要拿出每家店利润的5%，就可以激励员工去争取获得相当于6.62家门店的利润。

这样的激励体系，不仅让每个员工都极力争取成为店长，而且还让每个店长都极力争取将自己的店升级为A类门店，同时培养出更多的A类店长。因此，这种模式不仅能够激励员工提高服务质量，还能迅速扩大公司的规模。

当然，这样的体系也需要一定的约束机制，以防止可能出现的利益冲突和风险。但总体而言，这种股权激励和孵化式门店合伙制，是海底捞得以构建一支极度忠诚和高效的团队的关键因素。这一切都来源于公司对内部激励和人才培养的深刻理解，使得个人目标与公司目标高度一致，从而达到企业与员工共赢的局面。

海底捞之所以能在竞争如此激烈的餐饮行业中脱颖而出，很重要的一点就是其创新性和高效性的内部激励机制。这一机制不仅激发了员工的工作积极性，也成功地将他们的个人目标与公司的长期目标紧密地结合在了一起。

海底捞的成功不仅仅停留在创业初期的孵化式门店合伙制，它在成功上市后进一步升级了其股权激励机制。2021年5月23日，公司公布了一项重大的股权激励计划。该计划于5月20日获得批准，涉及的新股份约占已发行股本的3%，共计1.59亿股。其中，1.43亿股授予了公司超过1500名员工和多名顾问，剩下的1590万股则授予了公司及其附属公司的17名董事和最高行政人员。

根据当时的市值计算，这一股权激励计划价值约为70亿港元。它的覆盖范围非常广泛，不仅包括高级管理层，还延伸到了区域统筹教练、部分家族长、餐厅经理、部分业务和技术骨干等。这体现了海底捞对全员合伙、全员激励的坚持和信念。

这一新的股权激励计划并非简单的"送股"，而是有着严格的考核指标。海底捞特地成立了激励评估委员会，并拟定了一系列具体的归属条件，主要包括未来业绩指标和对集团创新项目的贡献等。所有受益人将根据同样的考核标准和贡献评价体系进行授予。

更值得注意的是，这些股份将用十年的周期发放，并将成为承授人未来十年薪酬配套的组成部分。海底捞将以信托方式代承授人持有这些股份，直至满足公司董事会于授出时指定的相关归属条件后，才会转让给承授人。

从创业阶段的孵化式门店合伙制，到上市后的全员股权激励，海底捞一直在不断地优化和升级其激励体系。这种全员参与、多层次、长周期的激励模式，确保了员工与公司目标高度一致，同时也大大提升了员工的工作积极性和企业忠诚度。

海底捞通过精心设计的股权激励和全员合伙模式，成功地将员工的个人目标与公司的长期目标结合在一起。这不仅促进了员工的个人成长，还为公司的持续和稳健增长提供了极大的动力。

无论是在孵化式门店合伙制中将利润分享给门店店长，还是在上市后将价值数十亿港元的股份作为激励，海底捞都展示了一种极度前瞻和人性化的管理哲学。这也是其在竞争激烈的餐饮行业中能够持续成功的关键因素之一。

第 8 章
全面合伙的连锁加盟模式，掌控万家门店之秘

8.3 案例：疫情时期，华莱士门店破两万家之秘

疫情的持续和反复无疑给全球经济布下了一张巨大的阴影网，许多行业因此遭受重创。在这样动荡不安的时代，稳定的人心成为稀缺资源。如何在复杂多变的环境中维持企业和员工的稳定，是每个组织都需要解决的问题。华莱士快餐连锁店，在这场全球疫情中展示了其独特的韧性和创新能力。

合伙制是华莱士稳定人心，维护业绩的关键因素之一。通过门店合伙模式，华莱士不仅将每一个员工变成了一名有责任、有权益的合伙人，还让他们成为这个大家庭里不可或缺的一员。在这样的模式下，员工不再是单纯执行任务的工人，而是为自己负责，为团队负责的合伙人。这样的组织文化，在疫情最严重的时候，也为华莱士带来了意想不到的稳定性和发展动力。

据统计，截至2022年5月4日，华莱士的门店数量已经达到了惊人的20139家，超过了肯德基和麦当劳在中国大陆地区门店数量的总和。更值得一提的是，在2020年那个对餐饮行业来说异常艰难的上半年，华莱士仍然成功新增了超过2000家门店。

这不仅仅是数字上的增长，更是华莱士21年发展历程中，由濒临倒闭到如今万店规模的最好注解。驱动这一切的，便是华莱士特有的合伙制模式。在这一模式下，开店选址团队、管理运营团队以及总部职能和资源方都通过出资和股权捆绑的方式，形成了一个紧密联结的利益共同体。这让各方都有了为同一个目标奋斗的动力和责任，也为华莱士在多

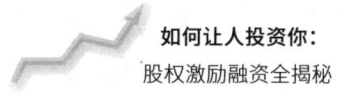

变环境中持续快速发展提供了有力的支撑。

在疫情这样严峻的考验下，非上市的华莱士不仅没有退缩，反而借助其独特的合伙制模式，成功地稳住了自己的发展步伐，进一步确立了其在中国快餐行业中的领先地位。

8.3.1 华莱士合伙模式五大特点

华莱士合伙模式所体现出的五大特点——增长快、效益稳、规模大、活得久、股东多——从根本上来说，是对其商业模式的高度概括。这种独特的模式从投资、管理和法律三个重要层面进行了精心设计，实现了收益权和经营权的有效分离，以及风险的隔离。

1. 投资层面：构建利益共同体

在华莱士的合伙人模式中，无论是内部员工还是外部合作伙伴，都是通过共同出资来实现的。这种"投人投心"的策略成功地将门店转化为一个利益共同体，让每一个利益相关者都能参与其中，从而增强了整个组织的凝聚力和执行力。

2. 管理层面：直管与品控

华莱士不仅对门店的日常经营进行管理，还对人、财、物三大要素进行直接管理。这种直管模式不仅解决了各门店对人、财、物需求的不一致问题，还能够确保品控的一致性。这样，各门店在公司的赋能下能实现正常盈利，使所有合伙人受益。这种管理模式同时也实现了收益权和经营权的分离，避免了账目和决策上的模糊。

3. 法律层面：风险隔离与加盟关系

虽然门店是通过合伙的方式开设的，但在法律层面上，华莱士与各门店维持的仍是加盟关系。这一设计起到了风险隔离的作用，即使单个门店经营不善或出现其他问题，也不会直接影响到总部。

这三个层面展示了华莱士商业智慧的全貌。公司借助自己的品牌影响力，成功地将各利益相关者集结成一个利益共同体。同时，在管理层面保持了对人、财、物的直接控制，确保了品质和服务的一致性。最后，在法律结构上巧妙地利用了加盟模式，为公司自身规避了风险。

控制不仅仅是通过股权实现的。通过对品牌、内部管理的严格控制，华莱士同样实现了整体运营的高效控制。这种多元化的控制策略，也是其能在多变的市场环境下，特别是在疫情防控期间持续稳健发展的重要保证。不同的公司需要不同的控制策略，华莱士的成功便在于其能够灵活地根据自己的实际情况进行调整和优化。

8.3.2 适应性的股权分配机制

在华莱士的发展历程中，尤其是在疫情期间门店数量突破两万家的背后，一个重要但经常被忽视的因素是其精心设计的股权分配机制。这个机制不仅体现了华莱士对市场敏锐的洞察力，也反映了其在不同发展阶段能灵活调整战略的能力。

1. 早期阶段：赋能与责任

在华莱士品牌影响力尚处于形成阶段时，公司特别强调门店开发和选址的重要性。由于这是品牌提升和市场拓展的关键时期，开发选址团队在股权结构中占有高达30%至40%的比例。区域管理团队和劳动团队各占30%，而总部股东、职能部门和社会资源方的股权比例则在20%至40%之间。这种设计的核心理念是，让具有直接价值贡献和战略意义的团队和个人有足够的动力去全身心投入。

2. 后期阶段：微调与平衡

随着品牌知名度的提升和门店数量的快速扩张，华莱士开始对其股权结构进行细微的调整。在这一阶段，开发选址团队的股权比例下降到了20%，而店长、督导和运营经理的股权比例增加到了30%。区域管理团队仍然保持30%的股权比例，总部股东和职能部门则占有20%。这样的调整实际上是一种对市场变化和内部贡献重新权衡的结果。

3. 整体策略：灵活与适应性

华莱士的股权分配策略总体上遵循"以股权比例与价值贡献相匹配为原则"。虽然开发选址、管理团队、总部+职能三部分按照1：1：1的大体框架，但在具体到各门店时，依据各方在门店中的实际价值和重要性进行适当调整。这不仅使得股权分配更为科学和合理，也提供了足够的激励和灵活性，以适应不同发展阶段和区域的特点。

股权分配不是一成不变的硬性规定，而是一个根据不同阶段、区域和合伙人贡献进行动态调整的活体。正是这种灵活而富有适应性的股权机制，让华莱士能在各种复杂和不确定的市场环境中，包括疫情困扰的三年，保持强劲的发展势头。这也是华莱士疫情三年中门店数量能破两万家的一大秘诀。

8.3.3 合伙制的微妙平衡与长远眼光

华莱士的成功不仅依赖于一套精心设计的股权结构，更重要的是在于公司的运营哲学——钱赚得多不多，是一回事；但如何把这笔钱"算好、分好、用好"，则是另一回事。在这方面，华莱士展现出的前瞻性和即时激励管理令人印象深刻。

1. 清账、明人、直事，前期的严谨管理

在合伙制运行的早期阶段，华莱士特别强调财务透明和管理责任。门店月月分红的模式成为实现这一目标的有效手段。这种及时的激励机制不仅加强了合伙人之间的信任，还提高了资金周转率，为门店的持续运营和扩张提供了充足的现金流。

2. 与合伙人站在同一条船上，资金和信心的双重保证

每个参与门店经营的合伙人，都是门店的投资者。从投资者的角度看，分红和门店盈利是最能体现经营成果的指标。月月分红的模式让合伙人能及时看到经营效益，从而增加了他们对门店，乃至对华莱士品牌的信心。这样的机制有助于形成一种良性的循环，持续激发合伙人的工作热情。

3. 利益后挪，快速发展，一个宽容而长远的视角

与很多连锁品牌不同，华莱士在收费结构上相当宽容。门店管理费只收1%—2%，供应链方面则只收取5%的配送服务费。这样做的目的是将更多的前期利润留给门店，以便它们能快速站稳脚跟并赚取收入。这一策略不仅有助于快速扩张门店数量，也是出于一种长远的考虑。

4. 从短视到长远，连锁品牌的真谛

很多连锁品牌在开设几家门店后，就开始从各个方面压榨利润，无论是提高管理费还是抬高货品价格。这样的短视行为最终往往导致门店经营困难，甚至会影响品牌声誉。华莱士则不同，它更注重品牌价值和门店数量对于长期利润的贡献。在这方面，华莱士展示出的长远眼光和深刻洞见，正是其能在疫情期间内实现门店数量破两万家的另一个秘密。

华莱士的合伙制不仅是一个快速扩张门店数量的机制，更是一个能使利润和品牌价值持续增长的可持续发展模式。这样的长远眼光和战略布局，使其能在充满挑战和不确定性的市场环境中，一次次稳健地迈出成功的步伐。

8.3.4 多元合伙，深度分工与共同责任

华莱士的合伙制并不是一个简单的股权分配方案，而是一个复杂的

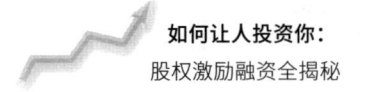

生态系统，其中涉及多个不同类型的合伙人。这些合伙人包括开发团队、营运团队、总部职能支持团队，以及外部社会资源方。不同团队和个体根据自己的角色和责任，有不同的投资和收益模式。这一点特别值得各行各业的企业借鉴：合伙不仅是为了快速扩张或短期利润，更是为了建立一个可持续、良性循环的商业模式。

1. 开发团队：领投与风险共担

开发团队主要负责选址和初期投资。找到合适门店位置的人将负责领投，并与其他合伙人共担风险和收益。没有干股、没有溢价，这是一种非常公平的合作方式。这也体现在开发团队对门店数量和节奏的灵活调整：并非由总部单方面决定，而是根据市场状况来作出相应的调整。

2. 营运团队：价值与贡献并重

营运团队拒绝"大锅饭"的分配方式，而是让每个人的价值创造与价值贡献紧密关联。他们在哪里贡献，就在哪里收益。为降低员工投资门槛，公司甚至愿意出资一半，让员工用低息贷款支付其余的投资。

3. 支持团队：后勤与前线的利益一体化

总部的支持团队与一线门店的利益紧密挂钩。他们参与对应的门店投资，形成一个利益共同体。这样不仅提高了支持团队的工作动力，也确保了一线门店能得到全面和高效的支持。

4. 社会资源方：稳健投资与持续回报

华莱士还将社会各方资源，如上游供应商、服务商以及亲戚朋友等，整合进一个"内部资金池"，提供稳定的收益。

这样多元化的合伙人构成确保了每个参与方都有动力在其各自领域做出最大的贡献。与许多传统的垂直管理模式不同，华莱士的合伙制更侧重于合伙人的自驱动。这种模式大大降低了管理成本和监督成本，而且通过多方的互相支持和互相监督，确保了组织力量的持续和高效运作。

华莱士的合伙制的成功，不仅仅在于它能快速扩张门店和增加盈利，更在于它能激发每一个参与者的潜能和责任心。这种精心设计的合伙机制，确保了华莱士能在复杂多变的市场环境下，持续、稳健地实现增长。这或许就是华莱士在疫情期间能够实现门店破两万家的核心秘密之一。

8.3.5 合伙制的多维价值与局限

华莱士通过其精心设计的合伙制，在疫情防控期间不仅成功地扩张了其业务，而且还改变了其员工和合作伙伴的工作心态。在这种模式下，员工和各种利益相关者不再是单纯的执行者或投资者，而是真正的"合作者"。他们不仅提升了自身的收入，还增强了对企业的认同感和主人翁意识。

因为有了共同的利益和风险，每个人都更加关注自己的责任和贡献，大家都在为同一个目标——企业的成功——而努力奋斗。这不仅提高了工作效率，还降低了管理成本。当员工从打工者身份转变为合作者，他们会更愿意把心放在这里，这种稳定性无疑是任何企业在风雨飘摇的环境中稳健前进的重要支柱。

华莱士的合伙制基因是"利他"。这不是一种简单的利益分配，而是一种多方共赢的生态系统。企业在考虑合伙模式时，不是从单一的公司角度出发，而是站在各个利益相关者的角度来考虑其需求。这种"利他利己，成人达己"的思想，不仅成就了员工和合作伙伴，更是成就了华莱士这样一个企业。

然而，值得注意的是，合伙制并不是万能的，也不一定适用于所有类型的企业。合伙制涉及利益分配和风险共担，这无疑是一场复杂的利益博弈。成功的合伙制不仅需要一种成熟的企业文化，还需要创始人具有一定的格局和舍得精神。只有在这种文化和精神的支持下，合伙制才能真正发挥其应有的效能。

综上所述，华莱士的成功不仅仅是因为它拥有一个强大的品牌或优质的产品，更重要的是，它通过合伙制这一独特的商业模式，成功地整合了各方利益，实现了快速但又稳健的成长。在这个过程中，华莱士不仅成就了自己，也成就了其员工和合作伙伴，展示了一种新的、可持续的商业成功路径。这或许就是华莱士在疫情期间能够实现门店破两万家的核心秘密，也是其他企业值得学习和借鉴的宝贵经验。

8.4 华为独此一家的全员持股激励模式

8.4.1 华为的发展历程

华为的崛起可以说是在中国现代企业史上升起了一个耀眼的星座。1987年，一位名叫任正非的前军人在深圳创建了华为技术有限公司，初衷是作为一家香港程控交换机（PBX）厂家的销售代理。初始资本仅为21000元人民币，但其背后的野心与远见却远超这个数字。

仅两年后的1989年，华为开始自主开发PBX技术并投入商用。这标志着华为由单纯的销售代理转型为技术研发企业，同时也展示了其对自主研发的执着。在接下来的几年里，华为不断地改进其产品，如1992年开始投入C&C08数字程控交换机的研发。到了1994年，该产品性能优越、成本效益明显，迅速赢得了国内市场的认可。

1996年，华为迈出了进军境外市场的第一步，与香港长江实业旗下的和记电讯合作，成功将C&C08机型引入香港。接下来的几年，华为持续扩张其全球业务，包括进入东欧、欧美市场。尤其在1999—2000年间，华为凭借其具有竞争力的价格策略，成功进入了越南、老挝、柬埔寨和泰国的GSM市场。

1999年是华为的一个里程碑，该年员工达到15000人，销售收入更是达到了120亿元人民币。这一年还实施了被誉为"企业宪法"的《华为基本法》，成为中国第一部系统地明确企业战略、价值观和经营管理原则的制度体系。

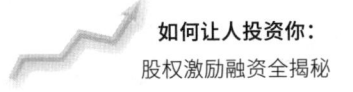

新世纪的华为面临更多的挑战和机遇。2002年，在全球电信基础设施投资下降的大环境下，华为的海外销售额仍然实现了68%的增长。到了2005年，其海外合同销售额首次超过了国内销售额，凸显了华为作为全球化企业的影响力。

华为的发展不仅在产品层面有所表现，也在多个业务板块取得了显著成就。2013年，其消费电子业务发展迅速，手机销量一跃为全球第三，仅次于苹果和三星。2015年，华为的智能手机发货量突破了1亿台，中国市场份额稳居首位。

随着业务的不断拓展，华为也加速了其战略调整。2017年，公司明确了公有云战略，并将云业务部门提升为一级部门，赋予其更大的业务自主权。2018年，华为更是提出了全新的企业使命，旨在"把数字世界带入每个人、每个家庭、每个组织，构建万物互联的智能世界"。

今天，华为已成为全球电信设备、消费电子、云计算等多个领域的佼佼者。全国工商联多次发布的"中国民营企业500强"中，华为以其巨大的营业收入名列榜首。

8.4.2 华为员工的薪酬激励模式

在全球高科技企业中，华为的员工激励模式无疑是一个独特和成功的范例。从这个公司最早的创立之日起，其创始人任正非就将员工激励放在了核心管理议题之一的位置上。下面，我们详细解读华为在薪酬激励方面的几个关键因素。

1. 坚持走高薪路线

三重收入结构：华为员工的薪酬主要分为三部分：基础工资、绩效奖金和股票分红。外派海外员工还有额外的外派补助。

有数据显示，在华为工作满10年，职级达到18级以上的员工，其年综合收入可以达到或超过100万元人民币。当这个数据与外派海外员工的补贴相结合时，税前年收入超过百万元的员工人数超过一万。

薪酬基准对标：华为不仅定期购买外部的薪酬数据，还和行业标准进行对比，确保公司薪酬具有强大的市场竞争力。

高效、高压、高薪：华为的"三高"政策实际上是一个闭环系统。高工资吸引和保留优秀人才，高效的工作环境和高压的绩效要求确保这些人才能够发挥出最大的价值。

2. 树立榜样——重奖优秀员工

绩效差异：在华为，绩效为A的员工的奖金可能是绩效为B的员工的两倍，这也意味着获得升职和加薪的机会更大。

打破平衡：华为反对平均主义，在奖金和绩效评定方面实行差异化管理。这样做的目的是激发员工的竞争心理和工作热情。

奋斗与回报：华为非常注重对优秀员工的奖励，确保他们得到应有的回报，从而形成一个正向的激励机制。

3. 末位淘汰——激活整个组织

5%的自然淘汰率：华为每年会自然淘汰表现最差的5%的员工，这一政策得到了公司高层包括任正非在内的强烈支持。

末位淘汰与裁员的区别：不同于裁员，末位淘汰是为了保持组织活力和提高整体绩效。华为很少因为经济不景气而裁员，更倾向于通过降薪和内部调整来应对。

合法与人性化：华为的末位淘汰并不是简单的解雇，而是通过调岗和再培训等方式来进行。这不仅符合法律规定，也更加人性化。

通过这三个方面的综合运用，华为构建了一个高度动态和自我激励的组织结构，成功地调动了员工的工作积极性和创新能力。这一切都归功于华为深刻理解和巧妙运用薪酬激励机制的能力。从华为的成功经验

中，我们不难发现高薪并非简单的成本增加，而是一种战略投资，其回报远超出了成本本身。

这样的一个系统不仅可以激发员工的潜能，还能持续推动企业向更高的目标前进。这些经验和教训对任何希望优化人力资源管理、提高组织效能的企业来说都有着重要的借鉴意义。

8.4.3 华为股权结构的演变

华为的股权结构经历了数次重大变革，从创始时的几位合伙人共同持有，到全员持股，再到最终的华为投资控股有限公司和华为公司工会持股模式。

1987年创立初期，任正非和五位合伙人共同出资成立了深圳市华为技术有限公司，初始的六位股东的股份是大致均分的。然而，随着公司的发展和壮大，华为开始实施员工持股制度。1990年，华为开始推行员工持股制度，到了1997年，公司的股权结构变成了注册资本为7005万元，688名华为公司员工共持有65.15%的股份，而华为新技术公司的299名员工持有余下的34.85%的股份。

1997年6月，华为对股权结构进行了一次重大的改制。改制后，华为公司工会、华为新技术公司工会和华为新技术公司分别持有华为公司的61.86%、33.09%和5.05%的股份。同时，两家公司的员工所持股份被所在公司的工会集中托管，并由工会行使股东表决权。尽管华为是一家民营企业，但是它仍然将自己的股改方案报给了深圳市体改办，并得到了深圳市体改办原则上的同意。

第 8 章
全面合伙的连锁加盟模式,掌控万家门店之秘

```
[华为新技术公司]   [华为新技术公司工会]   [华为公司工会]
     5.05%              33.09%              61.86%
                          ↓
                  [华为技术有限公司]
```

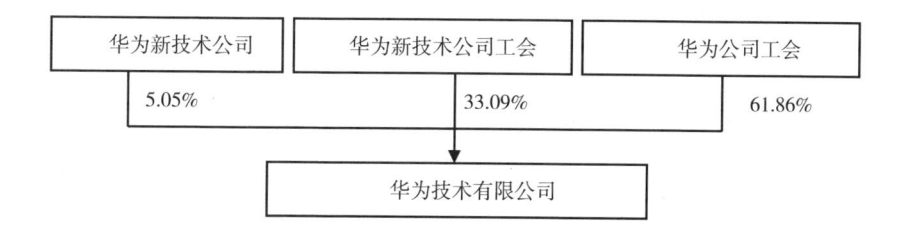

图表 8-1　华为技术有限公司 1997 年股权结构图

到了1999年6月,华为公司工会收购了华为新技术公司持有的全部5.05%股份和华为新技术公司工会持有的21.24%股份。这使得华为公司的全部股份只有两个股东,分别是华为公司工会,持有88.15%的股份,和华为新技术公司工会,持有11.85%的股份。

```
[华为新技术公司工会]              [华为公司工会]
       11.85%                        88.15%
                    ↓
          [深圳市华为技术有限公司]
```

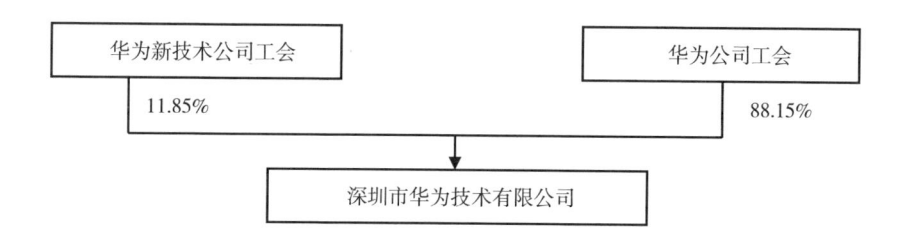

图表 8-2　华为技术有限公司 1999 年股权结构图

2000年12月,华为公司的董事会做出了一个重要决定,将华为新技术公司工会持有的11.85%的股份并入到华为公司工会。在这次董事会会议上,任正非的独立股东地位得到了确认,他单独持有1.1%的股份,并进行了工商注册。此时,华为公司的其余股份全部由华为公司工会持有。

345

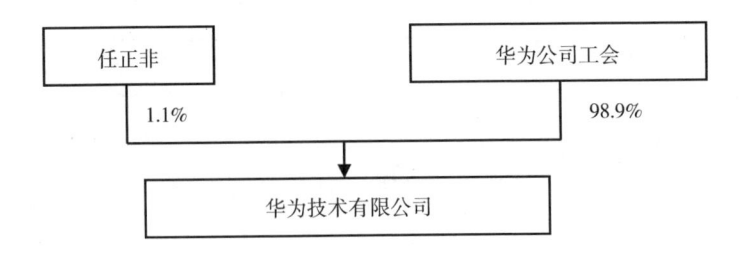

```
        任正非                           华为公司工会
           │                                 │
           │ 1.1%                            │ 98.9%
           ▼                                 ▼
              华为技术有限公司
```

图表 8-3　华为技术有限公司 2000 年股权结构图

2003年，华为投资控股有限公司成立。华为公司工会和任正非将所持有的华为公司股份全部转让给华为投资控股有限公司。此后，华为公司的股份由华为投资控股有限公司全资持有，而华为投资控股有限公司的股份则由华为公司工会和任正非持有，分别占98.9292%和1.0708%。

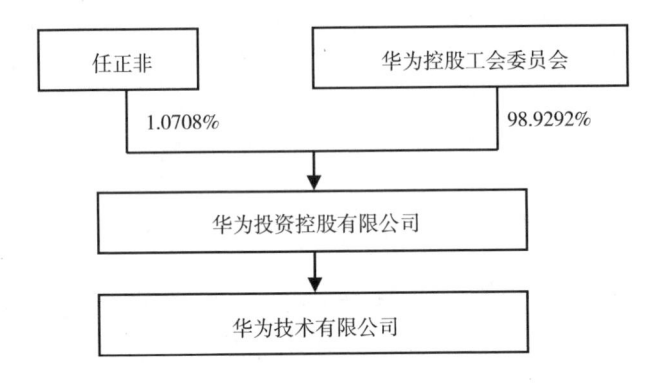

```
        任正非                       华为控股工会委员会
           │                                 │
           │ 1.0708%                         │ 98.9292%
           ▼                                 ▼
               华为投资控股有限公司
                        │
                        ▼
                华为技术有限公司
```

图表 8-4　华为投资控股有限公司 2003 年股权结构图

自此以后，华为投资控股有限公司经过多次增资，虽然任正非与华为公司工会的持股比例发生了小幅度的调整，但整体上，任正非持股约1%，而华为公司工会持股约99%，这一股权结构一直未发生大的变化，但至2023年，任正非个人持股已降至0.65217%。

```
      任正非                    华为控股工会委员会
          0.65217%         99.34783%
              ↓                    ↓
              华为投资控股有限公司
                    ↓
              华为技术有限公司
```

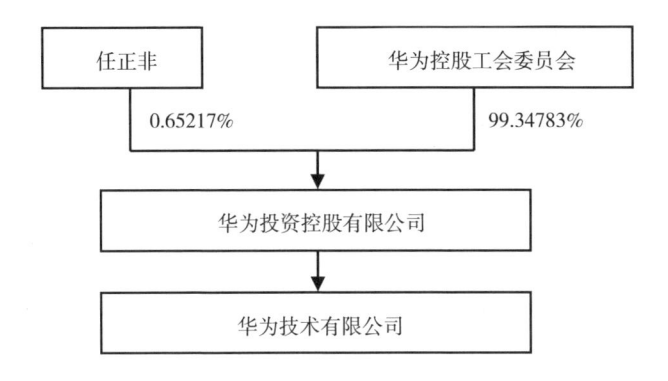

图表 8-5　华为投资控股有限公司 2023 年股权结构图

这种独特的股权结构，使得华为能够保持长期的战略稳定性和连续性，避免了股权结构变动对公司战略决策和执行产生不利影响。同时，这也是华为能够在全球范围内保持高速增长和高度的竞争力的重要原因之一。

8.4.4　华为股权激励的迭代

1. 员工持股制度初始阶段

在华为创业的初期阶段，融资对于这家小型科技公司来说是一个巨大的挑战。当时的银行体制对初创企业并不友好，导致华为很难获取外部资金。面对这样的困境，华为创始人任正非作出了一个前瞻性的决策：从1990年开始，引入全员持股制度。

华为通过这种方式解决了两个主要问题：一是资金，二是员工凝聚力。

（1）股票定价与红利派发

具体而言，华为允许员工以每股1元人民币的价格购入公司股票。与这个价格相比，公司的实际净资产要高得多。例如，在1993年，华为公司每股净资产为5.83元，1994年为4.59元，1995年为3.91元。但令人注意的是，这个1元的股票认购价直到2001年都没有改变。

除了允许员工以低于市场价的价格购股，华为还有一个激励机制：将税后利润的15%作为红利派发给持股员工。这一机制既增加了员工的现金收入，也让员工感觉自己是公司成功（或失败）的一部分。

（2）股权证书与合法性

当员工购买了股票后，他们会获得一份公司发放的股权证书。这份证书不仅是员工持股身份的有力证明，而且还盖有华为资金企划部的印章，以表示其合法性和正式性。

（3）内部融资的作用

通过这种全员持股制度，华为成功地解决了其资金短缺的问题。到了1997年，华为的注册资本增加到了7005万元人民币，而这部分增量资本全部来自员工持股。

这种在公司初创阶段便实施的全员持股制度不仅解决了华为急需资金的问题，也极大地提高了员工的归属感和忠诚度。在这个阶段，全员持股制度实际上是华为渡过资金难关、稳定员工队伍，并逐步扩大市场份额的关键因素之一。

综上，华为在1990—2001年这个初创阶段通过实施全员持股制度成功地解决了资金和人力两大问题，为公司后续的快速发展奠定了坚实的基础。这个阶段可以看作是华为股权激励制度迭代过程中的"第一代"，它有其独特的价值和局限性，也为华为接下来的股权激励模式改革提供了宝贵的经验和教训。

2. 虚拟受限股制度的中期发展阶段

（1）虚拟受限股制度的起源

在2001年7月，华为公司推出了一项里程碑式的改革：《虚拟股票期权计划暂行管理办法》。这一改革标志着华为股权激励制度从简单的全员持股制度进化到更为复杂、针对性更强的虚拟受限股制度。这一方案经过了深圳市体改办的批准,也得到了多层次政府的关注和支持。

(2)从工会到虚拟受限股

在这一阶段,虚拟受限股的运作方式经历了明显的改变。与之前全员持股不同,新的制度更注重对核心员工的激励。在具体操作上,工会作为持股实体,以每股净资产的价格购买公司股票,并以相同价格出售等量的虚拟股给员工。这些虚拟股票由工会代持。

(3)虚拟受限股的权利与限制

与传统股票不同,员工获得的虚拟受限股只享有利润分红权和股份增值权,但没有表决权和处置权。这意味着,虽然员工获得了某种形式的股权,但这些股权在《公司法》的框架内是有限制的。

(4)虚拟受限股的兑现与激励作用

虚拟受限股的另一个特点是,员工只能在离职后开始兑现其增值权。而对于中层以上的干部,他们每年最多只能兑现所持股份的10%。

(5)股权置换与低潮期的转型

在推出虚拟受限股制度的同时,华为也发布了《股权置换协议》,以便将员工手中的旧式内部股票转换为新的虚拟受限股。这一转换在华为发展低潮期获得了成功,因为当时员工对股票的期望值并不高。

(6)调整与完善

强化限制性:2003年,为了增强激励效果和应对外部竞争,华为增加了虚拟受限股的锁定期。员工在3年内离职,将不能兑现其股票增值权。

饱和配股:2008年,华为引入了饱和配股机制,即根据员工的职级设定了持股上限，以防止老员工成为"食利阶层"。

至今，华为的99%股份以虚拟受限股的形式，由超过8万名员工通过华为公司工会持有。这一制度在持续调整中也日益成熟，为华为赢得了员工的忠诚，也大大推动了公司的持续发展。

这一阶段的虚拟受限股制度不仅为华为解决了核心员工留任问题，而且也在一定程度上响应了政府对产业发展的期待。它是一种具有中国特色、适应华为企业文化和发展阶段的股权激励模式。

3. 时间单位计划（TUP）的近期阶段

随着华为在全球范围内的扩张，以及老员工工作积极性的相对下降，公司在2014年推出了一个全新的激励计划：时间单位计划（Time Unit Plan，简称TUP）。

（1）方案设计与背景

与之前的虚拟受限股制度不同，TUP计划针对全球范围内的员工，并在某种程度上解决了激励海外高层次员工的问题。该计划还充分考虑了员工在公司中的岗位、级别和绩效，旨在通过更灵活、更具吸引力的方式对员工进行长期激励。

（2）操作模式

在TUP计划下，员工每年会根据其岗位、级别和绩效，免费获得一定比例的公司股票。这些股票的分红权会随时间逐渐激活，五年为一个完整的激励周期。以此为例，如果一名员工在2015年被授予了10000股的TUP股票，他将在随后的几年里逐步获得这些股票的分红权和增值权，直至2019年完成一个完整的激励周期。

（3）优缺点及与虚拟受限股的对比

TUP计划虽然解决了多国籍员工激励的问题，也更注重员工的当前和未来表现，而不仅仅是历史贡献。但与虚拟受限股相比，TUP计划在将员工个人利益与公司长期利益紧密捆绑方面还存在不足。尤其是，因为TUP计划不具有融资功能，它增加了公司的现金流压力。

（4）共存与演变

有趣的是，虽然TUP计划是为了弥补虚拟受限股制度的不足而设计的，但两者在华为内部并行存在，各有各的应用场景和适用人群。这表明华为在股权激励方面的实践是一种持续迭代和多元化的策略，而不是一成不变或单一模式的应用。

总体而言，华为的TUP计划标志着公司股权激励机制进一步的成熟和多元化。它不仅延续了华为长久以来重视员工激励和持股文化的传统，还在全球化和多元化的背景下，对股权激励进行了有针对性的创新和调整。

通过这一系列的迭代，华为展示了其在股权激励方面的战略眼光和执行力，这无疑也是其长期成功的一个重要因素。

8.4.5 华为股权激励的内核

1. 堪比上市的内部融资

华为是一家非上市公司，但其在全球高科技领域的成功和影响力，特别是在《财富》2023年世界500强榜单中列第44位，表明了这家公司与众不同的地位。不上市并不意味着缺乏融资渠道或市场影响力，华为的例子充分证明了这一点。

为何非上市也能成功融资？

华为的特殊性也体现在其股权结构和融资方式上。据统计，华为有8万名员工持有公司的内部股票，这个数量堪比一家大型上市公司的股东数量。这种全员持股的模式实际上帮助华为达到了与上市公司相似的融资效果，而避免了上市过程中可能面临的多重压力和制约。

2. 融资成本与方式的演变

回到1990年，华为最初推行员工持股制度的目的就是为了解决资金缺口。当时，员工能通过公司担保，以银行贷款的形式购买公司股票，从而降低融资成本。据估计，在20多年的时间里，华为通过这种方式内部融资了高达数百亿元人民币，有效地解决了公司在高速发展过程中的资金需求。尽管2011年华为的虚拟股信贷计划因各种原因被有关部门叫停，但这并没有阻止员工购买公司股票。他们开始使用自己的奖金、分红或其他自筹方式来购买股票。

这种独特的内部融资方式不仅解决了华为的资金问题，还加强了员工与公司之间的利益绑定，形成了一种稳健而持久的发展动力。它减少了依赖外部融资的风险，增强了公司在面对市场波动时的韧性。

总体来说，华为通过其独特的全员持股激励模式和内部融资机制，成功地打破了"非上市公司就不能进行有效融资"的传统观念。这一切都源于华为对员工价值和公司发展需要的深刻理解，以及愿意通过持续创新来应对复杂多变的市场环境。这无疑也是华为能够在全球竞争激烈的高科技产业中取得如此显著成功的一个关键因素。

3. 坚持以"奋斗者为本"的文化

在股权激励模式中，华为实现了一种令人瞩目的平衡。一方面，近一半的员工持有公司股票，体现了一种普惠制的特色；另一方面，华为深知"人人都有"可能导致"人人都没有"的现象，因此在实践中特别强调"以奋斗者为本"的原则。

（1）为何"以奋斗者为本"

华为认为，真正推动公司前进的是那些愿意为公司付出和奋斗的员工。这是一种深刻的认识，明确表示公司不会把股权激励简单地变成一种股权福利。虽然每个员工都有机会获得公司的股权，但股权的分配并不是平均的，而是与个人的努力和成绩直接相关。

（2）努力与成绩的量化

在华为，员工是否能够获得配股资格，以及能获得多少配股，取决于多个因素。首先，他们的职级会影响配股的数量；其次，更重要的是他们当年的绩效表现。这种方式旨在激发员工的工作热情和提升个人绩效，同时也确保了股权激励能够更精准地发挥作用。

（3）持续优化股权激励计划

华为不断地调整其股权激励计划，以适应公司和市场的变化。近年来，这一计划越来越倾向于奖励中间管理层、核心员工和新加入的"奋斗者"。这种策略也有助于避免那些"老员工"因早期贡献而长期获得股权，但却缺乏持续奋斗的动力。

（4）持续性的挑战

尽管华为一直在努力解决因普惠制股权激励可能带来的问题，包括激励效果的稀释和历史因素造成的制度不完善，但这并不意味着问题已经完全解决。这些挑战需要公司持续地去观察、调整和完善。

华为的股权激励制度是一个不断迭代和优化的过程。在普惠制的基础上，华为坚持"以奋斗者为本"，通过细致的制度设计和执行，旨在激发每一位员工的潜能和创造力。

4. 面对挑战不断迭代

华为股权激励制度的成功并不意味着它没有面临挑战。实际上，这一制度在华为日益扩大的企业规模和复杂的全球商业环境中，持续面对多重压力和挑战。

（1）现金支付压力

华为采用的是虚拟股激励，这意味着公司需用现金来支付员工的分红。考虑到持股员工数量庞大，这无疑给公司带来了不小的现金支付压力。过去，华为能以其快速发展为依托，用丰厚的利润来支付这些分红。但随着公司规模越来越大，维持以往的高速增长自然更为困难。

（2）股票流动性问题

作为一家非上市公司，华为员工手中的虚拟股不具有流动性，无法在公开市场上交易。这一制度设计虽然避免了股票价格的短期波动影响，但也限制了员工通过股票获得溢价收入的可能性。这样的封闭系统虽然保持了稳定性，但也可能导致激励效果的减弱。

（3）不断迭代与优化

尽管面临诸多挑战，华为股权激励制度仍然具有强大的生命力。这得益于华为对制度的不断迭代和优化。例如，华为不断地调整激励对象和比例，以更精准地激励那些对公司有重要贡献的员工。此外，华为也在思考如何通过其他方式，比如提高员工的职业发展路径透明度，以弥补股权激励带来的限制。

（4）展望未来

华为股权激励制度是其文化和管理模式中的一个核心组成部分。即使面临多种挑战，该制度也是华为成功的重要支撑。从长远看，随着公司规模的扩大和业务领域的多元化，这一制度无疑将继续迭代和升级。

综上所述，华为的股权激励制度不仅促进了公司的快速发展，而且赢得了员工的广泛支持和参与。这一独特模式对于理解非上市公司如何设计有效的股权激励机制提供了有益的洞见。未来，随着华为在全球范围内的持续拓展，其股权激励制度也将继续引人注目，为业界和学界提供更多的启迪与参考。

8.4.6 任正非的"人才观"

这个讲话发表于2023年9月4日，在华为历经美国政府实施的3年多芯片制裁，发售Mate60系列手机产品之后的第6天，任正非全面阐述自己对于人才的观点，借此我们体会一下这位华为创始人的胸怀、格局，体会一下华为是如何不拘一格激励、培养人才，体会一下华为成功的必然！

向来重视人才、求贤若渴的任正非，此次发声，依然谈及人才，他表示，华为已明确，要努力在有限的业务范围内领先世界，不是在全方位领先，所以华为产品的边界是收缩的，但研究的边界可以适当宽一些，因此华为要建立一个高端人才储备库，不拘一格获取优秀人才。

任正非认为，全才是从专才中产生的，领袖是自然成长起来的，华为要创造人才成长的土壤和宽容的环境，让大家畅所欲言，"炸开"思想，让优秀人才涌现、英雄辈出。

1. 要建立高端人才储备库

9月4日，华为心声社区公开任正非在高端技术人才使用工作组对标会上的讲话全文，任正非结合华为自身业务发展定位，阐述了他的人才观。

任正非表示，华为要建立一个高端人才储备库，不拘一格获取优秀人才，但在招聘时要讲清楚公司的业务边界，允许在边界内研究探索。

"公司已经明确，我们要努力在有限的业务范围内领先世界，不是在全方位领先。所以，我们产品的边界是收缩的，研究的边界可以适当宽一些，也不是宽得无边。那么，招聘的时候，首先要划定一个业务边界，讲清楚我们的理想是什么、边界是什么。不在我们这个边界内的专业人员，他是否愿意从事在边界内的工作？如果他愿意，转行是可以的。"任正非说。

任正非举例称，孙中山本是学医的，先是医人，后来医国，华为公司出售的莫贝克电源公司的主管曾是牙科医生，因为技术是相通的，他

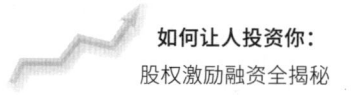

虽然学习神经学、蛋白质生物学等，但计算能力也很强。

"所以，我们不要对人才有固定看法。我们要建立一个自己的高端人才储备库，只要是优秀人才都可以进来，包括非边界内专业的人才愿意到边界内来工作，我们就愿意要。"任正非说，华为要朝着假设的方向，不断探索，不断储备，华为是储备人才，不储备美元，最终储备出自己的人才库。同时，任正非也强调，高端人才全部是指技术方面，管理类或其他行业不在此列，管理类的干部走垂直循环、在实践中逐步成长的道路，没有层层实践的成功经验积累，很难有破格提拔的可能。

任正非说："领袖（管理者）是自然成长起来的，不是我们去找。"任正非说，华为对于领袖，强调他解决问题的能力，强调他有成功的实践经验，华为在选拔干部的时候，贯彻没贡献不考核，节省人力资源。

2. 全才首先一定是专才

有关华为的"天才少年"，任正非曾表示，最看重天才少年的破题能力，不是综合素质。

此次会议上，任正非也表达了类似的观点，他表示，全才首先一定是专才，全才是从专才中成长起来的。他在某一项钻研得很透，在其他项就能理解。如果没有专才，就不可能成为全才，没有专才的"全才"也许没有突破能力，绕着城墙转，找不到放"炸药包"的地方。系统性的、阐述性的和构建性的专家合起来也不行，就如皮蛋粥一样，皮蛋还是皮蛋，粥还是粥，并没有发生物理和化学性的转变。

任正非还指出，集体评议往往会埋没人才。

"歪瓜裂枣很多，我们的专家只要识别他特殊能力的一面就行，也不用全面评价一个人，不拘一格降人才。"任正非举例说，清华大学数学系主任熊庆来让只有初中学历的华罗庚破格进入清华大学，开启了华罗庚高水平数学的研究生涯；罗家伦当清华校长时，录取了数学成绩只有15分的钱钟书，成就了一位文学大师。

3. 创造人才成长的土壤和宽容的环境

在任正非看来，企业有了优秀人才，还必须要创造人才成长的土壤和宽容的环境。

任正非表示，华为公司一直贯彻选拔制，因为人才不是靠培养，而是自我成长。华为要创造人才成长的土壤，就如"一杯咖啡吸收宇宙能量"，华为不要给高级专家担负太多管理人才的责任，不要搞"拉郎配"，要给他们自由度，他有多大能量就发挥多大能量。

具体而言，任正非表示，对优秀人才的激励，最主要是让他们能找到自己热爱的工作岗位，物质激励不是最主要的，当他热爱时，就会踏实工作，如果自己的兴趣爱好与工作机会相结合了，他就会无怨无悔。因此，华为要重视这些人才在工作岗位的发挥，同时也在贡献上去评价他。

"高端技术人才在适合的工作岗位，一定会显出他的价值来，然后在价值体系去评价他。"任正非认为，华为可以设一个高端投诉平台，大家有问题就写邮件到这个平台，人力资源去听他倾诉，做成纪要报给有关部门帮助员工调整，华为可以安排一些人际理解力强、熟悉华为流程、善于沟通、善于团结人的老员工，到导师部去听群众的声音，调解矛盾。

另外，任正非认为，在人才成长过程中，华为要创造一个宽容的环境，让大家愿意畅所欲言，互相启发，把思想炸开。

一是，喝咖啡是一种形式，网聊也是"喝咖啡"，对新员工都是好的指引。

二是，高级专家要用更多精力来读文献，而不是埋头做事。比如，把一半时间用来读文献,写写感想等。"任正非说。

任正非表示,历史滚滚向前就会有新陈代谢,有人选择离开就会有继任上来,但是华为要形成一个良好机制,让优秀人才涌现,英雄辈出。

8.5 小米高科技行业股权激励的典范

8.5.1 小米发展历程

1. 从高起点到高成长

2010年4月，雷军联合其合作伙伴在北京创立了小米科技有限责任公司，目标简单而直接："做一款让自己喜欢，觉得够酷的智能手机。"此时的雷军已经是一名成功的互联网企业家，拥有数十亿的身家和丰富的天使投资经验。这一独特的起点使他得以聚集了包括"八大金刚"在内的14名业界精英，形成了一个备受瞩目的创业团队。正是这一高起点为小米后续的高速成长铺平了道路。

2. 产品矩阵的快速扩张

同年8月，小米推出了其第一个产品——手机操作系统MIUI，随后在12月推出了米聊的Android和iPhone版本。到了2011年7月，小米正式宣布进军手机市场，推出了MIUI、米聊以及小米手机三款核心产品。该年12月，小米第一款手机小米1一经推出，便在3小时内售罄了10万台。借助"全线上销售"和"饥饿营销"两大战略，小米迅速在市场上制造了供不应求的局面。

3. 收入与影响力的爆炸性增长

2012年，小米手机的销量突破了300万台，年销售收入也达到了10亿美元。2013年1月，MIUI的全球用户数更是突破了1亿。到了2014年12月，小米年销售收入突破100亿美元，成为中国大陆市场出货量第一的智能手机公司。

4. 多元化与全球化

2015年，小米全年出货量突破7000万台，销售额高达780亿元，MIUI系统月活跃用户超过1亿。2016年7月，小米进一步多元化，推出了红米Pro和小米笔记本 Air。2017年11月，小米在"双十一"销售活动中表现出色，手机销量五连冠。

5. 市场领先与上市

2018年，小米在全球手机销量排行中升至第4位，并成功连接了超过1亿台的IoT设备。同年，小米在印度市场的份额超过了30%，位居首位。至此，小米已成功进入74个国家和地区，并在多个市场中跻身前五。最终，在2018年7月9日，小米在香港上市，以17港元的IPO发行价，市值达到3773亿元。

这一切彰显了小米从一个简单构想到全球科技巨头的迅速崛起。小米的发展历程是一个绝佳的范例，展示了高科技行业股权激励如何加速公司从起步到壮大的全过程。它不仅实现了从产品到市场，从地域到规模的全面拓展，而且也为股权激励在高科技行业中的实践提供了宝贵的经验。

8.5.2 小米的股权结构

1. 香港联交所同股不同权新政

小米作为香港联交所"同股不同权"政策出台后的第一家双层股权结构的上市公司，自然引发了外界广泛的关注。其实，这一政策的出台并非偶然，它是在多家中国内地企业选择在美国上市后，香港资本市场对自身政策进行深刻反思的结果。

早在2013年，阿里巴巴有意赴港上市，但因"同股同权"政策与其内部"湖畔合伙人制度"存在冲突而转战美国。这一事件震动了香港资本市场，导致对新经济企业的吸引力大打折扣。终于，在2018年，香港联交所对"同股不同权"进行了正式的政策修订。小米成为了这一改革政策下的首家受益者。

当然，同股不同权的制度设计既有优点也有局限性。优点在于它有助于公司创始人或实际控制人保持对公司的长期战略控制，减少被恶意收购的风险。然而，这一制度也可能导致公司管理层的权力过于集中，不利于企业的长期健康发展。因此，香港联交所在允许这一制度的同时，也对相应的条件和规定做了严格的限制。

2. 小米主要股东的持股份额

根据小米在招股书中的披露，雷军、林斌和其他几位高管以及主要投资方的持股比例相对集中，显示出企业内部的合作高度稳固。

根据小米公司在招股说明书中的披露，小米上市前主要股东的持股比例为：董事长兼CEO雷军31.41%；总裁林斌13.33%；副总裁黎万强3.24%；副总裁黄江吉3.24%；副总裁洪峰3.22%；顺位创投CEO许达来2.93%；副总裁刘德1.55%；副总裁周光平1.43%；副总裁王川1.11%；晨兴资本17.19%；DST7.01%；启明创投3.98%；其他10.34%。

但这里需要注意的是，以上的持股比例并未扣除员工股权激励期权池，一旦将期权池考虑在内，主要股东的持股比例将相应下调。

这一点尤为重要，因为它直接反映了小米在股权结构方面的一个明确策略：即通过股权激励机制，吸引和留住核心员工，以促进公司的持续健康发展。

3. 小米的双层股权结构

小米采用的是一种双层股权结构，即A类和B类股份。A类股份在股东大会的表决权为1股10票，B类股份为1股1票。这种结构赋予了A类股份更多的投票权，从而确保了公司创始人和核心管理层在公司战略决策方面有着更大的话语权。以雷军为例，虽然他在股权上持有的比例并不算太高，但由于A类股的加持，他实际上掌握了公司超过一半的投票权。

这种股权结构不仅有助于保持公司战略的连续性，还能在一定程度上抵御外部收购或不友好的投资行为，从而有利于公司的长期发展。

总体来说，小米的股权结构体现了其独特的企业文化和战略目标，也反映了现代资本市场在适应新经济企业特点方面的一种创新尝试。同时，它也提供了一个很好的案例，用以观察"同股不同权"这一相对较新的股权结构模式在实践中的利与弊。

8.5.3 小米股权激励的内核

1. 从小米设立即开始的股权激励

雷军是一位具有丰富经验和独到见解的企业家。早在22岁时，他就加入了金山软件，并最终攀升到CEO的位置，成功引领该公司赴港上市。2007年，他离开金山软件，转而成为天使投资人。但这一次，他带着自己多年累积的经验和对企业管理、特别是股权激励的深刻认识，创办了小米科技。

从小米科技一开始，雷军就深知人才是企业最宝贵的资产。特别是在一个创业公司，人才更像是企业命脉的一部分。他说："小米创立初期，规模小，甚至连产品都没有。所以在最开始的半年，我把80%的时间用在了人上。"这段时间，他主要关注两点：首先是专业性，这样他才能放心地将业务交给这些人；其次是创业心态，这样的员工才会有足够的工作驱动力。

雷军坚信，要想让员工产生足够的工作动力和对公司的归属感，单靠薪水和福利是远远不够的。他认为，在互联网行业创业，如果老板持有100%的股份，那么创业成功的概率等于零。因此，他从一开始就实施了股权激励计划，目的是让员工能成为公司真正的合伙人，共享公司的成功和失败。

股权激励不仅给员工带来了实质性的收益，还塑造了一种企业文化，即每个员工都是公司成长和成功的重要参与者。这样的文化不仅有助于吸引和留住顶级人才，而且还能激发员工的创造性和创新性，从而推动公司持续、健康地发展。

这种从创始之初就开始的股权激励，确立了小米企业文化的一项基本原则：共享成长的果实。这不仅反映了雷军个人深刻的企业管理哲学，也成了小米高速成长的一个内核要素。

2. 出资方可获得股份

雷军对于创业精神的理解并不仅限于口头表达和高调宣言，他认为，真正愿意为公司投资资金的员工，才具备真正的创业精神。在他的观念里，股权激励并非一个单纯的"分红"计划，而是一种精神和物质双重契合的综合体现。

一个具体的例子是雷军与一位业务上非常匹配的应聘者的经历。一共进行了五次面试，每次谈话都持续了十个小时左右。尽管如此，当这位应聘者最终选择高薪而对股权激励不感兴趣时，雷军毫不犹豫地放弃了他。他认为，这样的人虽然在业务上具备能力，但缺乏创业精神，因此不适合小米的文化和发展路径。

反观小米的联合创始人、后来担任总裁的林斌。2010年，雷军找到林斌，问他是否愿意不拿工资来创业。林斌当即答应了。几天后，雷军再次提出了一个更为考验人的问题：是否愿意自己出资投资小米。对此，林斌表示了犹豫。雷军对他说："如果你真正热爱一件事，并且经过深思熟虑，那么没有比投资自己更好的选择了。"听后，林斌与太太商量，最终决定将自己在谷歌和微软工作期间得到的股票全部卖掉，并将资金全数投入到小米。

这样的出资方式并不仅限于高层管理人员。雷军还允许一般员工自己出资投资公司，每人最多可投资30万元人民币。雷军回忆道："当时公司一共有70多名员工，几乎有60人自掏腰包投了资，总计达到了1400万元人民币。这笔钱一旦投入，你能明显感觉到整个团队斗志和热情完全不同。"

这种自下而上、全员参与的股权激励机制，不仅加强了员工与公司的联结，还提高了团队的整体凝聚力和执行力。每一个投资的员工都成了公司不折不扣的合伙人，他们与公司共存亡，共享成败，这种共鸣往往能激发出更大的工作热情和更高的工作效率。雷军的这一独特做法，无疑是小米股权激励体系中一个极为重要的组成部分，也是其能迅速崭露头角并持续发展的内在动力之一。

3. 给予员工选择激励模式的权利

创业公司往往面临着人才的极度稀缺，尤其是在高科技行业。然而，小米在创业初期采取了一种非常独特且富有弹性的股权激励模式，即给予员工多样化的报酬选择权。根据雷军的设想，员工可以选择三种不同的报酬方式：

全额工资+少量股份

一半工资+一定股份

少量工资（仅够生活费用）+较多股份

这三种选择不仅体现了员工对公司和自身未来的不同看法，还在一定程度上揭示了他们是否具备创业心态和风险承担能力。

当时，令人惊讶的是，80%的员工选择了"一半工资+一定股份"的组合方式，这一比例出奇地高。这也意味着大多数员工不仅看好公司的前景，而且愿意与公司共担风险，共享成功。相对较少的员工选择了其他两种模式，各占10%。这样的选择分布凸显了小米团队成员普遍持有的平衡心态，既有对未来的乐观预期，也有一定程度的风险规避。

然而，值得注意的是，随着小米公司的快速发展和前景日益明朗，一些原先选择"一半工资+一定股份"或"全额工资+少量股份"的员工开始考虑改变自己的选择，以获取更多股份。但这些请求都遭到了雷军的拒绝。雷军的态度非常明确：选择是一种承诺，而承诺一旦做出，就需要长期坚持。

在雷军看来，股权激励不仅是一种物质奖励，更是一种对公司和团队长期承诺的体现。一旦员工在创业初期做出了选择，就应该持之以恒，与公司一同经历风雨和挑战，共同分享成功的果实。

这种强调"选择与承诺"的股权激励模式，无疑增强了小米团队的凝聚力和执行力，也形成了一种"自选–自负"的责任机制。员工因为自己的选择而更加投入工作，同时也更珍惜与公司的这段共同成长的经历。这一制度安排，可说是小米股权激励体系的又一独到之处，深刻影响了公司的文化和长期发展。

8.5.4 小米股权激励的具体操作

在股权激励的具体操作层面，小米展现了其深思熟虑和精心设计的一面。根据公司的招股说明书披露，小米公司对员工提供的股权激励主要有三种类型：购股权、受限制股份奖励和受限股票单位。

购股权：这是一种相对传统但非常有效的激励方式。公司给予激励对象（通常是高级管理人员或核心技术人员）在一定期限内以事先约定的价格购买公司股票的权利。这种方式不仅可以吸引高级人才，还能让他们在公司的长期发展中持有实质性的股权，从而增加他们对公司成功的投入和承诺。

受限制股份奖励：这种方式更多地用于对中层管理和关键职位的员工进行激励。它类似于A股市场的限制性股票，即公司无偿或按照约定价格授予员工的股票，但这些股票在一定时间内不能随意转让。

受限股票单位（RSU）：这是一种更为复杂的激励机制，通常用于高级管理层或具有特殊技能的关键员工。员工在满足一定的服务年限或业绩条件后，可以选择将这些单位转为公司股票或由公司以现金方式回购。

在这三种激励方式中，有一点值得特别关注，那就是服务年限的限制。小米在这方面采取了明显区分的政策。对于高管层，购股权的归属期一般为5—10年，明显长于一般员工的1—10年。这种区别主要是为了确保高管层对公司有更长期、更稳定的承诺。

通过这三种巧妙设计的股权激励方式，小米成功地平衡了各种利益相关者的需求和期望，包括创始人、投资人和员工。更重要的是，这些激励机制都紧密围绕着一个核心目标：确保公司能够持续快速发展，同时吸引和留住最优秀的人才。

这些细致入微的操作不仅体现了小米在人力资源管理上的高度专业性，还展示了公司如何通过股权激励这一工具，凝聚团队、激发潜能，并最终推动公司不断走向新的高度。

小米作为高科技行业的佼佼者，不仅在产品和市场方面表现出色，而且在员工激励机制上也有着前瞻性和创新性。小米的股权激励体系可谓是该公司成功的一个重要支柱，也是其他企业值得借鉴的范例。

人才观念：雷军从创办小米的一开始就明确，要吸引和留住顶级的人才，必须要有具有吸引力的激励措施。这不仅仅是高薪，更重要的是给予股权。他认为，拥有公司股份能更好地体现员工的创业心态和对公司的长期承诺。

共同投资：小米允许并鼓励员工用自己的钱投资公司，甚至在公司创立初期，设置了每人最多可投资30万元人民币的规定。这种做法不仅增加了员工的归属感，也显著提高了他们的工作积极性和效率。

多样化的激励选择：小米提供了多种薪酬和股权激励组合，以适应不同员工的需求和风险承受能力。这些选项包括全额工资+少量股份、一半工资+一定股份和少量工资+较多股份等。

明确的规则和限制：小米非常重视激励机制的透明性和公平性。一旦员工选择了某种激励组合，就不允许随意更改。这种做法强调了长期承诺和稳定性，也避免了短视和投机心态。

细致的操作：小米具有多种股权激励形式，包括购股权、受限制股份奖励和受限股票单位，每种都有其特定的适用范围和限制条件。这一点体现了小米在制度设计上的细致和全面。

长期规划：小米的高管层股权归属期一般比一般员工要长，这反映了雷军对于企业长期发展和持续创新的高度重视。

综上所述，小米的股权激励体系具有高度的创新性、灵活性和持久性，有效地平衡了创始人、投资人和员工之间的利益，为公司的快速发展和持续创新提供了坚实的人力资源支持。小米的股权激励模式可谓是高科技行业股权激励的典范！

附　录

附录A

一、《中华人民共和国公司法》（部分条款，2023年修订）

第五条

设立公司应当依法制定公司章程。公司章程对公司、股东、董事、监事、高级管理人员具有约束力。

第二十一条

公司股东应当遵守法律、行政法规和公司章程，依法行使股东权利，不得滥用股东权利损害公司或者其他股东的利益。

公司股东滥用股东权利给公司或者其他股东造成损失的，应当承担赔偿责任。

第二十三条

公司股东滥用公司法人独立地位和股东有限责任，逃避债务，严重损害公司债权人利益的，应当对公司债务承担连带责任。

股东利用其控制的两个以上公司实施前款规定行为的，各公司应当对任一公司的债务承担连带责任。

只有一个股东的公司，股东不能证明公司财产独立于股东自己的财产的,应当对公司债务承担连带责任。

第五十七条

股东有权查阅、复制公司章程、股东名册、股东会会议记录、董事会会议决议、监事会会议决议和财务会计报告。

股东可以要求查阅公司会计账簿、会计凭证。股东要求查阅公司会计账簿、会计凭证的,应当向公司提出书面请求,说明目的。公司有合理根据认为股东查阅会计账簿、会计凭证有不正当目的,可能损害公司合法利益的,可以拒绝提供查阅,并应当自股东提出书面请求之日起十五日内书面答复股东并说明理由。公司拒绝提供查阅的,股东可以向人民法院提起诉讼。

股东查阅前款规定的材料,可以委托会计师事务所、律师事务所等中介机构进行。

股东及其委托的会计师事务所、律师事务所等中介机构查阅、复制有关材料,应当遵守有关保护国家秘密、商业秘密、个人隐私、个人信息等法律、行政法规的规定。

股东要求查阅、复制公司全资子公司相关材料的,适用前四款的规定。

第一百一十条

股东有权查阅、复制公司章程、股东名册、股东会会议记录、董事会会议决议、监事会会议决议、财务会计报告,对公司的经营提出建议或者质询。

第一百七十九条

董事、监事、高级管理人员应当遵守法律、行政法规和公司章程。

第一百八十条

董事、监事、高级管理人员对公司负有忠实义务,应当采取措施避

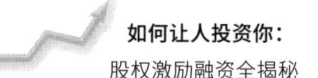

免自身利益与公司利益冲突，不得利用职权牟取不正当利益。

董事、监事、高级管理人员对公司负有勤勉义务，执行职务应当为公司的最大利益尽到管理者通常应有的合理注意。

公司的控股股东、实际控制人不担任公司董事但实际执行公司事务的，适用前两款规定。

第一百八十一条

董事、监事、高级管理人员不得有下列行为：

（一）侵占公司财产、挪用公司资金；

（二）将公司资金以其个人名义或者以其他个人名义开立账户存储；

（三）利用职权贿赂或者收受其他非法收入；

（四）接受他人与公司交易的佣金归为己有；

（五）擅自披露公司秘密；

（六）违反对公司忠实义务的其他行为。

第一百八十九条

董事、高级管理人员有前条规定的情形的，有限责任公司的股东、股份有限公司连续一百八十日以上单独或者合计持有公司百分之一以上股份的股东，可以书面请求监事会向人民法院提起诉讼；监事有前条规定的情形的，前述股东可以书面请求董事会向人民法院提起诉讼。

监事会或者董事会收到前款规定的股东书面请求后拒绝提起诉讼，或者自收到请求之日起三十日内未提起诉讼，或者情况紧急、不立即提起诉讼将会使公司利益受到难以弥补的损害的，前款规定的股东有权为公司利益以自己的名义直接向人民法院提起诉讼。

他人侵犯公司合法权益，给公司造成损失的，本条第一款规定的股东可以依照前两款的规定向人民法院提起诉讼。

公司全资子公司的董事、监事、高级管理人员有前条规定情形，或者他人侵犯公司全资子公司合法权益造成损失的，有限责任公司的股东、股份有限公司连续一百八十日以上单独或者合计持有公司百分之一以上股份的股东，可以依照前三款规定书面请求全资子公司的监事会、董事会向人民法院提起诉讼或者以自己的名义直接向人民法院提起诉讼。

第一百九十条

董事、高级管理人员违反法律、行政法规或者公司章程的规定，损害股东利益的，股东可以向人民法院提起诉讼。

二、《中华人民共和国刑法》（部分条款，2024年版）

第二百七十一条

公司、企业或者其他单位的工作人员，利用职务上的便利，将本单位财物非法占为己有，数额较大的，处三年以下有期徒刑或者拘役，并处罚金；数额巨大的，处三年以上十年以下有期徒刑，并处罚金；数额特别巨大的，处十年以上有期徒刑或者无期徒刑，并处罚金。

第二百七十二条

公司、企业或者其他单位的工作人员，利用职务上的便利，挪用本单位资金归个人使用或者借贷给他人，数额较大、超过三个月未还的，或者虽未超过三个月，但数额较大、进行营利活动的，或者进行非法活动的，处三年以下有期徒刑或者拘役；挪用本单位资金数额巨大的，处三年以上七年以下有期徒刑；数额特别巨大的，处七年以上有期徒刑。

附录B

《中华人民共和国公司法》（部分条款，2023年修订）

第六十六条

股东会的议事方式和表决程序，除本法有规定的外，由公司章程规定。

股东会作出决议，应当经代表过半数表决权的股东通过。

股东会作出修改公司章程、增加或者减少注册资本的决议，以及公司合并、分立、解散或者变更公司形式的决议，应当经代表三分之二以上表决权的股东通过。

第二百二十七条

有限责任公司增加注册资本时，股东在同等条件下有权优先按照实缴的出资比例认缴出资。但是，全体股东约定不按照出资比例优先认缴出资的除外。

股份有限公司为增加注册资本发行新股时，股东不享有优先认购权，公司章程另有规定或者股东会决议决定股东享有优先认购权的除外。

附录C

《中华人民共和国公司法》（部分条款，2023年修订）

第二百六十五条

本法下列用语的含义：

（一）高级管理人员，是指公司的经理、副经理、财务负责人，上市公司董事会秘书和公司章程规定的其他人员。

（二）控股股东，是指其出资额占有限责任公司资本总额超过百分之五十或者其持有的股份占股份有限公司股本总额超过百分之五十的股东；出资额或者持有股份的比例虽然低于百分之五十，但依其出资额或者持有的股份所享有的表决权已足以对股东会的决议产生重大影响的股东。

（三）实际控制人，是指通过投资关系、协议或者其他安排，能够实际支配公司行为的人。

（四）关联关系，是指公司控股股东、实际控制人、董事、监事、高级管理人员与其直接或者间接控制的企业之间的关系，以及可能导致公司利益转移的其他关系。但是，国家控股的企业之间不仅因为同受国家控股而具有关联关系。

附录D

《中华人民共和国公司法》（部分条款，2023年修订）

第一百一十六条

股东出席股东会会议，所持每一股份有一表决权，类别股股东除外。公司持有的本公司股份没有表决权。

股东会作出决议，应当经出席会议的股东所持表决权过半数通过。

股东会作出修改公司章程、增加或者减少注册资本的决议，以及公司合并、分立、解散或者变更公司形式的决议，应当经出席会议的股东所持表决权的三分之二以上通过。

第一百四十三条

股份的发行，实行公平、公正的原则，同类别的每一股份应当具有同等权利。

同次发行的同类别股份，每股的发行条件和价格应当相同；认购人所认购的股份，每股应当支付相同价额。

附录E

《中华人民共和国公司法》（部分条款，2023年修订）

第六十二条

股东会会议分为定期会议和临时会议。

定期会议应当按照公司章程的规定按时召开。代表十分之一以上表决权的股东、三分之一以上的董事或者监事会提议召开临时会议的，应当召开临时会议。

第二百三十一条

公司经营管理发生严重困难，继续存续会使股东利益受到重大损失，通过其他途径不能解决的，持有公司百分之十以上表决权的股东，可以请求人民法院解散公司。

附录F

一、《中华人民共和国公司法》（部分条款，2023年修订）

第一百三十五条

上市公司在一年内购买、出售重大资产或者向他人提供担保的金额超过公司资产总额百分之三十的，应当由股东会作出决议，并经出席会议的股东所持表决权的三分之二以上通过。

第一百六十二条

公司不得收购本公司股份。但是，有下列情形之一的除外：

（一）减少公司注册资本；

（二）与持有本公司股份的其他公司合并；

（三）将股份用于员工持股计划或者股权激励；

（四）股东因对股东会作出的公司合并、分立决议持异议，要求公司收购其股份；

（五）将股份用于转换公司发行的可转换为股票的公司债券；

（六）上市公司为维护公司价值及股东权益所必需。

公司因前款第一项、第二项规定的情形收购本公司股份的，应当经股东会决议；公司因前款第三项、第五项、第六项规定的情形收购本公司股份的，可以按照公司章程或者股东会的授权，经三分之二以上董事出席的董事会会议决议。

公司依照本条第一款规定收购本公司股份后，属于第一项情形的，应当自收购之日起十日内注销；属于第二项、第四项情形的，应当在六个月内转让或者注销；属于第三项、第五项、第六项情形的，公司合计持有的本公司股份数不得超过本公司已发行股份总数的百分之十，并应当在三年内转让或者注销。

上市公司收购本公司股份的，应当依照《中华人民共和国证券法》的规定履行信息披露义务。上市公司因本条第一款第三项、第五项、第六项规定的情形收购本公司股份的，应当通过公开的集中交易方式进行。

公司不得接受本公司的股份作为质权的标的。

二、《上海证券交易所科创板股票上市规则》（部分条款，2023年修订）

2.4.3 公司上市时未盈利的，在公司实现盈利前，控股股东、实际控制人自公司股票上市之日起3个完整会计年度内，不得减持首发前股份；自公司股票上市之日起第4个会计年度和第5个会计年度内，每年减持的首发前股份不得超过公司股份总数的2%，并应当符合《减持细则》关于减持股份的相关规定。

公司上市时未盈利的，在公司实现盈利前，董事、监事、高级管理人员及核心技术人员自公司股票上市之日起3个完整会计年度内，不得减持首发前股份；在前述期间内离职的，应当继续遵守本款规定。

公司实现盈利后，前两款规定的股东可以自当年年度报告披露后次日起减持首发前股份，但应当遵守本节其他规定。

4.1.8 持有上市公司5%以上股份的契约型基金、信托计划或资产管

理计划，应当在权益变动文件中披露支配股份表决权的主体，以及该主体与上市公司控股股东、实际控制人是否存在关联关系。

契约型基金、信托计划或资产管理计划成为上市公司控股股东、第一大股东或者实际控制人的，除应当履行前款规定义务外，还应当在权益变动文件中穿透披露至最终投资者。

4.5.2 发行人首次公开发行并上市前设置表决权差异安排的，应当经出席股东大会的股东所持三分之二以上的表决权通过。

发行人在首次公开发行并上市前不具有表决权差异安排的，不得在首次公开发行并上市后以任何方式设置此类安排。

4.5.3 持有特别表决权股份的股东应当为对上市公司发展或者业务增长等作出重大贡献，并且在公司上市前及上市后持续担任公司董事的人员或者该等人员实际控制的持股主体。

持有特别表决权股份的股东在上市公司中拥有权益的股份合计应当达到公司全部已发行有表决权股份10%以上。

4.5.7 上市公司应当保证普通表决权比例不低于10%；单独或者合计持有公司10%以上已发行有表决权股份的股东有权提议召开临时股东大会；单独或者合计持有公司3%以上已发行有表决权股份的股东有权提出股东大会议案。

本规则所称普通表决权比例，是指全部普通股份的表决权数量占上市公司全部已发行股份表决权数量的比例。

7.1.16 上市公司提供担保的，应当提交董事会或者股东大会进行审议，并及时披露。

上市公司下列担保事项应当在董事会审议通过后提交股东大会审议：

（一）单笔担保额超过公司最近一期经审计净资产10%的担保；

（二）公司及其控股子公司的对外担保总额，超过公司最近一期经

审计净资产50%以后提供的任何担保;

（三）为资产负债率超过70%的担保对象提供的担保;

（四）按照担保金额连续12个月累计计算原则，超过公司最近一期经审计总资产30%的担保;

（五）本所或者公司章程规定的其他担保。

对于董事会权限范围内的担保事项，除应当经全体董事的过半数通过外，还应当经出席董事会会议的三分之二以上董事同意；前款第四项担保，应当经出席股东大会的股东所持表决权的三分之二以上通过。

9.2.5 上市公司持股5%以上股东质押股份，应当在2个交易日内通知上市公司，并披露本次质押股份数量、累计质押股份数量以及占公司总股本比例。

10.4 激励对象可以包括上市公司的董事、高级管理人员、核心技术人员或者核心业务人员，以及公司认为应当激励的对公司经营业绩和未来发展有直接影响的其他员工，独立董事和监事除外。

单独或合计持有上市公司5%以上股份的股东、上市公司实际控制人及其配偶、父母、子女以及上市公司外籍员工，在上市公司担任董事、高级管理人员、核心技术人员或者核心业务人员的，可以成为激励对象。科创公司应当充分说明前述人员成为激励对象的必要性、合理性。

激励对象不得具有《上市公司股权激励管理办法》第八条第二款第一项至第六项规定的情形。

15.1 （十七）股权分布不具备上市条件，指社会公众股东持有的股份连续20个交易日低于公司总股本的25%；公司股本总额超过人民币4亿元的，低于公司总股本的10%。

上述社会公众股东指不包括下列股东的上市公司其他股东：

1.持有上市公司10%以上股份的股东及其一致行动人;

2.上市公司的董事、监事、高级管理人员及其关联人。

三、《上市公司股权激励管理办法》（部分条款，2016年版）

第八条

激励对象可以包括上市公司的董事、高级管理人员、核心技术人员或者核心业务人员，以及公司认为应当激励的对公司经营业绩和未来发展有直接影响的其他员工，但不应当包括独立董事和监事。外籍员工任职上市公司董事、高级管理人员、核心技术人员或者核心业务人员的，可以成为激励对象。

单独或合计持有上市公司5%以上股份的股东或实际控制人及其配偶、父母、子女，不得成为激励对象。下列人员也不得成为激励对象：

（一）最近12个月内被证券交易所认定为不适当人选；

（二）最近12个月内被中国证监会及其派出机构认定为不适当人选；

（三）最近12个月内因重大违法违规行为被中国证监会及其派出机构行政处罚或者采取市场禁入措施的；

（四）具有《公司法》规定的不得担任公司董事、高级管理人员情形的；

（五）法律法规规定不得参与上市公司股权激励的；

（六）中国证监会认定的其他情形。

第十四条

上市公司可以同时实行多期股权激励计划。同时实行多期股权激励计划的，各期激励计划设立的公司业绩指标应当保持可比性，后期激励计划的公司业绩指标低于前期激励计划的，上市公司应当充分说明其原因与合理性。

上市公司全部在有效期内的股权激励计划所涉及的标的股票总数累计不得超过公司股本总额的10%。非经股东大会特别决议批准，任何一名激励对象通过全部在有效期内的股权激励计划获授的本公司股票，累计不得超过公司股本总额的1%。

本条第二款所称股本总额是指股东大会批准最近一次股权激励计划时公司已发行的股本总额。

第四十一条

股东大会应当对本办法第九条规定的股权激励计划内容进行表决，并经出席会议的股东所持表决权的2/3以上通过。除上市公司董事、监事、高级管理人员、单独或合计持有上市公司5%以上股份的股东以外，其他股东的投票情况应当单独统计并予以披露。

上市公司股东大会审议股权激励计划时，拟为激励对象的股东或者与激励对象存在关联关系的股东，应当回避表决。

四、《上市公司收购管理办法》（部分条款，2020年修订）

第十三条

通过证券交易所的证券交易，投资者及其一致行动人拥有权益的股份达到一个上市公司已发行股份的5%时，应当在该事实发生之日起3日内编制权益变动报告书，向中国证监会、证券交易所提交书面报告，通知该上市公司，并予公告；在上述期限内，不得再行买卖该上市公司的股票，但中国证监会规定的情形除外。

前述投资者及其一致行动人拥有权益的股份达到一个上市公司已发

行股份的5%后，通过证券交易所的证券交易，其拥有权益的股份占该上市公司已发行股份的比例每增加或者减少5%，应当依照前款规定进行报告和公告。在该事实发生之日起至公告后3日内，不得再行买卖该上市公司的股票，但中国证监会规定的情形除外。

前述投资者及其一致行动人拥有权益的股份达到一个上市公司已发行股份的5%后，其拥有权益的股份占该上市公司已发行股份的比例每增加或者减少1%，应当在该事实发生的次日通知该上市公司，并予公告。

违反本条第一款、第二款的规定买入在上市公司中拥有权益的股份的，在买入后的36个月内，对该超过规定比例部分的股份不得行使表决权。

第十四条

通过协议转让方式，投资者及其一致行动人在一个上市公司中拥有权益的股份拟达到或者超过一个上市公司已发行股份的5%时，应当在该事实发生之日起3日内编制权益变动报告书，向中国证监会、证券交易所提交书面报告，通知该上市公司，并予公告。

前述投资者及其一致行动人拥有权益的股份达到一个上市公司已发行股份的5%后，其拥有权益的股份占该上市公司已发行股份的比例每增加或者减少达到或者超过5%的，应当依照前款规定履行报告、公告义务。

第十七条

投资者及其一致行动人拥有权益的股份达到或者超过一个上市公司已发行股份的20%但未超过30%的，应当编制详式权益变动报告书，除须披露前条规定的信息外，还应当披露以下内容：

（一）投资者及其一致行动人的控股股东、实际控制人及其股权控制关系结构图；

（二）取得相关股份的价格、所需资金额，或者其他支付安排；

（三）投资者、一致行动人及其控股股东、实际控制人所从事的业务与上市公司的业务是否存在同业竞争或者潜在的同业竞争，是否存在持续关联交易；存在同业竞争或者持续关联交易的，是否已做出相应的安排，确保投资者、一致行动人及其关联方与上市公司之间避免同业竞争以及保持上市公司的独立性；

（四）未来12个月内对上市公司资产、业务、人员、组织结构、公司章程等进行调整的后续计划；

（五）前24个月内投资者及其一致行动人与上市公司之间的重大交易；

（六）不存在本办法第六条规定的情形；

（七）能够按照本办法第五十条的规定提供相关文件。

前述投资者及其一致行动人为上市公司第一大股东或者实际控制人的，还应当聘请财务顾问对上述权益变动报告书所披露的内容出具核查意见，但国有股行政划转或者变更、股份转让在同一实际控制人控制的不同主体之间进行、因继承取得股份的除外。投资者及其一致行动人承诺至少3年放弃行使相关股份表决权的，可免于聘请财务顾问和提供前款第（七）项规定的文件。

第二十四条

通讨证券交易所的证券交易，收购人持有一个上市公司的股份达到该公司已发行股份的30%时，继续增持股份的，应当采取要约方式进行，发出全面要约或者部分要约。

第三十条

收购人按照本办法第四十七条拟收购上市公司股份超过30%,须改以要约方式进行收购的，收购人应当在达成收购协议或者做出类似安排后的3日内对要约收购报告书摘要作出提示性公告，并按照本办法第二十八条、第二十九条的规定履行报告和公告义务，同时免于编制、报告和公告上市公司收购报告书；依法应当取得批准的，应当在公告中特别提示本次要约须取得相关批准方可进行。

未取得批准的，收购人应当在收到通知之日起2个工作日内，向中国证监会提交取消收购计划的报告，同时抄报派出机构，抄送证券交易所，通知被收购公司，并予公告。

第八十四条

有下列情形之一的，为拥有上市公司控制权：

（一）投资者为上市公司持股50%以上的控股股东；

（二）投资者可以实际支配上市公司股份表决权超过30%；

（三）投资者通过实际支配上市公司股份表决权能够决定公司董事会半数以上成员选任；

（四）投资者依其可实际支配的上市公司股份表决权足以对公司股东大会的决议产生重大影响；

（五）中国证监会认定的其他情形。

五、《中华人民共和国证券法》（部分条款，2019年版）

第四十四条

上市公司、股票在国务院批准的其他全国性证券交易场所交易的公司持有百分之五以上股份的股东、董事、监事、高级管理人员，将其持有的该公司的股票或者其他具有股权性质的证券在买入后六个月内卖出，或者在卖出后六个月内又买入，由此所得收益归该公司所有，公司董事会应当收回其所得收益。但是，证券公司因购入包销售后剩余股票而持有百分之五以上股份，以及有国务院证券监督管理机构规定的其他情形的除外。

前款所称董事、监事、高级管理人员、自然人股东持有的股票或者其他具有股权性质的证券，包括其配偶、父母、子女持有的及利用他人账户持有的股票或者其他具有股权性质的证券。

公司董事会不按照第一款规定执行的，股东有权要求董事会在三十日内执行。公司董事会未在上述期限内执行的，股东有权为了公司的利益以自己的名义直接向人民法院提起诉讼。

公司董事会不按照第一款的规定执行的，负有责任的董事依法承担连带责任。

第五十一条

证券交易内幕信息的知情人包括：

（一）发行人及其董事、监事、高级管理人员；

（二）持有公司百分之五以上股份的股东及其董事、监事、高级管理人员，公司的实际控制人及其董事、监事、高级管理人员；

（三）发行人控股或者实际控制的公司及其董事、监事、高级管理人员；

（四）由于所任公司职务或者因与公司业务往来可以获取公司有关内幕信息的人员；

（五）上市公司收购人或者重大资产交易方及其控股股东、实际控制人、董事、监事和高级管理人员；

（六）因职务、工作可以获取内幕信息的证券交易场所、证券公司、证券登记结算机构、证券服务机构的有关人员；

（七）因职责、工作可以获取内幕信息的证券监督管理机构工作人员；

（八）因法定职责对证券的发行、交易或者对上市公司及其收购、重大资产交易进行管理可以获取内幕信息的有关主管部门、监管机构的工作人员；

（九）国务院证券监督管理机构规定的可以获取内幕信息的其他人员。

六、《科创板上市公司持续监管办法（试行）》（部分条款）

第二十二条

单独或合计持有科创公司5%以上股份的股东或实际控制人及其配偶、父母、子女，作为董事、高级管理人员、核心技术人员或者核心业务人员的，可以成为激励对象。科创公司应当充分说明前款规定人员成为激励对象的必要性、合理性。

第二十四条

科创公司授予激励对象限制性股票的价格，低于市场参考价的50%的，应符合交易所有关规定，并应说明定价依据及定价方式。出现前款规定情形的，科创公司应当聘请独立财务顾问，对股权激励计划的可行性、相关定价依据和定价方法的合理性、是否有利于公司持续发展是否损害股东利益等发表意见。

第二十五条

科创公司全部在有效期内的股权激励计划所涉及的标的股票总数，累计不得超过公司总股本的20%。

七、《上海证券交易所上市公司关联交易实施指引》（部分条款，2011年）

第八条

具有以下情形之一的法人或其他组织，为上市公司的关联法人：

（一）直接或者间接控制上市公司的法人或其他组织；

（二）由上述第（一）项所列主体直接或者间接控制的除上市公司及其控股子公司以外的法人或其他组织；

（三）由第十条所列上市公司的关联自然人直接或者间接控制的，或者由关联自然人担任董事、高级管理人员的除上市公司及其控股子公司以外的法人或其他组织；

（四）持有上市公司5%以上股份的法人或其他组织；

（五）本所根据实质重于形式原则认定的其他与上市公司有特殊关系，可能导致上市公司利益对其倾斜的法人或其他组织，包括持有对上市公司具有重要影响的控股子公司10%以上股份的法人或其他组织等。

第十条

具有以下情形之一的自然人，为上市公司的关联自然人：

（一）直接或间接持有上市公司5%以上股份的自然人；

（二）上市公司董事、监事和高级管理人员；

（三）第八条第（一）项所列关联法人的董事、监事和高级管理人员；

（四）本条第（一）项和第（二）项所述人士的关系密切的家庭成员；

（五）本所根据实质重于形式原则认定的其他与上市公司有特殊关系，可能导致上市公司利益对其倾斜的自然人，包括持有对上市公司具有重要影响的控股子公司10%以上股份的自然人等。

八、《外国投资者对上市公司战略投资管理办法》（部分条款，2015年修订）

第五条

投资者进行战略投资应符合以下要求：

（一）以协议转让、上市公司定向发行新股方式以及国家法律法规规定的其他方式取得上市公司A股股份；

（二）投资可分期进行，首次投资完成后取得的股份比例不低于该公司已发行股份的百分之十，但特殊行业有特别规定或经相关主管部门批准的除外；

（三）取得的上市公司A股股份三年内不得转让；

（四）法律法规对外商投资持股比例有明确规定的行业，投资者持有上述行业股份比例应符合相关规定；属法律法规禁止外商投资的领域，投资者不得对上述领域的上市公司进行投资；

（五）涉及上市公司国有股股东的，应符合国有资产管理的相关规定。

九、《深圳证券交易所股票上市规则》（部分条款，2024年修订）

6.3.3 上市公司的关联人包括关联法人（或者其他组织）和关联自

然人。具有下列情形之一的法人或者其他组织，为上市公司的关联法人（或者其他组织）：

（一）直接或者间接地控制上市公司的法人（或者其他组织）；

（二）由前项所述法人（或者其他组织）直接或者间接控制的除上市公司及其控股子公司以外的法人（或者其他组织）；

（三）持有上市公司5%以上股份的法人（或者其他组织）及其一致行动人；

（四）由上市公司关联自然人直接或者间接控制的，或者担任董事（不含同为双方的独立董事）、高级管理人员的，除上市公司及其控股子公司以外的法人（或其他组织）。

十、《中华人民共和国刑法》（部分条款，2024年版）

第一百八十条

【内幕交易、泄露内幕信息罪】

证券、期货交易内幕信息的知情人员或者非法获取证券、期货交易内幕信息的人员，在涉及证券的发行，证券、期货交易或者其他对证券、期货交易价格有重大影响的信息尚未公开前，买入或者卖出该证券，或者从事与该内幕信息有关的期货交易，或者泄露该信息，或者明示、暗示他人从事上述交易活动，情节严重的，处五年以下有期徒刑或者拘役，并处或者单处违法所得一倍以上五倍以下罚金；情节特别严重的，处五年以上十年以下有期徒刑，并处违法所得一倍以上五倍以下罚金。

单位犯前款罪的，对单位判处罚金，并对其直接负责的主管人员和其他直接责任人员，处五年以下有期徒刑或者拘役。

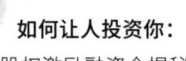

内幕信息、知情人员的范围，依照法律、行政法规的规定确定。

【利用未公开信息交易罪】

证券交易所、期货交易所、证券公司、期货经纪公司、基金管理公司、商业银行、保险公司等金融机构的从业人员以及有关监管部门或者行业协会的工作人员，利用因职务便利获取的内幕信息以外的其他未公开的信息，违反规定，从事与该信息相关的证券、期货交易活动，或者明示、暗示他人从事相关交易活动，情节严重的，依照第一款的规定处罚。

十一、《上市公司大股东、董监高减持股份的若干规定》（部分条款，2016年版）

第一条

为了规范上市公司控股股东和持股5%以上股东（以下并称大股东）及董事、监事、高级管理人员（以下简称董监高）减持股份行为，促进证券市场长期稳定健康发展，根据《公司法》《证券法》的有关规定，制定本规定。

第二条

上市公司大股东、董监高减持股份的，适用本规定。

大股东减持其通过二级市场买入的上市公司股份，不适用本规定。

第六条

具有下列情形之一的，上市公司大股东不得减持股份：

（一）上市公司或者大股东因涉嫌证券期货违法犯罪，在被中国证监会立案调查或者被司法机关立案侦查期间，以及在行政处罚决定、刑事判决作出之后未满6个月的；

（二）大股东因违反证券交易所自律规则，被证券交易所公开谴责未满3个月的；

（三）中国证监会规定的其他情形。

第八条

上市公司大股东计划通过证券交易所集中竞价交易减持股份，应当在首次卖出的15个交易日前预先披露减持计划。上市公司大股东减持计划的内容应当包括但不限于：拟减持股份的数量、来源、减持时间、方式、价格区间、减持原因。

第九条

上市公司大股东在3个月内通过证券交易所集中竞价交易减持股份的总数，不得超过公司股份总数的百分之一。

第十条

通过协议转让方式减持股份并导致股份出让方不再具有上市公司大股东身份的，股份出让方、受让方应当在减持后6个月内继续遵守本规定第八条、第九条的规定。

第十一条

上市公司大股东的股权被质押的，该股东应当在该事实发生之日起二日内通知上市公司，并予公告。

中国证券登记结算公司应当统一制定上市公司大股东场内场外股权质押登记要素标准，并负责采集相关信息。证券交易所应当明确上市公司大股东办理股权质押登记、发生平仓风险、解除股权质押等信息披露内容。因执行股权质押协议导致上市公司大股东股份被出售的，应当执行本规定。

十二、《上海证券交易所上市公司股东及董事、监事、高级管理人员减持股份实施细则》（部分条款，2017年版）

第五条

大股东减持或者特定股东减持，采取大宗交易方式的，在任意连续90日内，减持股份的总数不得超过公司股份总数的2%。大宗交易的出让方与受让方，应当明确其所买卖股份的数量、性质、种类、价格，并遵守本细则的相关规定。受让方在受让后6个月内，不得转让所受让的股份。